韩喜平 主编

新时代中国精神价值传承

铁人精神

王昆 傅殿戈 著

东北大学出版社

ⓒ 王　昆　傅殿戈　2023

图书在版编目（CIP）数据

铁人精神 / 王昆，傅殿戈著. —沈阳：东北大学出版社，2023.9（2024.1重印）
（新时代中国精神价值传承 / 韩喜平主编）
ISBN 978-7-5517-3409-7

Ⅰ. ①铁… Ⅱ. ①王… ②傅… Ⅲ. ①品德教育—中国—青少年读物 Ⅳ. ①D432.62

中国国家版本馆CIP数据核字（2023）第179692号

出 版 者：东北大学出版社
　　　　　地　址：沈阳市和平区文化路三号巷11号
　　　　　邮　编：110819
　　　　　电　话：024-83680267（社务部）　83687331（营销部）
　　　　　传　真：024-83683655（总编室）　83673165（出版部）
　　　　　网　址：http://www.neupress.com
　　　　　E-mail:neuph@neupress.com
印 刷 者：辽宁一诺广告印务有限公司
发 行 者：东北大学出版社
幅面尺寸：170 mm×240 mm
印　　张：17.5
字　　数：286千字
出版时间：2023年9月第1版
印刷时间：2024年1月第2次印刷

责任编辑：郭爱民
责任校对：张德喜
封面设计：潘正一
责任出版：唐敏志

ISBN 978-7-5517-3409-7　　　　　　　　　　　　　　定价：78.00元

总序

人无精神不立,国无精神不强。一个国家要有精神,它是国本;一个民族要有精神,它是脊梁。习近平总书记指出:"精神是一个民族赖以长久生存的灵魂,唯有精神上达到一定的高度,这个民族才能在历史的洪流中屹立不倒、奋勇向前。"在几千年的历史流变中,中华民族生生不息、绵延发展,饱受挫折又不断浴火重生,其中很重要的一点就是我们的民族积淀了自身最深沉的价值追求和精神烙印。习近平总书记指出,"中华民族在几千年历史中创造和延续的中华优秀传统文化,是中华民族的根和魂","中华优秀传统文化是中华民族的精神命脉"。翻开中华民族精神图谱,无数耳熟能详的诗词诠释了中华民族精神脉络的核心内涵,例如:"天行健,君子以自强不息"的奋斗精神,"天下兴亡,匹夫有责""先天下之忧而忧,后天下之乐而乐"的爱国情怀,"人生自古谁无死,留取丹心照汗青""为有牺牲多壮志,敢教日月换新天"的牺牲精神,"鞠躬尽瘁,死而后已"的奉献精神,"苔花如米小,也学牡丹开"的自强精神,"革故鼎新""徙木为信"的创新思想,"老吾老以及人之老,幼吾幼以及人之幼""扶危济困"的公德意识,等等。中华民族既坚守本根又不断与时俱进,始终保持着坚定的民族自信和强大的修复能力,培育了共同的情感和价值、共同的理想和精神。这些千百年传承下来的精神理念、精神文化,成为积淀中国精神的价值内核。

中国共产党在领导中国革命、建设和改革的伟大历史进程,之所以创造了惊天地、泣鬼神的辉煌业绩,就在于坚守初心使命、就在于不畏艰难险阻、就在于有一大批革命先驱、有一大批英雄人物,形成了伟大精神激励与指引,这种逐步积累和形成的思想结晶和精神谱系,是中国共产党人精神境界、精神风貌、精神力量的集中写照,是中国共产党百年历史经验的总结。把马克思主义基本原理同中国具体实际、同中华优秀传统文化相结合是必由之路,谱写了马克思主义中国化时代化的最新篇章。中国精神包含的独一无二的理念、智慧、气度和价值,增添了中国人民内心深处的自信和自豪。这种强大的精神支撑,成为中华民族战胜一切艰难困苦的有力武器和实现中华民族伟大复兴的动力之源。

伟大事业需要伟大精神。在我们全面建成小康社会,向着社会主义现代化强国奋进的新征程中,党的二十大报告要求我们弘扬伟大建党精神,自信自强、守正创新、踔厉奋发、勇毅前行。深入研究和广泛宣传中国精神,传承民族精神、弘扬时代正气、培育时代新人,要求理论工作者把中国精神阐释好。《新时代中国精神价值传承》(以下简称《丛书》)正是这样一套回应时代关切、弘扬中国精神的书籍。《丛书》选取中国共产党带领广大人民进行革命、建设、改革的奋斗历程中凝练形成的红船精神、井冈山精神、长征精神、延安精神、东北抗联精神、雷锋精神、铁人精神、"两弹一星"精神、特区精神、女排精神、劳模精神、抗疫精神等为源,由全国高校十余位知名教授、专家集体撰著,以历史的视角,放置于实现中华民族伟大复兴中国梦的大背景下,阐释中国精神的具体样式,立足近代以来中华民族伟大复兴历程,特别是中国共产党带领中国人民从站起来、富起来到强起来所展现出来的民族集聚、动员和感召效应的精神及其气象,从党的领导特点和大党风范入手，追溯和解读中华民族悠久的历史传统和中华儿女可歌可泣的历史经历，研究中国精神形成的历史背景、形成过程，挖掘其科学内涵和新时代的重要价值，展现当代中华民族精神的历史穿透力和生命冲击力。《丛书》包括12分册，分别是：《红船精神》《井冈山精神》《长征精神》《延安精神》《东北抗联精神》《雷锋精神》《铁人精神》《"两弹一星"精神》《特区精神》《女排精神》《劳模精神》《抗疫精神》。这些共同构成了中国精神的重要内容，是社会主义核心价值观的精髓和具体体现，昭示着中国共产党人的初心和使命，镌刻着中华民族砥砺前行的优秀品格，是迄今为止学术界和出版界反映以爱国主义为核心的民族精神和以改革创新为核心的时代精神的大型学术普及类系列著作，是中国文化软实力的重要显示。

伟大精神铸就伟大梦想。今天，我们比历史上任何时期都更接近中华民族伟大复兴的目标，比历史上任何时期都更有信心有能力实现这个目标。实现中华民族伟大复兴不仅需要强大的物质力量，更需要强大的精神力量。要把这种精神力量汇聚成14亿多中华儿女强大的奋进合力，就不能把中国精神存放在"博物馆"内、停留在"象牙塔"中。推出《丛书》，可以推进中国精神时代化、大众化，永续传承，把它变为新时代的实践伟力。站在新时代的历史基点上，立足精神对事件的辐射和普照，阐释一定历史时期的民族精神对重大社会事件、历史发展进程甚至个人事业与生活的重大影响；立足事件对精神的折射和反映，分析历史事件、个人事迹对民族精神的具体呈现，以期在精神与史实的双向关照中，使中国精神触动整个民族情结和个体心理情感，凝聚中华儿女奋斗的精神动力。从普适性来讲，中国精神不仅是中国共产党成就伟大事业的宝贵精神财富，也是全体中华儿女在实践中总结、凝练和形成的价值理想。《丛书》定位于普及性学术著作，力求以通俗易懂、生动鲜活地讲述故事的形式呈现，引领新时代精神风尚，激发中华儿女特别是青年一代干事创业的热情。从价值层面看，《丛书》重点挖掘在中国特色社会主义新时代的价值，这对于汇聚中国力量，弘扬中华优秀传统文化，践行社会主义核心价值观，坚守中国共产党精神谱系，提升中国文化软实力，培养担负民族复兴大任的时代新人具有重大意义。

"求木之长者，必固其根本；欲流之远者，必浚其泉源。"我们坚信，这套极具学术性、知识性、资料性和可读性的《新时代中国精神价值传承》，能够成为筑牢中华民族共同体团结奋斗的精神纽带，为凝聚起中华民族的磅礴力量，建设中华民族现代文明贡献一份力量。

韩喜平

2023年6月

韩喜平，教育部"长江学者"特聘教授，国家"万人计划"哲学社会科学领军人才，中央马克思主义理论与建设工程首席专家。

习近平总书记指出，中国人民的特质、禀赋不仅铸就了绵延几千年发展至今的中华文明，而且深刻影响着当代中国发展进步，深刻影响着中国人的精神世界。中国人民在长期奋斗中培育、继承、发展起来的伟大民族精神，为中国发展和人类文明进步提供了强大精神动力。2013年9月26日，习近平总书记在会见第四届全国道德模范及提名奖获得者时发表的重要讲话中指出："道德模范是社会道德建设的重要旗帜，要深入开展学习宣传道德模范活动，弘扬真善美，传播正能量，激励人民群众崇德向善、见贤思齐，鼓励全社会积善成德、明德惟馨，为实现中华民族伟大复兴的中国梦凝聚起强大的精神力量和有力的道德支撑。""精神的力量是无穷的，道德的力量也是无穷的。中华文明源远流长，蕴育了中华民族的宝贵精神品格，培育了中国人民的崇高价值追求。自强不息、厚德载物的思想，支撑着中华民族生生不息、薪火相传，今天依然是我们推进改革开放和社会主义现代化建设的强大精神力量。"

在大庆油田发现60周年之际，习近平总书记专门发来贺信并指出，大庆油田的卓越贡献已经镌刻在伟大祖国的历史丰碑上，大庆精神、铁人精神已经成为中华民族伟大精神的重要组成部分。习近平总书记强调，希望大庆油田全体干部职工不忘初心、牢记使命，大力弘扬大庆精神、铁人精神，不断改革创新，推动高质量发展，肩负起当好标杆旗帜、建设百年油田的重大责任，为实现"两个一百年"奋斗目标、实现中华民族伟大复兴的中国梦作出新的更大的贡献。习近平总书记的重要指示，高度肯定了铁人精神的伟大贡献和重要意义，对在新的历史时期进一步传承弘扬铁人精神提出了新定位、新任务和新要求。铁人精神既是历史必然的产物，更是时代发展的迫切需要；既是大庆石油会战的真实写照，也是当前按照习近平总书记要求全面践行"当好标杆旗帜，建设百年油田"的不竭动力。作为中华民族精神的重要组成部分，铁人精神是大庆石油人宝贵的精神财富，更是最大的政治优势；是石油人艰苦奋斗的力量源泉，更是攻坚克难的制胜法宝；是石油工业优良传统作风的体现，更是社会主义核心价值观的体现；是油田优良传统企业文化的灵魂，更是核心竞争力的重要组成部分。

新华社1966年转发通讯《工人阶级的光辉形象——王铁人》时，在编者按中这样写道："大庆油田是什么样的人拿下来的？——是王铁人式的大庆人！世界第一流的大庆油田是什么样的人快速建成的？——是王铁人式的大庆人！世界油田开发技术的新高峰是什么样的人攀登上去的？也是王铁人式的大庆人！"那么，大庆油田的一次创业中，"王铁人式的大庆人"创造奇迹的力量来自哪里呢？来自铁人精神。没有铁人精神，就拿不下大油田。铁人精神作为"爱国、创业、求实、奉献"的大庆精神的人格化、具体化、生动化体现，以其内在的崇高信仰和强烈的感召力量深入人心、催人奋进，成为大庆人"战胜一切困难而不被困难压倒"的坚定信念和力量源泉。铁人精神作为我们民族精神的重要组成部分，也生动地展示了中国工人阶级、中国人民的坚韧品格和家国情怀。当年，在纪念铁人诞辰80周年之际，张云清、韩荣华、马德仁等许多当年石油会战的英雄模范重聚大庆油田。当谈到会战岁月、说起"铁人"老战友时，这些老英雄、老模范几乎都说了这样一句话：没有"铁人"在前面带头，没有铁人精神鼓舞士气，大庆会战不会开展得那么快，大油田不会那么快拿下来。如今，当全国各地的人们和世界各国友人来到大庆，来到这片曾经创造奇迹的沃土，来到铁人纪念馆了解大庆油田的历史时，纷纷发出这样的感慨："如果全中国人都效法铁人精神，那么21世纪将是中国人的天下。"

长期以来，一代又一代大庆石油人之所以能够在各种困难与挑战面前始终保持旺盛的热情和高昂的士气，始终坚持好字当头、严细成风，项项工作高标准、人人出手过得硬，始终做到在急难险重的关键时刻上得去、站得稳、打得赢，靠的就是铁人精神，靠的就是由此产生的高度事业心、责任感与自觉性。在新的历史时期，要讲好中国故事、传承红色基因，就要倍加珍惜这笔宝贵的精神财富，切实做到"强化责任感，高扬主旋律，坚持好传统，赋予新内涵"。强化责任感，就是把弘扬铁人精神、高举大庆红旗作为新时代广大青年的神圣使命；高扬主旋律，就是始终高唱"我为祖国献石油"的主旋律，努力为国家多产油气、多作贡献；坚持好传统，就是继承发扬"三老四严"、"四个一样"、岗位责任制等优良传统，让精神之火代代相传；赋予新内涵，就是适应客观形势的发展，融入时代进步的要求，从而不断巩固铁人精神作为价值引领的地位，发挥其激励和凝聚作用，确保铁人魅力永存、精神之树常青。

当前，随着国家各项改革不断深入，各项事业蓬勃发展，铁人精神与新时代中国精神及其他优良传统一样，必须不断加大教育和传承的力度，让红色经典教育当代、激励后人。这就是我们撰著《新时代中国精神价值传承·铁人精神》这部图书的重要意义。让我们共同努力，在实现中华民族伟大复兴中国梦的历史进程中进一步弘扬铁人精神，使其在新时代传承发展、历久弥新、永放光芒！

作者

2023年5月

目录 CONTENTS

第一章 培育铁人精神的黑土地

一、萌生铁人精神的历史时期 / 002
  "豆腐队"变标杆队 / 002
  下车讲的"三句话" / 005
  "铁人"名称的由来 / 006

二、淬火铁人精神的外部环境 / 008
  中国贫油那些往事 / 008
  西方国家的敌对和封锁 / 010
  苏联政府背信弃义 / 012
  国家急需"工业血液" / 013

三、形成铁人精神的火热实践 / 014
  人拉肩扛搬钻机 / 015
  端水开钻第一井 / 021
  奋勇当先战井喷 / 024

四、催生铁人精神的亲切关怀 / 027
  毛泽东发出"工业学大庆"伟大号召 / 027
  周恩来鼓励"向大庆工人学习" / 029
  邓小平嘱托"要把大庆油田建设成美丽的油田" / 029
  江泽民题词"发扬大庆精神,搞好二次创业" / 030

胡锦涛希望"珍惜大庆光荣史，再创大庆新辉煌" / 031

大庆精神（铁人精神）得到习近平总书记的肯定 / 032

第二章 铁人精神的思想内涵

一、爱国 / 038

洒下男儿英雄泪 / 038

实干才是真马列 / 041

率队抢打冰上井 / 042

公家的东西不能沾 / 043

二、创业 / 044

争分夺秒"鸭儿峡" / 044

"我又不是泥捏的" / 045

一个保密的"守则" / 046

连夜赶做"铁炉子" / 047

勤俭办学"育后人" / 048

亲自筹建"回收队" / 051

三、求实 / 055

学好"两论"促生产 / 055

"打井就要过得硬" / 057

四、奉献 / 060

"我拉车就要驾辕" / 061

连夜施工"争主动" / 062

第三章 铁人精神的本质特征

一、满腔赤诚爱国 / 064

抛却"自我"只为油 / 064

二、坚持党的领导 / 065

"精神"传至每个人 / 065

三、把握科学理论 / 067
　　蹲点抓队"六字法" / 067

四、坚定理想信念 / 068
　　难忘的"战前动员" / 068

五、注重实事求是 / 070
　　求实的"自我把脉" / 070

六、不断超越自我 / 071
　　"小填满"和"大填满" / 071

七、独立自主创业 / 073
　　没"油"就要被欺负 / 073

第四章　铁人精神的时代价值

一、铁人精神体现了民族精神与时代精神 / 076
　　向阳而生"逆飞翔" / 076
　　自我加压"找差距" / 079

二、铁人精神体现了解放思想与实事求是 / 082
　　大胆革新"去支架" / 082
　　提高工效"改大绳" / 084
　　转脑子想"金点子" / 085

三、铁人精神体现了思想方法与工作方法 / 086
　　"甜萝卜"与大讨论 / 086
　　"干一看三想着五" / 088

四、铁人精神体现了革命精神与科学精神 / 090
　　心中牢记的"大数" / 090
　　"我真没有闲时间" / 092

五、铁人精神体现了阶级基础与力量源泉 / 093
　　难忘的"誓师大会" / 093
　　"中国队长了不起" / 096

第五章　对确保国家石油战略安全的重要作用

　　一、以王进喜为代表的石油人夺取会战胜利 / 100
　　　　一旗高举万旗红 / 100
　　　　1205 钻井队 / 101
　　　　1202 钻井队 / 102
　　　　1247 钻井队 / 104
　　　　采油三队 / 105
　　　　朱洪昌工段 / 106

　　二、以王启民为代表的石油人进行"二次创业" / 107
　　　　三个字有大文章 / 108
　　　　科技闯将担重任 / 109
　　　　就要敢为天下先 / 110
　　　　潜心十年磨一剑 / 111
　　　　明志兴油望长天 / 113
　　　　让差油层也上阵 / 114

　　三、以李新民为代表的石油人助力新的时代 / 116
　　　　苦练技术能为师 / 117
　　　　郑重接过一面旗 / 118
　　　　精神状态不滑坡 / 119
　　　　老队长就是榜样 / 122
　　　　全力打出功勋井 / 124
　　　　异国他乡立新规 / 127

第六章　对践行社会主义核心价值观的助力作用

　　一、铁人精神是我党的政治优势所在 / 132
　　　　破牛棚办缝补厂 / 136
　　　　一分钱掰两半花 / 137

工厂办到前线上 / 138

要永远艰苦奋斗 / 138

岗位责任制由来 / 139

二、铁人精神是企业的精神动力所在 / 141

"小老虎"与"土专家" / 142

一个"秀才"的转变 / 143

一封"特殊"的电报 / 144

三、铁人精神是员工的思想基础所在 / 145

"三老四严"的由来 / 149

"四个一样"的形成 / 150

第七章 对我党革命文化、红色文化传承的促进作用

一、铁人精神与我党革命文化、红色基因一脉相承 / 155

光荣加入党组织 / 156

难忘的"四一九" / 160

"铁人"练就的"绝活" / 163

二、铁人精神与我党革命文化、红色基因相融共促 / 164

初次来到萨55井 / 165

"铁人"是个真英雄 / 167

"庆功会"变"批判会" / 168

三、铁人精神与我党革命文化、红色基因与时俱进 / 170

"铁人"穿上新衣服 / 170

多年叔侄情至深 / 172

以能为师重学习 / 175

工作是干出来的 / 176

第八章 对践行文化自信、凝聚民族精神的巨大作用

一、铁人精神承载着"四个自信"特别是文化自信的责任担当 / 181

"要听党话跟党走" / 181

"要使石油流成河" / 183

二、铁人精神积淀着中华民族最深层的精神追求和文化标识 / 184

以身许国只为"油" / 184

"每人每年半吨油" / 186

三、铁人精神体现着新时代党对全体人民精神状态的新要求 / 187

要"以人民为中心" / 188

"打铁必须自身硬" / 192

第九章 铁人精神在新时代的新传承

一、把传承铁人精神融入责任使命，筑牢理想信念 / 201

"艰苦奋斗创新业 / 201

危难时刻显身手 / 202

二、把传承铁人精神融入发展实践，凝聚奋进力量 / 204

把井打到美国去 / 204

无私奉献铸辉煌 / 206

三、把传承铁人精神融入"三基"工作，夯实企业根基 / 207

群星璀璨创效益 / 207

强化作风塑品牌 / 209

夯实根基铸灵魂 / 210

四、把传承铁人精神融入群众文化，营造浓厚氛围 / 213

独特文化常相随 / 213

党的关怀记心间 / 215

冠名激励增干劲 / 215

持续努力无终点 / 216

岗位是家做奉献 / 217

五、铁人精神是激励我们奋进前行的不竭动力 / 219

参考文献 / 223

附　录

　　附录一　丰富的大庆精神（铁人精神）/ 225
　　附录二　"铁人"语录 / 234
　　附录三　相关文献资料 / 238
　　附录四　铁人生平事记 / 259

第一章 01

培育铁人精神的黑土地

翻开中国石油工业史册，在大庆石油会战这一页上，如浮雕般凸显出一个不朽的名字——"铁人"王进喜。"铁人"，这是一个承载着大庆石油会战和发展历史的光荣称号，也是一代中国人奋发图强、艰苦奋斗精神的生动体现。"铁人"王进喜，是大庆人的杰出典范，中国工人阶级的光辉形象，共产党人的优秀代表，社会主义建设时期的民族英雄。他为发展我国石油工业奋力拼搏了一生，在为国家创造巨大物质财富的同时，更给我们留下了宝贵的精神财富——铁人精神。

铁人精神，是王进喜同志崇高思想品格和卓越丰功伟绩的高度概括，是"爱国、创业、求实、奉献"大庆精神典型化体现和人格化浓缩，是中华民族精神谱系的重要组成部分，具有不朽价值和永恒魅力。2001年，在建党80周年宣传我党80名优秀共产党员先进事迹的讲解词里，从李大钊讲起，说他"为中国引来了天火"；讲到"铁人"时，说他为人民"送走了洋油时代"。由此可以看出"铁人"的历史地位。实践证明，在任何时候、任何情况下，铁人精神都是我们奋发进取的力量源泉，是攻坚克难的制胜法宝，是永葆本色的红色基因，是必须世代传承的宝贵精神财富。

一、萌生铁人精神的历史时期

大庆石油会战,是在"困难的时期、困难的地点、困难的条件"这一特定时空和背景下展开的。在铁人精神鼓舞下,英雄的大庆人高速度、高水平地拿下了大油田,并创造了世界油田开发史上年产原油5000万吨高产稳产27年、4000万吨稳产12年的奇迹。

王进喜,1923年10月8日出生于甘肃省玉门县赤金堡一个贫苦农民家庭。他6岁时讨饭,10岁时给地主放牛,15岁时进玉门旧油矿当童工。苦难和贫穷造就了他不怕苦、不服输,敢想敢干、敢于突破,决心要改变生存状态的坚强性格。1949年9月,玉门解放。党的培养,新中国的哺育,使王进喜产生了强烈的爱党爱国的愿望。他树立了永报党恩、赤心报国的远大志向。1950年春,新生的玉门油矿招工,王进喜成为新中国第一代钻井工人。他十分珍惜自己的岗位,珍视自己的钻工身份,积极努力工作,并于1956年4月光荣入党。不久,他当上了贝乌五队队长,带领全队"玉门关上立标杆",创下了月打井进尺5009.47米的全国纪录[1],使"豆腐队"一跃成为标杆队。1959年9月,王进喜光荣地出席了在北京举行的全国工交"群英会"。

"豆腐队"变标杆队

新中国成立前,王进喜就在玉门油矿当长工,干最重的活,却吃不上一顿饱饭,过着非人待遇的生活。新中国成立后,玉门油矿的工人们当家做了主人。新油矿,新气象。王进喜热火朝天地投入矿区工作中,"我要当钻工"成了他当时最大的愿望。他学识字、学技术,通过自身的努力,在几次考试中都表现出"不达目的誓不休"的劲头。人们都为他那困难面前顶得住、关键时刻

---

[1] 大庆铁人传写作组:《铁人传》,石油工业出版社,2000,第83页。

不含糊、拼上老命往前争的精神所征服。

钻工王进喜干活勤快、干事严格，对工人敢爱，对坏作风敢恨，见工作敢抓，遇问题敢管。他来到贝乌五队后，党组织很快吸纳他为共产党员。党员王进喜责任加身，成为贝乌五队队长。他要带领着这个事故多、进尺少的"豆腐队"打一场漂亮的翻身仗。

图1-1 王进喜在钻台上手握刹把

王进喜担任队长后，成了大家口中"难缠的人"。生产任务不够分了，王进喜不等，缠着领导要任务；钻井环节出问题了，王进喜不等，缠着部门给解决；井上大小事情发生了，王进喜不等，亲力亲为没商量；钻进中缺料了，王进喜不等，缠着领导"抢"材料；设备送维修了，王进喜不等，缠着修理工抢修。就这样，贝乌五队工作效率上来了，钻井进尺提高了。

设备搬家对于钻井队来说是个费时费力的大活儿，怎样减少搬家时间、缩短打井周期成了王进喜的一件心事儿。一次，贝乌五队打完一口井后，下一个任务的新井距离这口井13米。虽然仅有13米远，但按制度规定也得放架子拆搬。

望着这13米距离，想着要设备大拆搬，王进喜心急火燎，他要想个好办法。队里集思广益，他们要尝试"整体搬家"。经过充分讨论，制订了实施方案。贝乌五队的工人们用了14台拖拉机，在"指挥旗"的指引下，仅用10分钟[①]就完成了"整体搬家"这一创举。这次成功的设备大搬家轰动了玉门钻井战线，从此全玉门人都知道了王进喜的大名。

在上级组织和队党支部领导下，经过王进喜和全队工人的共同努力，贝乌五队第一次打井超过10口，进尺达1万米，比上年翻了一番，提前超额完成了钻井计划，获得中央代表团颁发的锦旗，受到玉门石油管理局和钻井公司的表

---

① 大庆铁人传写作组：《铁人传》，石油工业出版社，2000，第74~75页。

彰，由"豆腐队"一跃跨入先进的行列。王进喜就这样继续带领他的标杆队不断刷新着自己的成绩，为国找油、为党拼搏、为油奋斗。

北京群英会期间，看见汽车"背着"煤气包，他为国家缺油而暗暗流泪。听说松辽盆地发现了大油田，他高兴得跳了起来，恨不得马上就飞过去，并发誓一定要"抱个大金娃娃"，为中国人争口气。

"一五"计划结束后，我国石油工业有了较大发展。玉门建成了初具规模的石油基地，还先后开发了克拉玛依、冷湖等新油田。经过石油战线员工的不懈努力，1959年全国原油产量已达到373.3万吨[①]；但是我国石油工业落后的面貌没有从根本上改变，石油自给率仅为40.6%。飞机停飞，坦克停用，训练停止，拖拉机也放在车库里。朱德总司令忧心忡忡地说："没有油，坦克、大炮还不如打狗棍。打狗棍拿着还可以打狗，坦克、大炮没有油就不动啊。"

1958年，邓小平同志作出了"战略东移"的指示，石油工业部会同地质部加强了对松辽盆地的勘探。1959年9月26日，位于黑龙江省肇州县大同镇高台子隆起上的松基3井喜喷工业油流，证明这里是一个很有希望的大油田。在连续有几口井喷油之后，石油工业部部长余秋里、副部长康世恩先后带领专家深入现场，观察油样、岩样，研究地质资料，扩大找油成果。后来，相继在北边大庆长垣又发现了萨尔图、杏树岗、喇嘛甸等几个更大的油田，总面积在2000平方千米以上，预计储量上10亿吨。

勘探成果证明，祖国东北这块沃土埋藏着我国最急需的宝藏——石油。喜讯传来，党中央、毛主席高兴，全国人民振奋，广大石油工人摩拳擦掌，准备大显身手。根据松基3井喷油是在新中国成立十周年国庆节前夕，黑龙江省委第一书记欧阳钦提议把松基三井所在的肇州县大同镇改为大庆区。石油工业部以〔59〕办秘便字第162号发出公函："黑龙江省委为了纪念祖国10周年大庆，庆祝大同镇地区基准井喷出了原油，为了与山西省的大同市区别起见，决定将原大同镇改为大庆镇。今后，对大同镇的图幅名称和构造命名，统一用大庆，不再用大同名称"。由此，在石油地质上也把原来的大同镇长垣改称大庆长垣。为了彻底摘掉"贫油"的帽子，满足社会主义建设的需要，1960年初，根据中央领导的指示精神，石油工业部党组召开扩大会议，经反复研究讨论，决

---

① 大庆铁人传写作组：《铁人传》，石油工业出版社，2000，第140页。

定在松辽盆地开展石油大会战。

这场石油大会战，是中国独立自主地开发和建设大油田、加快石油工业发展的转折点。它是在我国正处于国民经济暂时困难时期，在帝国主义经济封锁、霸权主义妄图用石油滞缓我国军事工业发展，而我们又没有开发和建设大油田经验的情况下开展的。1959年9月26日，以松辽盆地第三口基准井——"松基3井"喜获工业油流为标志，宣告大庆油田诞生。1960年，从全国30多个石油厂矿、院校抽调的几万名职工，与3万名解放军转业官兵组成了浩浩荡荡的石油会战大军，开始了一场声势浩大、艰苦卓绝的石油大会战。"铁人"王进喜也汇入了这一洪流当中。

下车讲的"三句话"

1960年3月25日清晨，一列满载着参加石油会战大军的列车远远地鸣响汽笛，呼啸着驶进车站。萨尔图火车站，一下子来了成千上万的人，运来成千上万吨物资，瞬间变得热闹繁忙起来。阳春三月，这里完全是天寒地冻、大雪纷飞。车刚一停稳，就有一队人马从车上急冲下来，迅速集合在写着"更高标杆立祁连"的红旗下。小伙子们身背简单的行囊，眼含期盼的目光，个个精神抖擞、生龙活虎。这就是"玉门闯将"王进喜带领的钻井队。

接站的负责人握住王进喜的手热情地说："玉门老标杆来会战，我们表示欢迎。这里条件太差，天气又冷，我们一定尽量安排好！"

王进喜操着浓重的西北口音说："下了火车我们是一家人，别分你们我们了。我问你，我们的钻机到了没有？井位在哪里？

图1-2　石油会战初期的萨尔图火车站

这里的纪录是多少？"①

接站的同志先是一愣，缓了缓才说："真对不起，我只负责接站。你们的钻机到没到，请你到调度室问问？"

王进喜有些急了：人到了，设备没到有什么用？得赶紧找着设备。他拉着技术员郭继贤，一路打听着找到了萨中勘探指挥部。见到调度员后，他张口就问："我们的钻机到了没有？我们的井位在哪里？"调度员有些奇怪地说："人家报完到，都去解决吃住。你怎么急着问钻机和井位？"

王进喜瞪着眼睛说："同志呀，如今国家缺油，我们恨不得一拳头砸出一口井来，让原油咕咚咚往外冒。咋能不急呢？"

这时，曾是王进喜的老上级、时任萨中勘探指挥部指挥的宋振明走了过来。不等宋指挥开口，也顾不上寒暄，王进喜又是张口就问："宋指挥，你一定知道我们的钻机到了没有？井位在哪里？这里的纪录是多少？"

宋振明心里很是感动，"你们的钻机到没到，我还真不知道。不过你们要打的萨55井井位在马家窑，离这不远，也就十几华里。至于纪录嘛，也不多。不过各局的精兵强将都来了！"

王进喜一拍胸脯说："你放心，我们队一定早安装、早开钻，打出好成绩。"

望着王进喜匆匆离去的背影，宋振明心里感慨万千：王进喜同志下车后一不问吃、二不问住，首先想到的是"武器弹药"、战斗岗位和努力目标，这正是战士的表现、指挥员的思想。有这样的好同志，就算有再大的困难，我们也一定能拿下大油田！

"铁人三问"是王进喜为国分忧的具体体现，同时也是主人翁精神的生动诠释。心系祖国、情系岗位，这是工人阶级王进喜的责任与担当。"铁人三问"表达了他把自己全部投入石油大会战的决心，为国家拿油的信心和为民族争气的忠心。铁人精神在这片黑土地上有了萌芽。

---

① 大庆铁人传写作组：《铁人传》，石油工业出版社，2000，第153页。

"铁人"名称的由来

伟大时代需要伟大精神。大会战出大英雄,"铁人"王进喜是第一个。在打第一口井的日日夜夜里,王进喜除了陪工作组的人谈话、开会或者取东西之外,几乎没日没夜地顶在打井现场。房东赵大娘热好的饭菜,王队长没来吃过;

图1-3 王进喜与赵大娘一家

她烧好的洗脚水,王队长没来用过。大娘就问住在他家的孙秉科,"王队长这几天干什么去啦?这大冷天怎么也不回来睡睡觉?"孙秉科解释说:"这是我们队长的习惯,他工作一忙就没日没夜的了。大娘您别见怪。"大娘说:"我不是见怪,这人也不是铁打的,总不回来睡觉哪行啊!"一天,大娘把平时舍不得吃的白面拿出来擀了面条,准备把王队长找回家吃顿面。赵大娘所在的马家窑屯距井场不到500米。她和小孙子不一会儿就来到了井场,见高高的钻台上站着二十来个人,为首的正是王队长。此时,王进喜正指挥着工人们往钻台上拉钻机。赵大娘见王队长甩掉了棉工作服,只穿着单衣,手攥大绳拼命往上拉,边拉边喊着号子。她仔细地端详着,见王进喜比刚来时瘦多了,额骨隆起,眼窝深陷,但是眼神坚定。赵大娘越看越心疼,忍不住走上前去大声喊:"王队长歇口气吧!"尽管赵大娘连喊了几遍,可是她的声音被强大的号子声淹没了,王进喜和工人们根本听不见。赵大娘只好失望地回了家。晚上赵大娘睡不着觉,白天的情景一幕幕闪现在眼前。她想:人也不是铁打的,哪能这么干呢!想到这儿,她就十分感慨地对刚从井上回来的副司钻张志贤说:"我活了大半辈子,除了那些打鬼子、打土匪把脑袋别在裤腰上的人外,没见过这么拼命的人。唉,你们的王队长可真是个铁人哪!"

工作组的同志听说这件事后,就把这一情况向领导作了汇报。石油工业部部长余秋里听了这个汇报后大加赞扬。在油田首次技术座谈会上,会战领导小组作出决定,号召全油田职工"学习铁人王进喜,人人做铁人"。会后,立即掀起了向"铁人"学习的高潮。"铁人"这个称号从此在大庆油田乃至全国响亮起来。一个"铁人"前面走,千万个"铁人"跟上来。全战区很快掀起了比学赶帮超的热潮,极大地推动了石油大会战的进程。

二、淬火铁人精神的外部环境

铁人精神是中华民族精神的"生命绵延",是中华民族精神在特定历史条件下放射出的璀璨光芒,是以爱国主义为核心的民族精神和以改革创新为核心的时代精神的重要组成部分,是社会主义核心价值体系的重要体现,是以"铁人"王进喜为代表的大庆人在社会主义建设时期留下的宝贵精神财富、政治资产和文化资源。铁人精神作为中华民族精神的重要组成部分,它的产生绝不是偶然的。它是中华民族挺直脊梁,在冲破国际上帝国主义的经济封锁、迎接世界挑战、战胜国内经济困难和大庆石油会战的恶劣自然环境下形成的。因此,铁人精神的产生有着特定的社会历史根源和深厚的国际、国内及大庆石油会战的历史背景。

中国贫油那些往事

"中国贫油论"在很长的历史时期内给我们造成了一种无形的精神压力。这顶"帽子"是外国人给戴的。有关资料记载,1913年,美国美孚公司一个调查团对我国山东、河南、陕西、甘肃、河北、东北和内蒙古部分地区进行石油调查勘探,并于次年在陕西延长钻井7口,结论是"没有一口井有工业价值"。美孚公司的失败调查对世界产生了很大的影响。1920年,美国地质学家艾·斯达金声称:"中国的石油储量极其贫乏。"1922年,美国地质学家勃拉克·韦尔德在发表的《中国和西伯利亚石油资源》一文中,认为中国没有产生石油的地质条件,并作出结论:"中国是绝不会生产出大量石油的。"1945

年，国民党政府从美国请来地质学家芮奇，他在中国石油储量这个问题上的意见是"建议你们忘却了吧"。日本帝国主义侵占中国东北时，曾在阜新盆地、海拉尔盆地等地方勘探石油。日本投降以后，内野敏夫等人在《东北矿产》一书中断定，在中国东北找油没有希望。

以上这些，尽管表达方式不同，但结论却是一样的："中国贫油。"其实，我国有着悠久的使用石油的历史，中国是世界上最早发现并使用石油和天然气的国家。早在公元1世纪、2世纪，中国古代先民就在陕北地区发现了石油及其可燃性。在1900多年前，东汉史学家班固在其撰著的《汉书·地理志》中写道："高奴，有洧水，可燃"，首次记载了我国陕北延长地区曾使用石油。据史料记载：1867年（清同治六年），中国海关就有了"洋油"进口的记录。1894年（清光绪二十年），进口"洋油"24万吨，耗银800万两，外流的白银用于进口石油的数额仅次于鸦片。在1904—1949年，中国平均每年生产石油6.5万吨；而这期间进口的各种"洋油"却达2788万吨，总价值近33亿美元。1949年我国石油产量仅12万吨，而"洋油"进口量却达200万吨以上，占中国进口物资的第三位。

有人曾这样描述中国缺油和"洋油"充斥国内市场的情景："从大城市的街头巷尾到偏僻的村镇，到处是德士古的广告。马路边开设着亚细亚的加油站，油桶上贴着美孚公司的标签。"面对此情此景，以杰出的地质学家李四光、潘忠祥为代表的我国地质工作者，不为洋人的结论所束缚，从我国的地质情况出发，认真进行勘探分析，闯出了一条我国石油地质理论的新路。早在1928年，李四光就对美孚公司的"中国贫油论"提出了质疑。1941年，潘忠祥也指出："石油不仅来自海相，也能来自淡水沉积物。"1948年，翁文波把松辽盆地列为具有含油远景的地区。特别是新中国成立以后，党和政府特别重视中国石油工业的发展。毛泽东主席指出："找石油艰难啦，看来发展石油工业还得革命加拼命。"这代表了党中央的决心。当时"铁人"王进喜就道出了石油工人既忧心如焚又无比坚定的心声："我就不信石油都埋在外国人的地底下，我们这么大个国家就没有油？"虽然他的语言朴实无华，但是体现出了一种精神——一种不屈不挠自立于世界民族之林的精神，一种敢于把石油落后帽子甩到太平洋里去的伟大民族精神。

20世纪50年代至60年代初，是中国对外关系史上一个重要的历史时期。

美国这个世界上最强大的西方国家，从最初的扶蒋反共转变为公开以中华人民共和国为敌，推行敌对新中国的政策，采取不承认新中国、孤立新中国、贸易禁运，阻挠恢复中华人民共和国在联合国的合法席位，分离中国领土台湾、企图制造"两个中国"等一系列伎俩，妄图阻止新中国的发展和进步，甚至扼杀"红色中国"。

西方国家的敌对和封锁

早在太平洋战争爆发以后，美国就开始重视中国在远东的作用，帮助中国确立大国地位，让中国以大国身份参加国际会议。美国这样做完全是出于自身利益的考量，前提是中国要有一个统一的、亲美的政权。在美国决策层看来，蒋介石是最合适的人选。因此，在抗日战争胜利后，美国奉行"扶蒋反共"政策，帮助蒋介石打内战，寄希望于蒋介石统一中国，把中国作为美国巨大的商品和资本市场，并利用中国遏制苏联、抑制日本，最终把中国纳入美国全球战略轨道。然而，中国的发展不以美国决策者的意愿为转移。1949年，中国人民解放军以摧枯拉朽之势扫荡着国民党残余势力，中国革命的胜利指日可待。在这种形势下，推行"扶蒋反共"政策的美国政府陷入了进退维谷的境地。一方面，鉴于国民党政府的"腐朽和不得人心"，继续扶蒋不但挽救不了蒋介石政权覆灭的命运，而且会使美国陷入更大的被动；另一方面，美国决策者从遏制共产主义在亚洲蔓延的既定目标出发，极不情愿地接受其对华政策失败的现实。这就使美国对华政策处于摇摆不定的矛盾状态。但是，随着形势的发展，美国统治阶级出于反共的顽固本性和对失去中国不肯善罢甘休的态度，终于走上了一条遏制新中国、孤立新中国、敌视新中国的道路。从深层次来看，美国最终采取敌对新中国的政策是第二次世界大战后美国推行称霸世界的全球战略的必然恶果。美国全球战略的核心和实质是遏制共产主义的扩张。美国推行的扶蒋反共政策就是把国民党腐败政府当作"在亚洲唯一能够抵制苏联扩张"的支柱，最能体现美国的"在华利益"。然而，中国革命的胜利不仅使国民党当局失去了对美国的上述价值，而且新中国建立了与苏联持有相同意识形态的政府，这是美国最不愿面对的现实。虽然有一些头脑清醒的政治家认为从美国的利益出发应该调整对华政策，承认新中国，但是以遏制共产主义为目标的美国全球战略决定了美国最终将走上敌对新中国的道路，必然推行遏制新中国的政策。

新中国成立后，鉴于当时的国际形势，党中央作出了向苏联"一边倒"的外交方针。1949年12月16日，毛泽东访问苏联。1950年2月14日，中苏两国在莫斯科签订了《中苏友好同盟互助条约》。该条约的签订，使美国决策者为所谓"中国是苏联的附属"的判断似乎找到了"根据"。在美国政府看来，这意味着"中国正被迫加入苏联的势力范围，成了苏维埃政治体系和苏维埃经济的附属国"，必须制订一系列相应的计划，积极推行对华遏制政策。几乎同时，为了肃清帝国主义在华势力的影响，毛泽东提出了"打扫干净屋子再请客"的方针。据此，1950年上半年，新中国政府采取了诸如关闭美国在华宣传机构等措施。这更坚定了美国决策层一些人头脑中所谓中共是莫斯科"仆从和工具"的判断，为美国制定敌对中国政策找到新的"根据"。需要指出，美国决策层中相当多的一部分人对中国缺乏了解，他们不懂得自己的对手不仅是共产党人，还有决心洗刷百年来中华民族备受凌辱的中国人民，因此他们的对华政策必然走入误区。

最终促成美国对华推行全面敌视政策的则是朝鲜战争。朝鲜战争爆发后，美国统治阶层错误地认为这"可能是一次广泛的中苏联合攻势的开端"，是共产主义"扩张"的起点，必须坚决"遏制"。因此，美国迅速作出增兵朝鲜的决定，并派第七舰队进入台湾海峡。随后，以美国为首的所谓"联合国军"越过三八线。这就构成了对中国的直接军事侵略和威胁，必然遭到中国人民的强烈反对和回击；而美国则公开宣称"就此画线"，最终确立全面遏制和敌对中国的政策。

在20世纪50年代至70年代初的二十多年里，中美之间一直处于尖锐的对立之中，为了搞垮中国，美国始终"保持对中国最大限度的压力"。在政治上，美国不仅自己不承认新中国，不同新中国建交，而且阻挠其他国家同新中国建交，阻挠恢复中华人民共和国在联合国的合法席位，企图孤立新中国。在军事上，美国通过编织条约网对中国形成半月形军事包围圈，并通过侵朝战争、侵越战争等来遏制中国。尤其是在中国经济困难时期，美国在经济上遏制中国，对中国实行封锁和禁运，特别是阻止中美民间贸易往来，企图扼杀、颠覆社会主义的中华人民共和国。铁人精神就是在这种历史背景下产生的，它体现了一种敢作敢为的斗争精神，体现了一种兴党为国的爱国精神，体现了一种不屈不挠的民族精神。

苏联政府背信弃义

铁人精神产生于20世纪60年代初，当时国际上一个重大的事件就是中苏关系破裂。苏联政府背信弃义撕毁合同，撤走专家，造成我国国民经济严重损失，这是铁人精神产生的又一国际背景。中苏关系从联盟到破裂，原因是复杂的，既有意识形态的因素，更有国家利益的冲突，还有领导人之间的好恶，其中也夹杂着历史积怨。

新中国刚刚宣告成立，苏联政府便宣布承认新中国。因此，中苏两国便正式建立起一种新关系，并迅速开展了广泛的合作，双方关系进入后来被称为"蜜月期"的友好合作新阶段。在这个时期，两国的国家利益基本一致，双方基本上都采取了互相支持、互谅互让、友好合作的政策，因而双方关系很好。基于此，苏联对新中国开始了一些援助，比较有代表性的就是援建了156个工业建设项目。这些项目为新中国的工业化起步和快速发展、迎头赶上发挥了作用。然而，中苏两国的国家利益也并非完全一致，还是有一些差别和矛盾的。即使在中苏关系处于"蜜月期"的日子里，也是有阴影的。斯大林在世时，苏联在对中国共产党和中国的关系上出现过一系列错误，已积累了不少问题；斯大林逝世后，赫鲁晓夫否定斯大林的"秘密报告"及其某些做法使中苏两党产生了极大的分歧。1960年7月，苏联政府突然照会我国政府，片面地撕毁合同、撤走专家，停止供应重要设备。当时，在短短1个月内，苏联撤走在华的全部专家1390人，撕毁了343个专家合同和合同补充书，废除了257个科学技术合作项目，并带走全部设计图纸和有关资料，使我国一些重大设计项目和科研成果被迫中断，使一些正在施工的建设项目被迫停工，一些正在试验生产的厂矿不能按期投入生产，严重地破坏了我国国民经济的原定计划，加重了我国的经济困难，使我国国民经济受到了重大损失。我国在外援濒于断绝的情况下，石油工业的发展形势变得日趋严峻。许多汽车"背上"了煤气包，连部队执勤、训练都因缺油而受到影响。美国封锁我国，苏联断绝油品供应，妄图用石油来卡我们的脖子。面对这种严重局面，党中央、毛泽东主席领导中国人民进行了英勇的斗争，我们要自力更生，走自己的路。"铁人"就是在这一背景下，决心响应党中央、毛泽东主席的号召，要多打井、多产油，为中华民族争口气。

国家急需"工业血液"

1959—1961年，我国发生了三年严重自然灾害，国家处于国民经济发展困难时期，国家和人民蒙受了重大损失。首先，严重的自然灾害致使农产品产量大幅度下降，粮食供应严重不足。据统计，1959年受灾面积为6.6亿亩，1960年为9.7亿亩，1961年为9.2亿亩。1960年全国粮食产量1400余亿公斤，比1957年减产415亿多公斤，降幅超20%；1960年棉花产量为2100余万担，比1957年减产1100万担，降幅超30%；1960年油料产量为2400余万吨，比1957年减少了一半多。其他（如畜牧业）产量也大幅度减少。由于粮食供应非常紧张，出现了非正常的死亡。其次，由于高积累，这三年财政收支不平衡，多发了票子，出现了通货膨胀；由于市场供应紧张，商品短缺、物价上涨，人民生活水平明显下降。再次，管理混乱，浪费惊人。1960年，全国企业亏损总额达到105亿元。据不完全统计，三年共损失1200多亿元。由于工农业发展大幅滑坡，出现了"大跃进"等"左"的错误，加上帝国主义封锁、苏联背信弃义，我国的国民经济陷入严重的困难局面。同时，我国的石油产品、产量远远不能满足国民经济发展的需要。当时，虽然经过新中国成立后十年的艰苦奋斗，石油地质勘探打开了一些局面，但是石油工业落后的状况还没有根本改变。首先，石油产品产量低。1959年全国石油产品销售量为504.9万吨，其中自产的仅占205万吨，自给率为40.6%。为解决国内需要，不得不耗用大量的外汇进口原油和成品油。即便如此，油品供应情况仍然十分紧张。民用油中数量最大的煤油和柴油，商业部门年底库存量1959年比上年分别下降15%和24%，1960年比上年又下降38%和23%，高级的航空燃料则全部依赖进口。其次，石油工业布局与国民经济的发展需要不相适应。作为石油工业基础的石油资源，偏居于西北。1959年，98%的原油产量和61.7%的原油加工能力在陕西、甘肃、青海和新疆等省、自治区，而90%以上的消费量在东部经济较发达地区，生产和消费的布局极不协调。再次，国家对石油工业发展的投资少。

1960年国家给石油工业的投资只有10亿元，1961年又减少了52%。总之，当时石油工业发展的主要矛盾从整体上说是缺少足够的后备储量，原油生产的增长受到制约。要想摆脱被动局面，适应国家国民经济发展的需要，必须从勘探上取得重大突破，尽快找到新的大油田，并且高速度高水平地拿下大油田，这样才能突破石油制约的瓶颈。上述严峻的国际国内环境，使铁人精神的产生成为可能。

三、形成铁人精神的火热实践

在油田开发建设过程中，铁人精神一方面形成于火热的实践，另一方面一直是激励和鼓舞广大石油职工战胜困难、勇往直前，不断取得新胜利的巨大精神力量。石油大会战初期，三分之二以上的职工是刚刚从部队转业的官兵，对搞石油、搞勘探、开发建设大油田毫无经验，一切都得从头学起。以王进喜为代表的石油大会战职工以"两论"（《矛盾论》《实践论》）起家，坚持"两分法"前进，用唯物辩证法来指导油田开发建设。没有方法，就反复试验、深入研究，在探索中解决问题；没有经验，就破除迷信、解放思想、迎难而上，大胆地试、大胆地闯，在实践中总结和把握油田开发建设规律。20世纪60年代初正值三年经济困难时期，面对"头上青天一顶，脚下荒原一片"的艰苦环境，在生产生活异常艰难的条件下，几万名石油大会战职工胸怀全局、为国分忧，靠高度的革命精神和严肃的科学态度，开展石油大会战，当年6月就实现了首车原油外运，到年底共生产原油97万吨，有力地支援了国家经济建设。经过三年半，高速度高水平拿下了大油田，从根本上改变了我国贫油落后的面貌。1963年12月4日，周恩来总理在第二届全国人大第四次会议上郑重地宣布："我国需要的石油，过去绝大部分依靠进口，现在可以基本自给了。"经过60多年的开发建设，在党和国家的亲切关怀下，大庆油田不断发展壮大，创造了举世瞩目的历史成就，成为世界上少数几个特大型油田之一。截至2019年9月，累计生产原油23.9亿吨、天然气1350亿立方米，上缴税费及各种资金

2.9万亿元，为维护国家石油供给安全，支持国民经济发展，作出了重要贡献；建成了我国最大的石油工业基地，在荒原上建起了一座现代化的石油新城。

用余秋里的话说，"这是一场政治仗、志气仗、科学技术仗。"打赢这场硬仗，完成这场伟大的实践，需要为国分忧、知难而上、勇于拼搏、无私奉献的英雄人物。"铁人"王进喜就是在石油大会战中涌现出来的第一个英雄，是带动石油工业大发展的一个标志性人物。石油大会战历时三年半，铁人率领的1205钻井队就已经累计钻井67口，占当时钻井总数的15%，为高速度高水平拿下大油田，一举甩掉贫油落后的帽子，作出了突出的贡献。

人拉肩扛搬钻机

大庆石油大会战，是在困难的时候、困难的地方、困难的条件下展开的。这"三难"主要表现在：一是国家处于困难时期，外有两个大国封卡，内有三年自然灾害，物力财力有限，粮食供应紧张。二是会战的主战场萨尔图，地处高寒地区，遍地是荒原、湖泊、沼泽和盐碱滩，冬季长达7个月，最低气温零下三四十（摄氏）度，冻土层达2米厚。冬季严寒，夏季多雨，春秋多风。几万人一下子集中到这个人烟稀少的荒原上，没有大城市和工业发达区作为依托，各项物资供应和后勤保障暂时跟不上，生产生活（条件）都极端困难。三是1960年天公不作美，气候十分恶劣。3、4月份仍然残留冰雪，5、6月份又逢连绵阴雨，给生产建设和人们的生活造成了极大的困难①。

面临种种困厄和难题，松辽大军能拿下大油田吗？国家缺油，怎么办？面对这个问题，王进喜带领着石油工人们，用滚杠加撬杠、靠双手和肩膀，花了三天三夜给出了答案：战胜困难，艰苦奋斗！有条件要上，没有条件创造条件也要上！一定要为新中国的建设和发展献上大油田！3月份的萨尔图天寒地冻，气温达零下20多摄氏度。到达大庆的第一晚，王进喜和队员们住进了马

---

① 大庆铁人传写作组：《铁人传》，石油工业出版社，2000，第173页。

厩里。没吃的，就啃剩下的干粮、面包；没有水，有的抓把雪就着吃。队员们你一句、我一句，作成了一首诗：

> 北风当电扇，大雪是炒面。
> 山南海北来会战，誓夺头号大油田。
> 干，干，干！①

虽然钻机迟迟不到，但王进喜没有等一分一秒，而是冒着刺骨的寒风，带领工人们用了两天多，挖出了半个泥浆池、一个小水池，还挖了三个"卸车台"、两口水井。大家干得热火朝天。

开钻的准备越做越顺，可是钻机还迟迟未到，全队工人急得嗷嗷叫。王进喜更是望眼欲穿，心里冒火。工人们天天跑火车站，从安达到喇嘛甸的6个车站来回走了好几遍。他们还特意坐火车去了一趟哈尔滨沿途查看，可就是找不到。看着车站杂乱的样子，王进喜心里着急，手也就痒起来。别的队在搬设备，他们队也来帮忙。工人们跳上平板车解绳扣、松螺丝，抬的抬、撬的撬，硬靠人力卸起来。卸完小件卸大件，卸完一车又一车。有些大件卸不动，王进喜就叫上车站的人来帮忙。有人提醒他说那是领导，王进喜就说："领导也是来会战的，他也要干活。虽然他是上级，我是下级，咱们搬不动，招呼过来帮帮忙，难道他们还能怪我？不会，咱们的目标是一个嘛！"

这就是王进喜。虽然他只是一个钻井队长，但走到哪里都是个主人，从来不小看自己。据资料记载，当时"沿火车站50余公里的铁道线两旁，堆满了各种钻机、设备、器材、行李，由于缺少吊车和运输设备，物资无法疏散"。对于这种因会战上得猛而造成的一时混乱，"勤快钻工"出身的钻井队长王进喜一不埋怨、二不旁观，自觉挑担子，迎难而上，正是一种国家主人翁的表现②。

干了几天后，王进喜的队出了名。人们称他们是"义务装卸队"，评比中

---

① 大庆铁人传写作组：《铁人传》，石油工业出版社，2000，第159页。
② 同上书，第171页。

都说1205队风格高、劲头大，将其评为"干劲第一"。萨中指挥部知道后，宋振明等领导到车站看望他们，表扬王进喜的这个队干得好。王进喜说："可别表扬了，都是为了全国打一个石油翻身仗。部领导和专家教授们都来到荒原上吃苦挨累，他们的压力我们要分担些。为石油大会战多干活，痛快！"

1960年3月25日（玉门油矿标杆队1262钻井队，即后来的1205钻井队到达大庆的那天），石油工业部党组在哈尔滨召开了大庆会战第二次筹备会议。会议确定了4月份的战斗任务，发出了"迎接大会战，打响第一炮""高速度高水平拿下大油田"的战斗号召，成立了会战指挥部。面对极端困难和各种矛盾，会战领导小组根据周总理的指示，作出了大会战开展后的第一个决定，即《关于学习毛泽东同志所著的〈实践论〉和〈矛盾论〉的决定》。石油工业部部长、部机关党委书记余秋里，副部长、会战总指挥康世恩搬到了安达办公，亲临前线指挥。

为保障会战职工学习用的"两论"单行本，石油工业部派人从北京、哈尔滨买了4万多册送到萨尔图，发到职工手中。

3月31日，萨中指挥部召开先进队长座谈会。王进喜活学活用毛主席的"两论"，既承认困难、又藐视困难，他在会上说："眼下头上青天一顶、脚下荒原一片，要说困难可真不少。我们队几年的'小仓库'现在也没有了，但没有了也要上。有也上，没也上，脱了裤子也要上。我们一定三天半上千，五天打完一口井！"

王进喜有很多口头禅。在会战最艰苦的那个特殊年代，这"有也上，没也上"几乎天天挂在他的嘴上，用来激励自己、鼓舞全队。经过石油工业部领导反复修改，这句话后来被完善为"有条件要上，没有条件创造条件也要上"。这句话成了当时鼓舞士气最有力的一个口号，慢慢地也成为全国流行的一句名言。

1966年初，《工人日报》发表的题为《有条件要上，没有条件创造条件也要上——论王铁人的革命精神》的社论中写道：

中国工人阶级的光辉形象——王铁人，在为油而战的斗争中，发出了"有条件要上，没有条件创造条件也要上"的豪言壮语。这句话充分体现了大庆人敢于与天斗、与地斗，敢于革命、敢于胜利的大无畏精神，也充

图1-4 王进喜与队友们拉钻机

分体现了大庆人既藐视困难又重视困难的科学态度[①]。

王进喜说过:"这困难那困难,国家缺油是最大的困难;这矛盾那矛盾,国家建设等油用是最大的矛盾。"就这样,王进喜带领着1205钻井队工人在困难的时候、困难的地方、困难的条件下,义无反顾地投身到开发建设大油田的伟大实践中。

1960年4月2日,凌晨就去火车站找设备的王进喜,终于把钻机盼到了。列车徐徐进站,工人们像见了久别的战友、重逢的亲人,情不自禁地欢呼雀跃起来。可是他们遇到了前所未有的困难。一套钻井设备总重60多吨,在玉门拆散搬家,需要吊车4部、拖拉机4台、大型载重汽车10辆。然而,刚刚成立不到一周的萨中指挥部,总共只有吊车1台、解放牌汽车10余辆。怎么办?王进喜想到其他队会战上得猛也着急,所以只向组织上申请了5辆解放牌汽车。就在这种一无吊车、二无拖拉机的情况下,王进喜说:"我们绝对不能等,就是人拉肩扛也要把钻机全都拉上井场。"

如果说"创造条件上"是一种理论,那么王进喜自己就是一个证明。一场

---

① 大庆铁人传写作组:《铁人传》,石油工业出版社,2000,第179页。

人与钢铁、力量与困难的较量开始了。接下来的三天三夜，成为1205钻井队队史也是中国石油工业发展史上难忘的记忆。37个人就是37部吊车，创造了石油大会战史上的第一个奇迹。

王进喜把全队（工人）集合到一起，问在朝鲜打过仗的支部书记孙永臣，"我没打过仗，你说若是在战场上遇到这种情况怎么办？是上还是退？是打还是坐下来等？"孙永臣说："只能进，不能退；只能上，不能等，就是豁出命来也要上！"王进喜接过话说："我们大会战也像打仗一样，靠我们自己的力量卸车、搬运、安装，早开钻。你们说行不行？"①

"行！"全队（工人）异口同声地回答。

"好！还是那句话，有也上，没也上，天大困难创造条件也要上！"队长说完，甩掉老羊皮棉袄，从地上抄起一根撬杠，喊一声"跟我上！"工人们也抄起家伙，一个接一个地跟着跃上了火车。

粗犷的号子声立刻响彻萨尔图小站。那些像小孩儿胳脖粗的棕绳，像大人胳脖粗的木杠、镐把，断了一根又一根；钢硬的粗撬杠也弯了不少。组织上送来了劳保用品，队员们更有干劲儿了。卸下了大钳、水龙头等小件后，开始卸泥浆罐。这泥浆罐本来不怎么沉，但因为里边装上了几十个钻头，一些配件、工具、螺丝、行李，变得死沉死沉。王进喜指挥大家在火车与汽车之间用几根钻杆搭上了一条滑道，在大罐上拴上了大绳。他们前边拉，后边推，底下用撬杠撬，硬是把大罐装到了汽车上，平稳地运走。

王进喜边干边鼓动大家。他说："同志们抓紧卸。不然，一会儿叫铁路上给拉跑了可咋办？"虽然是天寒地冻，北风呼啸，可不少人都甩掉了棉袄，只穿着衬衫还汗流浃背②。

王进喜和孙永臣召开了一个骨干会。制订了方案要先搬大件，保护设备，保护工人，还要喊号子给队伍打气。

夜幕降临，火车站上点起一堆堆篝火，1205钻井队工人挑灯夜战，继续

---

① 大庆铁人传写作组：《铁人传》，石油工业出版社，2000，第171页。

② 同上书，第182页。

卸车。到处是忙碌的身影，到处是人和钢铁搏斗的场面。号子声响彻夜空，整个小站是一派大战的热烈景象。

3日清晨，全队回到萨55井井场。大家看到自己心爱的钻机全部运到新井位，横七竖八地在雪地上摆了一大片，脸上露出了初战告捷的笑容。吃完了炊事班送来的早饭，王进喜召集全队工人开会。苦战了一天一夜的工人们头戴铝盔，身穿工服，手持长木棍站在那里，仍然是腰板挺直、精神抖擞。看到这情景，王进喜鼓励大家乘胜追击、一鼓作气，不让困难有喘息的机会①。井场上，各路人马正按队长的安排干起来。有的开始检修保养运到的发电机，有的去附近井队借柴油，有的清理线路，井井有条。下午又开始了关键的一仗。

泥浆泵就位是搬家安装的一项重点工程，属于操作的关键环节。一是因为沉，二是得摆精准。眼下，没有拖拉机，这又大又笨重的庞然大物硬靠人拉，其难度可想而知。

1964年初，康世恩同志给北京市干部作关于大庆情况和经验的报告，在讲到王进喜"人拉肩扛"搬大泵时，彭真同志打了个比方。他说："王铁人搬的大泵有多重？你们看到天安门前那对大石狮子没有？一个狮子万斤重，那个大泵也是一万多斤重。王铁人他们30多个人硬是搬过去了，真了不起。"

图1-5　王进喜带领队友们搬迁设备

---

① 大庆铁人传写作组：《铁人传》，石油工业出版社，2000，第184~185页。

工人们给大泵垫了个滑道，通过一次次压下、撬起，把大泵挪了上去。

滚杠安好以后，又在大泵的前面拴上四条棕绳，人分四排用手拽、往前拉，另一些人使劲往前推。王队长一边喊着号子，一边和大家一起拉大绳："同志们齐用劲哪！"王队长喊一句。"哎——嘿！走——啦！"大家应一声。

大泵就在这号子声中，像蜗牛一样慢慢地爬动起来。

"同志们加把劲哪！""哎——嘿！"

"这下子动弹了啊！""走——啦！"

"咱们干劲大呀！""哎——嘿！"

"再难也不怕啊！""走——啦！"

"咱们一声吼哇！""哎——嘿！"

"地球也发抖啊！""走——啦！"

雄壮的号子声响彻大地，声震天宇。万斤重的大泵，就在这西北硬汉的吼叫声中缓缓前行。

大绳断了，换一根。撬杠弯了，换一根。这是王进喜和30多个工人用自己的血肉之躯同万斤钢铁在搏斗，是人的意志、决心与大会战中暂时的困难在拼争。王进喜吼一声，工人们用股劲，大泵就前进一厘米。每前进一步，都是人的意志的胜利、困难险阻的退缩[①]。

王进喜带领工人在极端困难的情况下，充分发挥人的主观能动性，用非常规的办法艰苦创业，把一个极普通的劳动行为"人拉肩扛"变成了一种力量、一种标志。

端水开钻第一井

准备工作做得差不多了，剩下最后一个环节——开钻打井。通过这几天的交底、学习、参观，工人们对于怎样打好"一口井"心中有了底，那就

[①] 大庆铁人传写作组：《铁人传》，石油工业出版社，2000，第189~190页。

图 1-6　机关干部和老乡们帮 1205 队工人运水

是：在马家窑打井，一要防漏，二要防喷。这里的要害就是要备下大量的水；但当时水管线没有接通，等罐车送水来大约需要 3 天。王进喜哪里肯等，他又一次把队员们集合在一起，有些激动地说："还是那句话，有也上，无也上！就是尿尿也要开钻！"这时，有人提议说 1000 米外有个水泡子，可以到那里破冰取水。又有人说："谁见哪个国家端水打井？"王进喜回答："就是我们中国人，端水也要把井打出来。"说干就干！决定之后，王进喜马上带领全队工人赶到那个大水泡子，把已经冻得厚厚的冰层砸开一个大窟窿。仿佛是捞宝贝，他们把能用的家伙都拿了出来：用盆端、用桶提，连铝盔、灭火器外壳也用来装水运水。为他们的精神所感染，附近老乡和指挥部的机关干部都赶来帮忙。刹那间，100 多人组成了一支运水大军。人流就是水流，清澈的湖水一盆盆、一桶桶地倒入泥浆池、水池，越聚越多。虽然当时气温达零下 30 多摄氏度，但没有人觉得冷，甚至脸上都挂上了细密的汗珠。经过一天一夜的艰苦奋战，人们用各种各样的土办法，终于端足了 50 多吨水，足够开钻用了。

1960 年 4 月 14 日，玉门油矿标杆队 1262 钻井队，即后来闻名遐迩的 1205 钻井队到大庆后打的第一口井"萨 55 井"开钻。

王进喜工作认真，要求严格。为确保万无一失，他带着司钻一遍遍检查。对于绷绳固定得紧不紧、平台栏杆牢不牢这样的细节都不放过。"铁人"领着

图 1-7　王进喜在大庆会战第一口油井前给队友讲经验

工人高呼："打响第一炮，迎接大会战！"8 点整，马家窑的旷野上千百年来第一次响起了钻机声。

萨 55 井是大庆油田第一口开发井（即油井）。开钻以后，谁都不敢松懈。王进喜日夜围着钻台转，一步没离开过，抓要害、顶关键，随时解决生产技术上的问题。就这样闯过了一关又一关，到 4 月 19 日上午胜利完钻，实现了"3 天上千，5 天完钻"的目标，创造了当时的纪录。

经过电测、下套管、固井、射孔、安装采油树、接油管，到 4 月 28 日，萨 55 井正式喷油。当黑色的油柱喷涌而出时，整个井场上欢声雷动。当时还没有计量装置，于是用一个目斗土法量油。计算出萨 55 井每天产液量 100 多吨。5 月 20 日该井投产，几十年来为国家生产原油 20 多万吨。

王进喜和全队的工人们奋战一个月，最后用 5 天零 4 个小时打完一口井，创造了当时大庆的第一个纪录。他们在劳动中体现出抓住主要矛盾，让祖国石油工业"脱贫致富"的思想。王进喜找到了"强国富民"这个支点，用自己的生命当撬杠，竖起了井架，撼动了地球，让它为人民献出宝藏——石油。

"石油工人一声吼，地球也要抖三抖。""铁人"王进喜用撼动地球的雄心壮志实现着自己的人生价值。

奋勇当先战井喷

自党中央批准石油大会战以来,两个多月,在石油工业部党组直接领导下,大会战做了紧锣密鼓而又富有成效的准备。大庆长垣上7个构造个个喷油,越往北含油情况越好。在这喜人的形势下,1960年4月29日,会战指挥部在主战场萨尔图召开石油大会战誓师大会,宣布大会战正式开始。

大会明确了社会主义办企业方向,作出了学"两论"的决定,树立了大会战的第一个标兵——"铁人"王进喜。现场热闹非凡,给亘古荒原带来了生机,洒满了欢乐。"铁人"王进喜披红戴花骑大马,受到全场的欢迎。然而,此时的"铁人"以无比坚强的意志强忍住腿伤的疼痛,对谁也没有说。

万人大会会场上人头攒动,锣鼓喧天。临时搭起的主席台上,正中央悬挂着毛泽东主席的巨幅画像,两边是鲜艳的五星红旗。会场周围插着几十面迎风招展的彩旗,摆满了报捷的图表和模型。各探区代表按单位成方阵坐在场地上,秩序井然。

"铁人"王进喜由探区领导牵马引镫,从松枝搭成的"英雄门"进入会场。刹那间,"向铁人王进喜同志学习""向铁人王进喜同志致敬""人人学铁人""人人做铁人"的口号声响彻云霄,高昂的锣鼓唢呐声震天动地。在

图1-8 石油大会战誓师大会号召向"铁人"王进喜学习

场的石油职工无不为党给予工人阶级先进代表这样高的荣誉而感到光荣和骄傲。此时的王进喜心里志忑不安，很内疚。他想："活儿都是大家干的，我才做了多少哇，就受到这么大的表扬？我算什么'铁人'哪，打一口井就受了伤，真是对不起余部长，对不起赵大娘。"他暗下决心：一定要豁出命来干，把井打好，早早地把大油田拿下来。轮到"铁人"发言了，王进喜对着在场的万名职工大声地说："盼了多少年了，大油田终于找到了。我们队一定要创造条件上，快安装，早开钻。没有水，尿尿也要开钻。石油工人一声吼，地球也要抖三抖！我们要把地球钻穿，让大油海翻个，把大金娃娃抱出来！人活一口气，拼死干到底，为了把贫油落后的帽子摘掉。"他摘下前进帽举过头顶，高声说："宁可少活二十年，拼命也要拿下大油田！"这就是王进喜铁骨铮铮的誓言。

　　会战正式打响以后，各探区、各井队都响应"集中全力猛攻试验区"的号召，抓住这大好时机，为高速度、高水平地拿下大油田而比试过招、各显神通。会战指挥部作出决定，在萨尔图油田中部开辟一个30平方千米的开发试验区，调集过硬的钻井队快速优质地打出一批开发井，尽快投入开发。第一口井就打出威风的王进喜队被调来，在一个井排上从东往西打。玉门另一个老标杆景春海队则在同一个井排的另一头从西往东打。新疆的马德仁队在铁路北面另一个井排上打。二探区的四川段兴枝队在杏树岗油田上挑大梁。让这些强手们同区竞赛、同台比武，一试高低。从不服输的王进喜当然不甘示弱。他挟打出第一口井的余威，牢记万人大会上的誓言，带着严重的腿伤，指挥全队工人快搬家、巧安装、早开钻，要在新井上实现新纪录，打它个5月会战开门红，在标杆林中夺冠军。

　　搬到2589井以后，王进喜就把防漏防喷作为重点，先后挖了两个池子。机关干部也来帮忙，储备了足够的水。开钻前王进喜说打光屁股井（指不下表层）容易喷，提出要用重晶石粉；但可惜当时没有货没给送，倒先送来500袋固井用的水泥。这也算是有备无患。

　　因耽误了治疗，王进喜的腿伤越来越严重。他拄着拐杖继续坚持在井上指挥钻井，一见上级来人，就把拐杖藏起来。工人们实在不忍心，就向上级打了"小报告"。组织上硬把王进喜送进医院治疗；但是住院第二天，他趁医护人员不注意，偷偷截了一辆车回到井场。领导知道后，为了让他安心养病，把他送到了齐齐哈尔住院。哪承想,他没住两天,又坐火车跑了回来。水也没喝一口,先问进尺到了什么层,接着又拄着拐杖上了钻台。

第二天上午,井已钻到油层。王进喜正坐在钻杆上和大家研究应注意的问题,忽然"轰"的一声,钻台上60多斤重的卡瓦从钻盘上飞了起来。王进喜大喊:"不好,井要喷了!"他站起来,连拐杖也顾不得拿就向井口冲去。要制止井喷,必须加大泥浆比重;但由于车辆不足,井场上加大泥浆比重的重晶石粉不够。怎么办?王进喜和工人们经研究,决定加水泥来提高泥浆比重。可是水泥加进去就沉了底,不能有效融合。强大的气水流越喷越高,井喷的吼声震耳欲聋。在这千钧一发之际,王进喜忘了腿伤,不顾生命危险,大吼一声,纵身跳进齐腰深的泥浆池,用带伤的身体搅拌起泥浆来。仿佛是无声的命令,队里的司钻戴祝文、工人赵元和等也跟着跳了下去。他们在泥浆池里手脚并用地搅拌,扑腾了3个多小时,终于制服了井喷。

他们爬出泥浆池后,每个人的手上、脚上、脸上都被烧出了许多水泡。已是筋疲力尽的王进喜,伤腿上的绷带、纱布早已不知去向。他那条受伤的腿和脚更是惨不忍睹,上面布满了密密麻麻的血泡。大家刚把他拉上来,他就昏倒在地上。人们张罗着要送他回队部休息,他清醒后大声说:"不要管我,看井压住没有?赶快大排量循环,防止水泥凝固,快点处理泥浆!"

图1-9　王进喜带头跳进泥浆池搅拌泥浆压井喷

工人们给王队长擦去满脸满身的泥浆,披上老羊皮袄,搀回铺位上。他坐在那里，分派工人们处理事故后的各种问题，依然是那样坚定、沉稳。

经过全队工人的努力，井保住了，设备安全无事。除了王进喜，其他人员未受伤。他们又打了100多米，就把含水泥的泥浆全部换掉，进入了正常钻进。他们只用4天时间就打完了这第二口井，还创造了日进535米的当时全战区纪录[①]。

这开发试验区的第一口井，是王进喜用生命打出来的。王进喜"宁肯少活二十年，拼命也要拿下大油田"的忘我拼搏精神，正是中华民族自强不息精神和公而忘私品德在那个特定时期的集中体现。"铁人"，用血肉之躯同钢铁搏斗，又用血肉之躯去制服井喷。他用生命筑起了石油工业上的长城。

四、催生铁人精神的亲切关怀

可以说，铁人精神是大庆石油会战的精神成果，是中华民族精神在大庆石油会战中的具体体现。毛泽东、周恩来、邓小平、江泽民、胡锦涛、习近平等党和国家领导人对铁人精神都给予了高度评价，为铁人精神形成、发展并不断完善以及传承和弘扬指明了方向。

毛泽东发出"工业学大庆"伟大号召

从发现大油田到打响大会战，到1963年底，在这三年多里，参战的数万名石油工人和转业官兵，按照"高速度、高水平拿下、开发和建设大油田"的要求，经过连续不断的苦干、实干、巧干，拿下了一个面积800多平方千米、储量22.6亿吨的大油田；建成了一个146平方千米、年产500万吨原油的生产基地和一个100万吨处理量的炼油厂，累计为国家生产原油1100多万吨，相当于当时全国产油量的58%，为国家积累资金3.5亿元。大庆油田的崛起和全国

---

① 大庆铁人传写作组：《铁人传》，石油工业出版社，2000，第251页。

各油田的发展,从根本上改变了我国石油工业的面貌。

1964年1月25日,毛泽东主席向全国发出"工业学大庆"的号召,全国工业交通战线立即掀起了学大庆、学"铁人"的热潮。各地区、各部门都涌现出一批学大庆的先进企业、先进集体和先进个人。"工业学大庆"运动对于当时激发中国人民自力更生、奋发图强精神,推进社会主义建设事业,发挥了重要作用。

1964年10月,美国著名作家埃德加·斯诺访华。斯诺问毛泽东:"对当前反华大合唱,你有什么要告诉世界的?"毛泽东回答:"我国东北新开发了一个大油田,有一个钻井工人说:'石油工人一声吼,地球也要抖三抖。'我们一发言,世界就有人受不了。"1964年底,王进喜到北京参加全国人大三届一次会议。在会议期间,毛泽东接见了"铁人"王进喜。12月26日,毛主席过71岁生日,举行便宴,王进喜、陈永贵、邢燕子、董加耕4位劳模应邀出席。大家坐定后,毛主席说:"今天既不是做生日,也不是祝寿,而是请工人、农民、解放军来'三同'。我用自己的稿费请大家吃顿饭。我的孩子没让来,他们不够资格。我们不光吃饭,还要谈谈话嘛。"当谈到大庆时,毛主席说:"石油工人们一起奋斗搞出一个大庆来,很不错嘛!石油工人干得很凶,打得好。"毛主席还说:"铁人是工业带头人,要工业学大庆。"毛主席不断给4位劳模夹菜,语重心长地嘱咐他们"不要翘尾巴"。这顿饭,"铁人"王进喜没喝酒,吃得也很少,只是坐在那儿看毛主席,听毛主席讲话,牢牢地记住了那句"不要翘尾巴"的嘱咐。

1969年4月,在中国共产党第九次全国代表大会召开期间,毛泽东主席亲切地接见了九大代表"铁人"王进喜。大会休息时,作为主席团成员的王进喜从第一排前面经过,正好周恩来总理看见他,就向身边的毛泽东介绍说:"那个就是大庆的王铁人。"毛泽东听了非常高兴,向他招手微笑。周恩来赶紧招呼王进喜过去,王进喜激动万分地迎上去,双手紧紧地握住毛泽东那温厚的大手。毛泽东慈祥地望着他,周恩来在旁边热情地介绍着。一股幸福的热流温暖着王进喜。他想说点儿什么,但一句话也说不出来,任凭激动的泪水模糊了双眼。

周恩来鼓励"向大庆工人学习"

1962年6月21日,中共中央政治局常委、国务院总理周恩来首次视察大庆油田。周总理一行由余秋里、康世恩陪同,视察了1202和1203钻井队、北二注水站、北一区3-63井、西油库、新三站等。视察中,周总理对大庆的矿区建设极为关心。他指示,像大庆这样的矿区,不搞集中大城市,分散建设居民点,把家属组织起来参加农副业生产,可以做到工农结合、城乡结合,对生产生活都有好处。后来,周总理把它概括为"工农结合,城乡结合,有利生产,方便生活"的"十六字方针"。

1963年6月19日,周恩来总理、陈毅副总理及黑龙江省党政领导,陪同朝鲜民主主义人民共和国最高人民会议常任委员会委员长崔庸健一行第二次视察大庆油田。周总理一行参观了1203钻井队、中6-17井、中三转油站、中二注水站、西油库等。

1966年5月3日,周恩来总理、李富春副总理等陪同阿尔巴尼亚部长会议主席谢胡一行第三次视察大庆油田。康世恩、徐今强等陪同参观了南二区6-32井、1202和1205钻井队、油建工地、大庆炼油厂、丰收村、大庆缝补厂等。周总理三次亲临大庆,共视察了29个基层单位,同数万名工人、干部和家属见面,一次又一次地说:"向大庆工人学习!"周总理对大庆的重视、关怀和鼓励,一直激励着大庆人艰苦奋斗、不断前进。

邓小平嘱托"要把大庆油田建设成美丽的油田"

1961年7月23日和1964年7月17日,时任中共中央总书记邓小平同志两次到大庆油田视察,先后参观了1203钻井队、北1-58井、北一排二号转油站、干打垒职工宿舍、三排一号注水站和西油库。邓小平同志非常关心油田的勘探工作,并对油井产量和注水工作问得很详细。他十分关心、逐一了解职工生活问题,例如:一个月吃饭用多少钱?冬季服装解决了没有?食堂办得如何?日用品供应如何?在视察途中,他见到沿井排种的庄稼长势喜人,高兴地说:"这地方靠铁路,有火车站;草原很平,汽车到处可以跑;土地肥,到处能种地。这地方太好了。青海、新疆没有这个条件,四川也没有。"邓小平具体指示道:"要好好种地,成立专业队,实行单独核算。开头两年要补贴点,以后就要自给自足。农副业队生产的东西,也要实行等价交换。专业队是集体所有制,不要和企业混在一起。你们要争取做到蔬菜、副食品自给。""这里养猪条件也很好,要好好养猪。""你们也办个牧场,养点乳牛、菜牛,养点羊。""井边要多栽些树。"

1978年9月14日,邓小平同志结束了对朝鲜的友好访问以后,到大庆油田视察工作。他在视察中高兴地说:"十多年没来了,变化很大。"邓小平同志十分关心大庆油田的高产稳产。当油田领导汇报中谈到大庆在钻井勘探和综合利用等方面与国外的差距时,他指示说:"这些要解决。"在研究设计院地质资料陈列室全国油气田分布图前,邓小平同志逐个看了各个油区的情况,对华北、四川、陕甘宁、北部湾、新疆、柴达木等地油田的勘探情况很关心,也很熟悉。他说:"南疆的塔里木和青海的柴达木希望最大,希望加快找油、加快找气,找到更多的油气田。""我们有了五亿吨油就好了。"在30万吨乙烯工程指挥部,邓小平同志说:"引进来的设备就要掌握,就要生产,要快。"并指示一定要把"三废"处理好。临离开大庆时,邓小平同志还嘱咐说:"要把大庆油田建设成美丽的油田。"

江泽民题词"发扬大庆精神,搞好二次创业"

1990年2月25—27日,时任中共中央总书记、中央军委主席江泽民视察大庆油田。他首先看望了"铁人"王进喜的家属,勉励"铁人"的子女们继承和发扬铁人精神,做"铁人"的好后代。之后,他视察了多个生产基层点,并在大庆毛毯厂签名留念。江泽民兴奋地说,这里到处洋溢着体现中国工人阶级风貌的大庆精神,这就是为国争光、为民族争气的爱国主义精神,独立自主、自力更生的艰苦创业精神,讲求科学、"三老四严"的求实精神,胸怀全局、为国分忧的奉献精神。江泽民为大庆题词:"发扬大庆精神,自力更生,艰苦奋斗,为建设有中国特色的社会主义而努力!"1995年9月,大庆油田开发建设35周年之际,他又亲笔题词:"发扬大庆精神,搞好二次创业。"

2000年8月24日，时任中共中央总书记江泽民再次视察大庆，来到"铁人"王进喜生前所在的1205钻井队。在钻井平台上，在隆隆的机器声中，江泽民关心钻井队的作业情况，更关心工人们的工作环境。当看到钻井工人的劳动条件已大为改善、劳动强度大为降低时，他十分满意。他与油田劳动模范、"铁人"王进喜的家属等一一握手，向他们表示慰问。

在1205钻井队施工现场，江泽民说："我对大庆的未来满怀信心。"工人们提议与江泽民同志一起唱歌时，他连连称好。"高举红旗去战斗，踏着铁人的脚步走……"高亢有力的歌声体现了大庆人的宽广胸怀和一往无前的英雄气概。江泽民同志也情不自禁地与大家共唱起来，并不时地打着节拍。

胡锦涛希望"珍惜大庆光荣史，再创大庆新辉煌"

1984年8月16日，时任共青团中央书记处第一书记胡锦涛第一次来大庆油田视察。在大庆期间，他看望了在龙虎泡试验区打开发井的1205、1202钻井队青年工人，检查了采油二厂、三厂、四厂，钻井二公司，油建公司，井下作业公司，萨尔图区等单位基层共青团和少先队工作，并同油田团干部就如何在改革中做好共青团工作进行了座谈。胡锦涛指出："大庆的精神，体现了我们中华民族的优良品质和我们中国工人阶级的英雄气概，是我们宝贵的精神财富，是我们大庆的新一代成长的丰富营养。大庆精神不仅仅是我们60年代建设大庆的时候所需要的，也是我们今天建设现代化的大庆油田所需要的。"

1996年3月21日，时任中共中央政治局常委、中央书记处书记胡锦涛在接见大庆油田负责同志时指出："大庆的历史功绩不仅在于为国家生产了大量的原油资源，而且还在于为国家造就了一支英雄的工人阶级队伍，培养输送了一批领导骨干和科技骨干；不仅在于创造了巨大的物质财富，而且在别人卡我们脖子、国家十分困难的时候，用石油支撑了共和国的经济大厦。还有重要的一条，就是在大庆油田的开发建设中培育了大庆精神、铁人精神这一宝贵的精神财富。"他殷切希望大庆油田要"珍惜大庆光荣史，再创大庆新辉煌"。

1998年8月26日,时任中共中央政治局常委、中央书记处书记,国家副主席,中央党校校长胡锦涛亲临大庆抗洪前线和受灾地区,视察汛情和油田抗洪抢险工作,慰问抗洪抢险一线的部队官兵和有关人员。胡锦涛在现场发表了重要讲话,动员抗洪人员发扬不怕疲劳、连续作战的作风,顽强拼搏、再接再厉,坚持、坚持、再坚持,夺取抗洪抢险的最后胜利。

2009年6月26日,时任中共中央总书记、国家主席、中央军委主席胡锦涛到大庆油田视察。他先后来到1205钻井队、勘探开发研究院采收率实验楼、大庆油田历史陈列馆考察参观。在大庆油田历史陈列馆参观结束后,胡锦涛亲切会见了马德仁、薛国邦、王启民等劳动模范,大庆石油系统优秀党员代表,以及"铁人"王进喜的家属,高兴地与他们合影留念并发表重要讲话。胡锦涛深情地对大家说:"在'七一'党的生日前夕,很高兴在这里和大家见面。我代表党中央,向大庆石油系统的优秀党员、劳模代表致以崇高的敬意,向铁人王进喜的家属表示诚挚的问候。今年,是大庆油田发现50周年。50年来,以铁人王进喜为代表的一代又一代创业者,怀着为国争光、为民族争气的远大胸怀,克服了重重困难,创造了极不平凡的业绩。大庆油田生产了国家经济发展所需要的大量的宝贵石油产品,培育了'爱国、创业、求实、奉献'的大庆精神,锤炼了敢打硬仗、勇创一流的英雄队伍,在我国石油工业发展史上,谱写了光辉的篇章。大庆油田为国家、为人民所作的历史贡献,党和人民永远不会忘记。"胡锦涛强调,"当前,全国上下正在积极应对国际金融危机冲击,我们更要大力弘扬大庆精神,努力做好保增长、保民生、保稳定各项工作,把改革开放和社会主义现代化事业继续推向前进。"

2011年7月1日,庆祝中国共产党成立90周年大会在北京人民大会堂隆重举行。在颁奖仪式上,时任中共中央总书记胡锦涛亲自为大庆油田党委颁奖,并称赞"大庆油田始终是一面旗帜"。

大庆精神铁人精神得到习近平总书记的肯定

2009年9月21—24日,时任中共中央政治局常委、中央书记处书记、国家副主席习近平到黑龙江调研，专程到大庆油田亲切会见了参加过大庆石油会战部分老同志和"铁人"王进喜的亲属，到1205钻井队和大庆油田勘探开发研究院考察，看望石油干部工人和科技人员。9月22日，习近平同志出席大庆油田发现50周年庆祝大会并发表讲话。

2013年4月28日，中共中央总书记、国家主席、中央军委主席习近平在同全国劳动模范代表座谈时讲道："'铁人精神''大庆精神'成为激励各民族人民意气风发投身社会主义建设的强大精神力量。"

2016年3月7日，习近平总书记来到十二届全国人大四次会议黑龙江代表团参加审议时，详细询问了当前大庆油田生产经营、员工队伍有关情况，并不时就一些问题进行交流。习近平总书记对大庆的过去表示肯定，对大庆的现在表示关心，对大庆的发展表示支持。他指出："大庆就是全国的标杆和旗帜，大庆精神激励着工业战线广大干部群众奋发有为。我很高兴听到大庆的同志讲，有信心在困难情况下攻坚克难，发挥最大优势，保持大庆在全国石油生产中的领先地位。这要克服很多困难、做很多工作。只要精神不滑坡，办法总比困难多。我们从来都是在压力和挑战中前进的，也一定能继续在压力和挑战中不断前进。"

2016年5月23—25日，习近平总书记在黑龙江考察调研时，又一次强调："东北抗联精神、北大荒精神、大庆精神、铁人精神激励了几代人。今天，我们仍然要用这些精神来教育广大党员、干部。"

2019年9月26日，在大庆油田发现60周年之际，习近平总书记发来贺信。习近平在信中指出：

"60年来，几代大庆人艰苦创业、接力奋斗，在亘古荒原上建成我国最大的石油生产基地。大庆油田的卓越贡献已经镌刻在伟大祖国的历史丰碑上，大庆精神、铁人精神已经成为中华民族伟大精神的重要组成部分。

"站在新的历史起点上，希望大庆油田全体干部职工不忘初心、牢记使命，大力弘扬大庆精神、铁人精神，不断改革创新，推动高质量发展，肩负起当好标杆旗帜、建设百年油田的重大责任，为实现'两个一百年'奋斗目标，实现中华民族伟大复兴的中国梦作出新的更大的贡献！"

大庆油田的发展，铁人精神的产生，始终凝聚着党中央的亲切关怀。从大庆油田开发的那一天起到现在，从毛泽东、周恩来到邓小平、江泽民、胡锦涛、习近平等几代中央领导都对大庆油田作出过指示，对大庆精神（铁人精神）给予充分的肯定。中央领导同志先后有100多人次来到大庆油田。中央领导对大庆历来重视、历来关心。铁人精神的形成，始终凝聚着他们的心血。

附：历届国家领导人关心关怀1205钻井队情况统计表

表1-1 党和国家领导人关心关怀1205钻井队情况统计表

序号	日期	领导人姓名	备注
1	1969年4月	毛泽东	在党的第九次全国代表大会上接见王进喜
2	1966年5月	周恩来	视察慰问1205钻井队
3	1969年4月	周恩来	在党的第九次全国代表大会上接见王进喜
4	1977年4月19日	华国锋	视察1205钻井队
5	1977年4月19日	李先念	视察1205钻井队
6	1989年8月12日	李瑞环	视察1205钻井队
7	1990年2月25日	江泽民	到"铁人"家看望王进喜的家人，接见1205钻井队职工代表
8	1991年春节	李铁映	视察1205钻井队
9	1996年7月2日	李 鹏	视察1205钻井队
10	1996年7月2日	姜春云	视察1205钻井队
11	2000年8月24日	江泽民	视察1205钻井队
12	2003年5月4日	吴官正	视察1205钻井队
13	2003年5月30日	贾庆林	视察1205钻井队
14	2003年8月1日	温家宝	视察1205钻井队
15	2003年10月6日	李长春	视察1205钻井队
16	2003年10月24日	黄 菊	视察慰问1205钻井队
17	2009年6月26日	胡锦涛	视察慰问1205钻井队

续表（1-1）

序号	日期	领导人姓名	备注
18	2009年8月7日	李克强	视察慰问1205钻井队
19	2009年9月21日	习近平	视察1205钻井队
20	2011年8月20日	李源潮	视察1205钻井队
21	2012年1月21日	温家宝	视频连线慰问1205钻井队
22	2018年7月26日	赵乐际	视察1205钻井队

第二章 02

铁人精神的思想内涵

民族精神是一个民族赖以生存和发展的精神支撑。一个民族，没有振奋的精神和高尚的品格，不可能自立于世界民族之林。铁人精神作为中华民族的精神瑰宝，始终发挥着其不可替代的作用。无论是大庆油田开发建设初期还是进入新时代，铁人精神就是一面旗帜，凝聚着工人阶级的家国情怀；铁人精神就是一种力量，凸显了一种坚韧不拔的创业勇气；铁人精神就是一个标志，凝结着一个民族锐意进取的英雄气概。铁人精神作为动力之源，一直激励激发着一代又一代石油人在建设中国特色社会主义事业中建功立业。其主要内涵就是爱国、创业、求实、奉献。铁人精神是一个与时俱进、跨越时空的价值体系，是大庆石油人的共同理想信念和行为准则的集中体现，更是历史的选择和必然。

一、爱国

铁人精神之所以永远给我们无穷无尽的力量,是因为它总是用火热的爱国主义精神、家国情怀激励着我们、感召着我们、教化着我们。铁人精神是以"铁人"王进喜为代表的石油人在20世纪60年代石油会战中形成的宝贵精神财富。在铁人精神中,他的爱国主义精神是第一位的。"铁人"的爱国是朴素的,自从他翻身得解放、认定共产党好之后,就坚定了自己一生跟党走、为国作贡献的信念;"铁人"的爱国是一贯的,在他47年的生命中,在他为石油拼搏的二十几年中,他无时无刻不想着为国家多打井、快打井,为国家分忧、为民族争气;"铁人"的爱国是无我的,在国家利益面前,他没有丝毫个人的进退荣辱,而是把全部身心乃至生命献给了石油工业,用行动践行了"宁肯少活二十年,拼命也要拿下大油田"的铮铮誓言。

洒下男儿英雄泪

"这困难,那困难,国家缺油是最大的困难""这矛盾,那矛盾,国家建设等油用是最主要矛盾"。当年"铁人"铿锵有力的话语,表达出了一代石油工人强烈的爱国心声。

在甘肃省劳模会上,王进喜被推举为国庆观礼代表。同时被推选为出席"全国工交群英会"代表。1959年10月1日,庆祝新中国成立十周年大典在天安门广场隆重举行。王进喜同来自祖国各地的代表一起站在了观礼台上。会议期间,除了听大会发言,参加小组讨论,他还参观了首都"十大建筑",还和"钢铁钻井队"代表、3219队队长孙德福一起应邀到清华大学、北京石油学院、北京地质学院等高校作报告。当时王进喜真是高兴极了。

大会发言开始后,一些代表特别是工矿企业的代表都说他们那里缺油。有的说,汽车停了,部队的坦克用苦布苫起来了;有的说,用油得定量,像粮油副食一样凭票供应。王进喜听了，感觉自己是在挨批评。待石油系统代表、玉门3219队队长孙德福发言时，大多数代表毫无反应。会下交谈时，人们谈起钢铁、煤炭、纺纱等都笑逐颜开；而说到石油时，除了石油系统的代表，其他人好像都无话可说。已经为发展石油工业拼搏了十几年的王进喜真有点搞不明白了：井打了那么多，油采了炼了那么多，怎么却吵吵少呢？玉门人为油而战干得轰轰烈烈，可与会代表对孙德福的大会发言反应冷淡。是听不懂那甘肃土话呢，还是大家不知油为何物，不了解搞油的艰辛？他为此而发愁，心情沉重而憋闷。

一天下午休会时，王进喜和几位代表去看天安门，随后又参观故宫。王进喜从小就从母亲那里听了不少历史故事，长大后爱听秦腔，又学了不少历史典故，什么木兰从军啊，五虎上将啊，明成祖迁都北京啊，等等，都知道一些。所以他对故宫有一种特殊的感情，来北京时就计划着一定去看看故宫。参观完故宫，从神武门出来后，几个人商议着再去王府井看看，就顺着景山前街来到五四大街上。几个人边走边聊，很快就来到了北大红楼附近的沙滩。首都的一切对王进喜来说都是新鲜的。他这儿瞅瞅，那儿看看，眼睛有点儿不够用。慢慢地，他的注意力集中到来来往往的汽车上。他看见一辆公共汽车"背着"一个大包袱，又笨重又难看，行驶得也很慢。他有些不解，就向身边的一个同志问道：

"汽车上背的是个啥？"

"煤气包。"那位同志答道。

"背那家伙干啥？"王进喜又问。

"里边装的是煤气，用来烧的嘛！"

"那为啥不烧油呢？"

"没有油嘛！"

啊，连首都都没有油用了！王进喜大吃一惊。他的头"嗡"的一下子大了起来。他再也不问了，无力地走到路边蹲了下来，好像忘记了别人的存在。他猛然醒悟到，自己的想

图2-1　1959年北京街头顶着煤气包的公交车

法和看法有点儿不对头。在玉门自己感到石油很多,但几天来群英会上的情景又一幕幕浮现在眼前。

——很多代表在发言中都讲到因为油少,影响了本地区的经济发展。甚至大声疾呼,要求石油部门多产油。

——代表们讲到,很多单位用油得定量,像粮食、棉布一样凭票供应。

——私下交谈中代表们谈到,山东一个地方的汽车已经停运了一半。

——解放军某部军用汽车、坦克不能开了,用大苫布苫起来。

——空军某部的飞机很多停飞,整天锁在库房里。

……

自己真浑啊!听说汽油定量,还不知羞耻地问人家"油也不能喝,还定什么量?"国家缺油啊。连首都——毛主席住的地方,党中央的所在地,全国的指挥中心——都没有油用,汽车"背上"煤气包。国家这么难,我们搞油的人,自己身为钻井队长,还是什么先进,有什么脸见人,真是有愧啊!想到这里,两行泪水流了下来。他用扶刹把的大手去擦,擦也止不住,他索性不擦了,任由泪水往下流。首都汽车"背上"煤气包,很多人见了并没有当成大事儿。按说,国家缺油,打板子也打不到一个最基层的钻井队长屁股上。可是我们的王进喜,却感到这是自己的耻辱,没脸见人。一个西北大漠造就的硬汉子、钢铁男儿,为此而蹲在路边上哭。这是一个知耻者流下的一掬英雄泪。透过这泪水,我们看到了一个国家主人翁的责任心和使命感,看到了中华民族优秀代表的忧患意识。

回到宾馆以后,王进喜沉默了,变得心事重重。不开会时,他就回到房间里蹲在地上抽闷烟、想心事。有些活动也不去参加了,见了别人也不再开玩笑了。同伴问他怎么了,他沉痛地说:"国家作难,我们有愧呀!"正当王进喜愁眉紧锁、冥思苦想时,一个特大喜讯传到他的耳中。1959年9月26日,松辽盆地松基3井喷油,我国发现了一个特大油田。10月26日,群英会开幕的同一天,石油工业部党组扩大会议在北京华侨大厦召开。会议的一项重要内容是为开展松辽石油大会战做准备。群英会结束之前,石油工业部召开石油系统代表座谈会,向大家预告了这个消息。王进喜一听,异常高兴,当场就请战,要求去东北参加会战。石油工业部副部长康世恩对他说:"老王你别急,仗有的打。你先回玉门做好自己的工作,同时也有个思想准备。到时候要你去,你不去还不行哩。"开完座谈会,王进喜一扫愁云,逢人就说:"这下可好了!这下可好了!"

从此,王进喜就与大庆油田结下了不解之缘。铁人精神在这片肥沃的黑土地上孕育而生。

王进喜的这一掬英雄泪,是知耻而后勇的担当,更是主人翁高度责任感的体现,不但为铁人精神奠定了爱国主义的主旋律,更是影响了一代又一代大庆石油人①。

实干才是真马列

"铁人"平时话少,有时冒出一句话也是简短有力。而这简短的话语更凸显了铁人精神的"实"——讲政治实,干工作实,做人也要实,不仅对马列主义真信真学真做,而且能学用结合。如果要追溯源头,就不能割断历史,而要从石油会战时期说起。

1963年8月,"铁人"的队里分来了一批大中专毕业生。在那个年代,这些人才都是"宝贝疙瘩",可把"铁人"高兴坏了。大部分大学生表现都不错,不过有一人的劲头不是太足,工人们都说这个"公子"有"四不干":天冷不干、黑夜不干、肚子饿不干、感觉累了也不干。"铁人"知道此事后,找他谈心。他说:"我大学毕业还想念书,想当个博士。住楼房要住个鸳鸯楼。""铁人"一听就生了气,大声说:"你听说哪个国家有鸳鸯楼?简直是胡说八道。我们国家穷,主要矛盾就是集中精力开发好大油田,正需要你们青年艰苦奋斗,怎么能光享受不实干呢?"那个大学生倒不在乎挨批评,慢悠悠

图2-2 王进喜给工友们讲主要矛盾

---

① 大庆铁人传写作组:《铁人传》,石油工业出版社,2000,第85~87页。

地说:"那当博士总没错吧?""铁人"说:"你念书多,我是没念多少书;但我想,当博士总得去学去干吧。天上掉馅饼还得接吧,下个乌纱帽还得伸头去戴吧。光想不干,半点马列主义也没有!"大学生不服气,反驳道:"你还讲到马列主义水平上来了。那你倒说说,什么是马列主义?""铁人"说:"我有两条:一是认真学习马列主义理论;二是学了就结合实际用,培养出为国出力、为民族争气的干劲儿。就像我们钻工,热天光着膀子干,冷天胡子冻成冰疙瘩,把大钳打得叮当响,抢时间为国家多打井、多出油,这种实干精神就是马列主义。咱们石油会战,北京来的那些专家教授,有的已经白发苍苍,也同工人一样吃野菜、干大活,在劳动和实践中创造了热风水、水套加热炉,制定出开发方案、集输流程,我看这才叫马列主义。我还得说:干,才是马列主义!"①

"铁人"是一名实干家,他说:"学了毛主席著作,就要照毛主席的指示去干。不干,半点马列主义也没有。"这就是高度的实干精神,受益的不仅是这名大学生,还有千千万万石油人。如今,在大庆石油人的骨子里深深镌刻的不光是实干精神,更有实干作风、实干品格。

率队抢打冰上井

1963年12月,"铁人"带领的二大队接受了与一大队共同打大庆第一口冰上井的任务。当时的大庆位于一片沼泽湿地,水面下的油藏占总量的六分之一。针对实际情况,决定利用大庆冬季长、温度低、冰层厚的特点,试验打一口"冰上井",探索开发水下油田的经验。第一口井选中的是9排39号井,水深4米,冰层厚约0.97米,方圆60平方米。就在这60平方米、冰厚不到1米的地方,需要承载100多吨的钻机和设备。"铁人"决定,破冰在湖底打桩。在车辆过往的道路上铺上铁丝与钢丝,再浇水冻实,确保车辆能够通过。但是当时拉设备用的苏制马斯车总重就有十七八吨,上冰以后"咔咔咔"响得吓人,司机不敢开了。"铁人"说:"我坐在保险杠上在前面观察,万一有情况我发信号你就跳车。没事儿,开吧!""铁人"坐在保险杠上指挥,司机大胆开车,

---

① 大庆铁人传写作组:《铁人传》,石油工业出版社,2000,第266页。

稳步前进，有条不紊地将设备拉到了事先打好的基桩上。开钻时，"铁人"扶着刹把操作。机器轰鸣，冰面"咔咔"作响，高大的井架在"铁人"的操作下徐徐升起，迎着太阳耸立在银装素裹的冰雪世界里。开钻以后，一切正常。仅用7个昼夜，就钻完了第一口冰上井，成为油田会战史上的一次壮举。

公家的东西不能沾

这是"铁人"给自己和家人定下的家规。当年，"铁人"自己组建回收队，为了做到规范管理，特意从钻井器材库房调了一名技术员，专门负责监督记账和器材管理。他对工人们说："咱们回收是为了给国家创造财富。回收的东西哪怕是一颗螺丝、一粒沙子也要交给国家，谁也没有占有使用的权利。""铁人"当上大队长后，领导的部门多了，手中有了一定的权利，找他办事的人也多了。组织上考虑要照顾一下日夜奔忙、顾不上家、更顾不上自己身体的王进喜。在这种情况下，王进喜同母亲商量后给全家定下一条家规："公家的东西一分也不沾。有谁送东西，一样也不准收。"

"铁人"家是个大家庭，全家10口人，弟妹和子女还要上学。为了维持全家生计，王进喜让老母亲管账，精打细算过日子。会战工委和各级党组织都想尽办法对困难职工给予补助，像王进喜这样的情况可以享受每月30元的"长期补助"，但王进喜自己从来不领，他把这些钱都补助给困难职工。大队派人给他家送去猪肉和面粉，他都一律拒收。工人们想用搭棚子剩下的席子换掉他家铺炕用的苇草，他老母亲也不让，坚决不占用公家的东西。"铁人"患有严重的关节炎，上级为照顾他，给他配了一台威力斯吉普车。王进喜自己很少坐，就用它来给井队送料、送粮、送菜，拉职工看病，完全成了公用车。这辆"除了喇叭不响，哪儿都响"的吉普车已经不知拉过多少钻井工人，可是当老母亲生病了，还是"铁人"的大儿子用自行车驮着奶奶去卫生所看病。"铁人"的妻子王兰英，1956年就是玉门油矿的长期临时工。1960年来到大庆后，与她情况类似的长期临时工都已转成正式职工，而她却一直是家属，在队里烧锅炉、喂猪。王进喜从一个普通的钻井工人成长为一名领导干部后，廉洁自律，从不为个人和家庭利益损害集体利益，从不做借职权占公家便宜的事情。"公家的钱一分不沾"，这是他给自己和家人画下的一道"红线"、绝不可逾越的行为准则。如今,这条"家规"已经深深印在大庆石油人的脑海里①。

二、创 业

"铁人"的创业精神,为的就是"早日把中国石油落后的帽子甩到太平洋里去",就是"宁肯少活二十年,拼命也要拿下大油田!"

争分夺秒"鸭儿峡"

1959年7月初的一个清晨,甘肃玉门油矿抢打鸭2号新油井的贝乌五队钻井队长王进喜,突然接到公司一个十万火急的电话,"你现在赶快带领全队职工干部往西侧的鸭儿山上转移,否则洪水来了,就有全队人员遭受袭击丧身的危险。"接到通知后,大家行动敏捷,抓紧时间往山上转移。虽然工人免遭了不幸的厄运,但是山下职工驻地帐篷和个人衣物几乎被迅猛的山洪荡涤一空。放眼望去,山下是一望无际的戈壁水滩。上午9时左右,满身泥渍的王进喜队长清点了一下全队人员,一个都不缺。他绷紧的神经放松了下来,喜形于色地对大家说,苍天保佑,我们全队人员总算安然无恙。有道是,"留得青山在,不怕没柴烧。"只要人在,东西丢了也就丢了吧,没有我们解决不了的困难。最后,他对职工们说,看来今天中午和晚上,我们恐怕是既吃不上饭,也下不了山喽。不过我坚信,明天上午矿上会派救护人员给我们送饭、送水的。所以,现在我还要交给大家一个任务。天就要晴了,洪水也差不多过去了,我们各人都把自己身上弄脏划破了的衣衫脱下来好好晾干、抖净,准备今晚就在这鸭儿山上先睡它一个既凉快又安稳的觉吧。第二天早晨,当他们还没完全睡醒时,就听到山下有人高声大嗓地喊:"喂,山上有个名叫王进喜的钻井队长吗?我们是矿公司食堂的,按领导指派,给你们专门送饭送菜来了!""哎……

---

① 大庆铁人传写作组:《铁人传》,石油工业出版社,2000,第268页。

我就是王进喜。我代表全队职工感谢上级领导和你们，这么早就把饭菜从大老远的矿上给送过来了！"原来，是公司领导深知他们在这深山峡谷里，已有一天一宿没有吃上饭，所以才让后勤食堂连夜造饭，天刚亮就用戈壁筏子及时地把饭菜送到山上来的。早上，当职工们都吃完了矿上送来的"抗洪饭"后，王进喜悄悄地把党支部书记齐正云拉到一边，以商量的口气说："今天一大早，我就等不及摸下山去，查看了我们被这次洪水冲过了的钻机设备，还算是一切都完好无损。我想，等一会儿，咱们是不是组织召开个灾后立即恢复生产自救的职工动员大会，先把生产搞起来再说？"党支部书记齐正云听完王进喜的话后，一拍脑门儿说："嗨，看我怎么就没想到这赶快抓生产搞自救这件事上来的哩！"接着，他怀着十分喜悦的心情对王进喜说："要得的。你是队长，有关生产上的事宜，就照你刚才说的去办，我举双手赞成。"在被困鸭儿峡生产自救动员大会上，王进喜开门见山地说："工人师傅们，这次鸭儿峡山洪暴发，乍看起来似乎是我们躲避它们，而实际上是它们被我们斗败了。不是吗？它们想夺取我们的生命，阻碍和破坏我们的正常生产；可是它们万万没想到，我们都爬到比它们还要高的山顶上来了。尽管它们有排山倒海之势，可我们却站到这制高点上。只有我们石油工人才是当之无愧主宰沉浮的主人。"王进喜说："现在，洪水已耽误我们一天一夜宝贵时间了，我们只能'只争朝夕'，把耽误了的原油产量硬是要再如数地夺回来。"最后，他又极为自信和豪迈地说："洪水这个恶魔，今天终于被我们彻底战胜和征服了，但我们一定要搞好抢险救灾的战斗，定要做好做实做出奇迹来。"钻机在转动，马达在轰鸣。虽然遭受了山洪暴发的无情干扰，但是整个7月份王进喜队的生产进度却超额完成了国家原油生产计划，并位居公司榜首。钻塔顶上那面"标杆钻井队"的红旗，在风中高高地飘扬着。

"我又不是泥捏的"

1960年5月1日，"铁人"在现场指挥打井时，一根上百斤重的钻杆突然掉落下来，砸伤了"铁人"的大腿。当工人们赶过来的时候，"铁人"已陷入昏迷中。但是不一会儿，"铁人"醒了。当他看见工人们为了救他，竟然放下了手头的工作时，怒吼道："我又不是泥捏的！"说完，他立马指挥大家干活，

图 2-3　王进喜带着腿伤在指导工人打钻

而他的大腿正流淌着鲜血。工人们知道，不干完活，"铁人"肯定不会去医院治疗。于是，他们只好加快速度。干完活儿后，"铁人"被送到医院，简单地包扎后，他立马拄着拐杖回到了工作岗位，因为他心中正想着一件急事。会战正式打响之后，各探区、各井队都响应"集中全力猛攻试验区"的号召，抓住这大好时机，为高速度、高水平地拿下大油田而大显身手，你追我赶、互不相让。这时候"铁人"伤了腿，影响很大。按计划，"铁人"要带领全队搬到杨四屯去打第二口井——2589井，这是油田开发实验区的一口"开山井"。会战指挥部决定，在萨尔图油田中部开辟一个30平方千米的油田开发实验区，调集过硬的钻井队快速优质地打出一批开发井，使各路强手们同区竞赛同台比武，一试高低。从不服输的"铁人"带着腿伤，指挥全队工人抢时间、争主动，要在2589井上实现"4天打完一口井"，创出班进日进月进尺的全新纪录，打它个5月会战开门红，在这场竞赛中争第一，在标杆林中夺冠。"铁人"轻伤不下火线，极大地感染和调动了全队干部工人的生产积极性，大家你争我赶、争分夺秒，高速度、高水平地实现了预期的工作目标。而"我又不是泥捏的"这一席话，让大家更加敬重自己的老队长。

一个保密的"守则"

在正式开钻的时候，"铁人"的伤腿肿得有碗口粗，疼得更厉害了。大家劝他去医院，他不去。他忍着痛，拄着一把铁锹，一瘸一拐地指挥工人拆装设备。每走一步都很艰难，但"铁人"以铁的意志坚持着。"队长受伤，全队保密"成了当时这支钻井队的一条铁律。这对外保密，队里人好办，不说也就是了；但苦了"铁人"自己，没有外人在场时，他就放心大胆地拄着拐杖在井场跳来跳去指导工作，有时实在疼得厉害，就吼几声号子，吼几句秦腔挺过去。一旦有外人在或者领导来了，他就得藏起拐杖，装作没事儿一样地谈工作、汇报情况。每次他疼得都是豆大的汗珠往下流。后来，还是队里的工人实在不忍心，偷偷去找了宋振明汇报，才强行将"铁人"拉去住院。可谁知，头一天住了院，第二天"铁人"就闹着要出院。医生拗不过他，只得带着药与纱布上井场为他治疗。当年《工人日报》报道大庆时，有篇《大庆人谈铁人》的文章，其中有时任1205钻井队司机苑玉福说过的一段话："1960年，'铁人'腿受了伤，领导和同志们把他送到医院，他偷着跑回来了。有一回他骑着摩托车往井上送东西，半路上摩托车倒了压在伤腿上，他半天爬不起来。周正荣看见了，要把他背回来，他不让。周正荣看见他疼得直咬牙，感动得哭了起来。'铁人'说：'哭什么？干工作哪有不受点苦流点血的！'他不能走路，就坐在井上指挥。""铁人"说："我这是一点小伤，不怕！"[1]

对"铁人"来说，"艰苦就是光荣，艰苦就是幸福。"他无所畏惧、一往无前，用自己的双手拿下了大油田。

连夜赶做"铁炉子"

这天深夜，外面刮着刺骨的北风，雪沙从地窝子的缝隙里刮进来。劳累了一天的工人们都入睡了，只有"铁人"和张成志还没休息。"铁人"正在给炉子里加火；可是渣油加进去，"呼"的一阵烟就烧完了，地窝子里还是寒气逼人。"铁人"看着一个个酣睡的工人，心里默默地念叨着："这些同志不怕苦、不怕累，都是党和人民的宝贝，冻坏了一个可不得了啊！"他把身上的老羊皮袄盖在一个熟睡的青年工人身上，自己和张成志一起走出了地窝子，冒着零下20多摄氏度的严寒，来到机修厂。他们在废料堆旁找到两根用废铁管做的炉筒。"铁人"把一根大的背在自己背上……

第二天早上，工人们发现了这两根炉筒，都惊异地围了上来。

"咦，这两个好家伙是哪儿来的？"

"难怪昨晚睡得那么舒服，原来有它俩在这儿'坐镇'哩。这法子想得可

---

[1] 大庆油田铁人传写作组：《铁人传》，中央文献出版社，2009，第168页。

真好,谁干的?"

"不用问,我敢保证是'铁人'干的。"

听着大伙的议论,张成志从心眼里往外乐。等大家说完了,才慢声慢气地开了腔:"为了这两个炉筒,'铁人'昨晚整整忙了半夜。"

听张成志这一说,大家都东拉西扯地谈开了。

"老铁关心群众生活,可真是掏出了心呐。他常说,毛主席天天考虑着全中国、全世界人民的大事,还把群众的柴米油盐挂在心上。自己是做具体工作的,更应该关心群众的疾苦。"李明端详着炉筒,深有感触地说。

他话音未落,老吴就接了上去:"前些日子,他去外地学习,有个大夫了解到他有关节炎,就给他配了两剂中药。他带回来后,把药给了别人,自己却天天忍受着痛苦。"

张成志好不容易才拽过来一个话头:"老工人张方海因公牺牲后,家里还有个老人,已经七十挂零了,'铁人'经常写信问寒问暖,还把自己节省下来的一百元钱给她寄去。"他咳嗽了一声,连忙又接着说:"可他对自己的家庭,却总是放在脑后:老母亲七八十岁了,多年瘫痪在床,也顾不上请医生治疗;小孩又得重感冒,领导要他照顾几天,他总是说,工作忙不过来。"

正说着,"铁人"抱了一捆柴禾走了进来。李明一边接柴禾,一边问:"老铁,这炉筒是你昨晚搞来的?"

"铁人"爽快地笑了笑,说:"这里有小张的功劳。有个炉筒,大家睡着舒服,我也就能睡着了。"

勤俭办学"育后人"

一天,赵生海走进队部,看见"铁人"望着墙上的大队工人新村分布图发呆,便随口问道:"队长,你想啥哩?""我是在想孩子们上学的事儿。""铁人"的脸色有些凝重。

"上学?现在会战这么紧张,条件这么差,办学困难太大。还是叫学生们到指挥部去吧,远就远点。"赵生海不在意地说。

"不,老赵!毛主席历来教导我们,要关心下一代的成长。办学可是个关系到培养接班人的大问题,咱要为孩子们的一生着想。我看困难再大,也要想法办学！"

"铁人"接着说："过去我是个睁眼瞎，解放后才学了点文化。学习毛主席著作，有许多字不认识。有时写封信，写个讲话稿，都感到很吃力。现在咱工人当家做主了，可不能让后代再吃这份苦。"他想了想，又说："最近我看见有些小孩儿已到了上学年龄，到指挥部上学路太远，又不方便，就天天在家玩儿。咱们得想个办法。"

"想个什么办法？"赵生海忙问。

"咱在大队部办个小学！""铁人"坚决地回答。

当天晚上，在党总支召开的扩大会议上，"铁人"提出了办学校的建议。"铁人"说："我们工人不但要在政治上翻身，文化上也要翻身，要使我们后代成为有社会主义觉悟有文化的劳动者，接好革命的班！"

"铁人"的话音刚落，赵生海接上去说："老铁想的路子正，符合毛主席教导，符合我们工人的愿望。我完全同意！"

"板上钉钉子，就这样定下吧！""铁人"的建议很快成了决议。

第二天清晨，在离大队部300多米的地方，一个五米见方的"土窝窝"挖好了。"铁人"和工人们在上面支起一顶破帐篷。

"铁人"一看，帐篷四面透风，心里想："寒冬时节孩子们怎么受得了？"他就从大队部扛来苇草，把帐篷四周围了个严严实实。"哈哈，老铁啊！"赵生海笑着走近帐篷，"这确实是个新型学校，外面撑帐篷，里面挖土坑，还用苇草来挡风，可真有点艰苦奋斗的劲头啊！"

"铁人"微微一笑，"当年抗大在延安窑洞里培养了千万个抗日干部，今天咱们按照毛主席指引的方向办，咱们也学抗大，在这土窝子里，为革命培养咱工人的下一代！"他深情地望了望这简陋的校舍，然后就和大家一起脱土坯去了。

三天后，解放村小学建成了。撑起的帐篷就是"教室"，周围的苇草就成了"围墙"。一块土墩上盖两块砖头，就当"凳子"用；几块破板垫上几块土坯，就是"课桌"；在帐篷下挖个土坑，就作为烤火的"炉子"。

这天，"铁人"和工人们正在修筑校舍，有个人来到解放村小学。他用鄙视的眼光扫了扫帐篷内外，撇着嘴说："这简直像个鸡笼。"还指手画脚地建议，"要搞，就搞得正规化点，这样的学校还不让人家笑掉了大牙！"

"铁人"一听,满肚子火。他气愤地说:"什么这个化那个化,我们要的是培养娃子们听党和毛主席的话!"

开学了,来了六名学生。"铁人"把毛主席像恭恭敬敬地贴在帐篷的中央,亲自上第一课。他走上讲台,第一句话就问:"同学们,我们是谁的后代?"

"工人的后代!"

"贫下中农的后代!"

六张嘴齐声回答道。

"铁人"笑眯着眼睛,又问:"你们长大干什么?"

"当个石油工人!""扛枪保卫国家!""拿锄头去种地!"

"铁人"听了,心里比吃了蜜还甜。他提高了声音说:"对!咱啥时候都不能忘记党和毛主席的恩情啊!我们是工人阶级的子弟,是贫下中农的子弟。我

图2-4 参加会战的工人拼尽全力拉钻机

们一定要好好学习,做无产阶级革命事业的接班人。"

"铁人"办学上第一课的消息,像长了翅膀似的,很快就传开了。工人们纷纷把孩子送到学校来,学生迅速增加到40多人。

不久,"铁人"去外地开会。他看见有些小学生手里拿一张张小画片,边走边读着。上前仔细一问,原来是启发式教学图片。他想:用这种方法识字,

既生动实际，又携带方便。于是，就买了几种样品带回了大庆。

第二天，"铁人"来学校介绍了外地教学经验。他发动全校师生自己动手，制作图片、卡片，孩子们写字作画，边干边学。就这样，一种看图识字的教学方法在学校被推广开了。这一天，"铁人"在黑板上端端正正地写下"自己动手，丰衣足食"八个大字。

亲自筹建"回收队"

一天上午，"铁人"在靠近油田边缘的一个井队传达党的九大精神。刚开完会，他就和工人们一起上了钻台，挥动起沉重的大钳，把钻杆打得"咔咔"直响。钻杆从他的手下一根接一根地伸进了地层。

休息了，"铁人"背起挎包走下钻台。工人们一齐围了上来。"老铁，你离开井队八九年，又当上了领导，可你的大钳打得还是那样利落。"

"铁人"憨厚地笑了笑："我是个钻工，当了干部还是个钻工。不管担任了什么职务，我首先是个工人。"他习惯地坐在钻杆堆上，顺手放下了背着的黄挎包。

"咣啷……"从放在钻杆堆上的挎包里传出了声音，人们都愣住了。

"老铁，你这里面装的是啥家伙？"司钻朱全民听着这异样的撞击声，盯住挎包问道。

"是早晨在路上捡到的几个螺丝。"

朱全民打开挎包，里面除了《毛泽东选集》四卷合订本和党的九大文件外，还有一个鼓鼓囊囊的信封。倒出来一看，啊，原来是五颗生了锈的螺丝。再仔细一瞧，信封里又滑出一根小小的大头针。有一名青年工人好奇地看了一眼，"捡这小玩意儿有啥用？"

"有啥用？！""铁人"反问了一句，"一颗螺丝是整个机器的一部分。不要看它不起眼。丢掉了就浪费了它的积极性，捡回来就能出一把力！"

这个青年人眨了眨眼，伸手捡起一颗螺丝，仔细地端详着。

在一旁的一名老工人像想起了一件大事儿似的，连忙说道："老铁，打虎庄附近还有一批散失的器材，我看收回来敲把敲把，还能用到生产上去。"

"我们村子后面的水泡里，还露着一些角铁，泡在水里太可惜了。"

"铁人"听着人们的议论，陷入了沉思。他想："艰苦奋斗是无产阶级的命根子。条件差要艰苦奋斗，条件好了也要艰苦奋斗。要跟着毛主席继续革命，就必须把艰苦奋斗的大旗扛到底。"

在钻井指挥部常委会上，"铁人"提出成立废旧材料回收队的建议。他说："毛主席历来教导我们，要节约闹革命。深入贯彻九大精神，认真搞好节约闹革命，除了开展群众性的回收活动以外，还应该有一支回收废旧、散失器材的队伍。我们必须批判大手大脚的错误思想，在头脑里播下艰苦奋斗的种子！"

大家对"铁人"提出的建议进行了热烈的讨论，一致认为成立回收队很有必要。接着，人们又提出了一个问题：派谁组织筹建回收队呢？

"铁人"想了一会儿对大家说："我对油田情况熟悉，这个任务就交给我吧。"

"老铁，你是中央委员，应该抓纲抓线。捡破烂这活儿，还是交给别人去干吧。"有个干部在一旁说。

"铁人"听了，认真地说："啥叫小，啥叫大？毛主席教导我们去做的事都是大事！搞回收、捡破烂看起来事小，可它和油田建设、和支援世界革命紧密相连啊！"

常委会同意了"铁人"的意见，决定立即着手筹建回收队。一大早，"铁人"就赶到了回收队的临时宿舍——反修村交通车候车室。他拿起扫把，把屋里屋外打扫干净，从基地找来草垫，打好地铺，又从挎包里掏出几幅标语贴在墙壁上。一直忙到中午时分，他才轻轻地舒了口气。

"铁人"拍打了一下身上的灰尘，徒步来到一里外的土丘上。

这时，远远地走来了两个背背包的钻井工人。走在前头的是副队长张成志；后面的是个学徒工，名叫刘志义。

两人来到了交通车站。一栋干打垒土屋，外面贴着"自力更生，艰苦奋斗""备战备荒为人民"的红纸标语。屋里虽然设备简陋，但整理得井井有条、朴素大方。

"这就是咱们的宿舍？"小刘惊异地问。

"很可能是，说不定还是铁人亲自打扫的哩。"

说话之间，"铁人"从土丘上回来了。

"老铁,这就是咱们的宿舍?"小刘还是有点儿不相信。"对,咱们先住在这里。等人都上来了,就在土丘上盖房子,建立回收队。"

小刘一听"建立回收队",心想:"要建也不困难,现在的条件这样好,只要铁人说句话,要什么都不成问题。"他忙接上去说:"老铁,你是中央委员,又是大庆革委会副主任,批个条子,领上几部新汽车,拉上几万块砖,盖起房子挂上牌子,回收队不就成立起来了?"

"铁人"摇了摇头,语重心长地说:"小刘,咱们成立回收队,就是落实毛主席的勤俭建国伟大方针。咱自己能走,就不要别人来扶。靠大家的两只手,成立回收队,建设回收队。"

"铁人"带着大家奔走在油田上,清仓挖潜找废车。半个月工夫,他们就跑遍了全油田,把破烂车辆全拉到回收队。

一场修复破车的战斗打响了。广阔的草甸子就是厂房。这是一个星期天晚上,月光洒在草甸子上,四周一片寂静。

小刘正在吃力地卸着车上一个大滚筒。卸了好久,大滚筒还是纹丝不动,他深深地叹了口气,"唉,这家伙真太顽固了!"正在另一台车上工作的"铁人"听到了"太顽固"几个字,就直起身来,走到小刘跟前说:"现在已经12点多了,你先去吃饭,我来卸。"说着,他便从小刘手里夺过扳手。

"老铁,你已经干了这么长时间还没吃饭,还是你先去吃吧。"小刘推辞着。

"咱俩打攻坚战,你先去吃,吃过饭来接班。"

小刘这才离开了工地。

"铁人"独自一人卸滚筒。他提来一桶开水倒在生锈的部位上,又找来废柴油浸泡锈死的零件。过度紧张的劳动使他感到一阵剧烈的胃疼,酸水直往上冒,豆大的汗珠不断从脸上掉下来。实在支撑不了,他就用扳手顶顶胃部,再直起腰继续干。

待小刘吃完饭,"铁人"已把锈死的滚筒卸下来了。

小刘看了看滚筒,又望了望"铁人",感动得好久没说出一句话。过了一会儿,他接过"铁人"手中的扳手,激动地说:"老铁,这班我接着干!"

"铁人"拍了拍小刘的肩膀:"今晚的任务完成了,明天再干吧!"

经过一个多月的日夜奋战,八台破车被修复了。

接着,"铁人"又带领大家迎着烈日,顶着风沙,到草原上捡碎砖头,拆破房子、空马棚、烂菜窖里的旧木料。他说:"破砖不破墙,短木接长梁。咱用这碎砖、短木,同样可以建成好房子!"

经过连续一个多月的日夜奋战,在铁人精神鼓舞下,三栋干打垒土房和一座可停放六辆汽车的大车库,在草原上立了起来。

没向国家要一块新木料,没有领一块新砖。这不是几栋简单的干打垒土房,而是大庆工人阶级艰苦奋斗精神的真实写照。

干打垒土房盖起来的第三天上午,副队长张成志正在车库里擦车,见"铁人"背着背包,大步流星地进了小土屋,急忙放下手中的钳子,跟着进了土屋。张成志见"铁人"把背包打开,整理铺盖,连忙夺过被子挟在腋下:"老铁,这泥墙还是湿的,你怎么能睡在这儿?"

"铁人"一见张成志这股猛劲,呵呵地笑了起来,"你小子还把我当成客人啦?"

"不行、不行,你有严重关节炎。队里研究过,不能让你在这里住。"张成志寸步不让。

"红军爬雪山过草地,睡在泥草里,我们这儿不好多了?再说,比一比咱们来大庆头天住的破马棚咋样,不是强多了?""铁人"把老羊皮袄铺在床上,爽快地说,"来,背包放在这上头。"

张成志见"铁人"已下了决心,只好退一步,"这样吧,过两三天墙干一干,你再来住。"

"跟大家住在一起,挤挤就暖和了。""铁人"说着,从张成志手里拿过了背包。

就这样,"铁人"在回收队"安家落户"了。除了开会和因公外出,他始终践行着"五同"(领导干部要同职工同吃、同住、同劳动、同解决生产问题、同娱乐。这是大庆在石油会战初期对领导干部提出的基本要求)。

"铁人"领着钻井工人搞回收的消息,很快传到了战区的各个角落。各单位的业余回收队,如雨后春笋般地成立起来。

这一天,大庆革委会组织各个指挥部的收旧利废小分队前来回收队参观。土坡上矗立着一套修复好的井架,井架顶上"自力更生,艰苦奋斗"八个金光闪闪的大字,在阳光下显得格外醒目。

三、求实

"铁人"说:"干一辈子革命,就要用毛泽东思想总结一辈子工作,这样才能有长进,才能跟上毛主席的脚步。"大庆油田具有"两论"起家、坚持"两分法"前进的优良传统。根本宗旨是始终坚持求实的态度,坚持以科学的理论为指导。这种科学求实的精神,早已融入大庆石油人的血脉并见诸实际行动。广大职工说:"脑子里有了两分法,取得成绩喜不倒,有了困难吓不倒,碰了钉子弯不了。我们靠'两论'起家,又靠'两分法'前进。"以"铁人"王进喜为代表的石油人正是依靠"两论"、依靠"两分法",才能不断认识大会战中的各种矛盾和问题,并妥善地加以解决。

学好"两论"促生产

1960年4月10日,会战总部以部机关党委的名义发出了标题为《部机关党委关于学习毛泽东同志所著〈实践论〉和〈矛盾论〉的决定》,并刊登在首期《战报》上。该《决定》下发以后,萨中指挥部党委立即传达并制定规划,要求全员立即组织学习"两论"。"铁人"在技术座谈会上听余部长批评有些队长工作没干好就是因为没有学好"两论",印象很深刻。"抓主要矛盾""勇于实践"这些词汇勾起了"铁人"的兴趣。回到1205队,"铁人"第一讲有困难创造条件上的精神,第二就是要学"两论"。"铁人"深刻领悟毛泽东思想,组织工友们学习《实践论》《矛盾论》,并将理论与实践有机统一起来,与工友们发明了钻机整机搬迁、钻头改进、快速钻井等多项技术革新,被授予"工人工程师"称号[①]。

当时,学习"两论"的决定得到了广大职工的拥护,全油田很快掀起了学

---

① 大庆铁人传写作组:《铁人传》,石油工业出版社,2000,第120页。

习热潮。一开始没有那么多书,就到安达县新华书店去买。因县书店里毛主席著作卖光了,又派人到哈尔滨、北京去买《实践论》《矛盾论》单行本。石油工业部机关还从北京买了几万册《实践论》《矛盾论》单行本,派专人送到哈尔滨,再运到战区,发到职工手中。全油田干部读,技术人员读,工人也读。到了夜间,到处可以看到人们围着篝火学习"两论"的场面。几万名职工和领导干部一起学习"两论",在一定意义上说,是一次马克思列宁主义、毛泽东思想的大普及,也是一次思想大解放,实质上是对洋框框的一次冲击,是对"大跃进"以来出现的主观主义、官僚主义、浮夸风等"左"的思想的纠正。这次深入的学习,对于高速度高水平拿下大油田,起到了重要的思想保证作用。学习中涌现出一批以"铁人"为代表的"练一身硬功夫、真本事"的先进典型,他们以对油田高度负责的科学求实精神,抓主要矛盾,解决主要问题,大大地加快了油田开发速度,提升了油田开发质量。所以说,大庆油田是靠"两论"起家的[①]。

"两论"起家、"两分法"前进的优良传统一直延续至今。大庆油田经过逐步摸索,已经形成了一整套办法、建立了体系,而且在工作中发挥了非常重要的作用。闻名全国的"岗位责任制"就是其中的典型代表。

图2-5 王进喜认真学习"两论"

1962年5月8日1时15分,大庆油田最早建成投产的"中一注水站"因管理不善,酿成严重火灾。起火后,发现两个灭火器失效,水龙带被截断,水枪头不知去向,无法灭火。3时15分,注水站全部被烧毁,造成了巨大损失。当天,这个站党支部根据会战工委的号召,发动群众围绕"一把火烧出的问题"开展讨论。提出了"从大量的、细小的、常见的工作入手,全面管好生产"的要求。通过实践摸索,逐步形成了岗位责任制、交接班制、巡回检查制、设备维修保养制、水质化验质量负责制、

[①] 大庆铁人传写作组:《铁人传》,石油工业出版社,2000,第146~147页。

岗位练兵制、安全生产制、班组经济核算制等8项制度，有力地推动并保障了生产运行。

"打井就要过得硬"

1956年5月，王进喜带领井队工人们在玉门三角湾打715井。立好井架，他拿来了自己的老羊皮袄，便在随便搭起的一个工棚里住了下来。他早早晚晚都不回家，让人来时随便捎点吃的就成。王进喜为什么要这样呢？

当然，除了这是他多年形成的一种习惯外，还有很重要的原因——三角湾是一个地质结构很复杂的地方。原先许多井队在这儿打井都程度不同地发生过事故。这一次由于时间紧、任务急，王进喜在没有来得及详细弄清地质构造的情况下，就把队伍拉了上来。虽然立好了井架，大家的士气也很高，但他心里没底，一直不放心。唯一的办法就是守在井场，一方面详细摸底，另一方面可以随时处理问题。

为了确保万无一失，王进喜在开钻前做了三件事：一是把任务分解下去，明确分工，一锤子砸死，哪一个环节都不准出问题；二是根据自己多年当司钻的经验，他列出了这口井在钻进过程中可能出现的20种现象和问题，让司钻和主要岗位的工人记住，并教给他们遇到紧急情况时应该如何采取应对措施，加以排除；三是他严格规定，这口井打完之前，任何人不得借故离开岗位。

巧的是，上午刚开钻，下午王进喜的妻子王兰英就风尘仆仆地来到油矿。去公司开会的副队长回来时把这个消息告诉了他，让他快坐车到矿上去。

王进喜犯了难。他知道，自己家里人若没有什么大的事情，一般情况下不会来矿上找他。既然妻子大老远来了，那么肯定是有事儿。会是什么事儿呢？他猜不出来。可是刚刚开钻，眼下的情况绝不允许他离开井场半步。

王进喜就问副队长，"我女人没说啥事？"

副队长说："我没问，只把她安顿到你的宿舍让等一下，我说我去叫王队长回来。看样子她很着急，肯定有事儿。"

"你想得就这么简单啊？"王进喜半开玩笑半认真地责备副队长，"她让你来叫我，我就得赶紧回去是不是？"

副队长焦急地说："你快去吧，嫂子一定都等急了，要是误了事儿……"

说着,副队长过来拉他,让他赶快走。

"不去!"王进喜把手一甩,眼睛仍盯着转盘。

"你这人怎么……"副队长实在没了办法。

王进喜回头朝他古怪地一笑,"我就是个牛脾气,说不去就不去!……再说,你看我能离开这儿吗?"副队长没好气地说:"你不去,如果误了家里的事儿,咋办?"忽然,王进喜灵机一动说:"哎,有了。你去对我女人说,就说没找见我,顺便问问她有什么事儿。如果是大事情,你再来告诉我。如果不是啥要紧事,你就哄哄她,说我去给你再找去。这不是个两全其美的好办法吗?"

副队长无可奈何地走了。

王进喜猜得很准,他们家的人没有大事不会来矿上找他。这回真的是家里有大事:两位老人病得起不了身,地里的活儿没人干,给老人看病手头没有一分钱。妻子这才来找他……

副队长返回后,没有按原来编的那些话说,他如实地说了井队正紧张地在三角湾打井,王进喜怕出事故,日夜跟班住在井上的情况。王兰英听了,很理解自己的丈夫。她对副队长说:"你告诉他,安心井队上的工作,家里也没啥事儿,我只是随便来看看。"说完,她就回去了。

没几天,王进喜的父亲就因病去世了。

当时,三角湾打井正处在最关键的时刻。想一想自己的老父亲,坎坷一生、贫困半世,饱受人间苦难,刚刚盼到有了出头之日,还没过上一天好日子,却被病魔夺去了生命。作为儿子,理应为父分忧、恪守孝道,让老人能安度晚年。可自己生就得不安分,偏与命运抗争、与世俗挑战,最终还是达到了自己的目的,当了一名光荣的石油工人。常言道,"自古忠孝难两全"。想想自己的父亲,一生铮铮铁骨、不畏强暴,不卑不亢、不欺良善,所乞盼的不就是能有个太平盛世,民之所安吗?……既如此,倘若老父亲在天有灵,九泉之下,他也应为儿子这种执着的追求而欣慰,为他苦战石油、艰辛拼搏而高兴啊……

王进喜就这样为没能看老父亲最后一眼原谅了自己。

事关重大。他给副队长交代好了工作,还是匆匆去为父亲料理了丧事。三天后,他又心急火燎地赶回了井场。不出王进喜所料,果然这天钻井中就出了问题。

这天午后，司钻王岁厚接班后正常进钻。不一会儿，进尺开始减慢。他清楚，这是钻头已到了规定的时间，便决定起钻。

他把情况报告给队长王进喜。

王进喜立即到钻台、机房、泵房检查了一遍，确认一切正常后，通知起钻。

连日来，队长王进喜一直穿着那件油乎乎的、分不出颜色的工作服昼夜守在井场上，夜里睡觉也不脱下来，为的是一有情况起身就走。别说白天吃顿好饭，有时就连开水都喝不上一口。肚子饿急了，他能啃上几块烧饼就算不错。很明显，王队长这些日子瘦多了。大伙都很心疼他。

副队长走过来，把一块饼子递给王进喜说："你中午就没吃啥东西，先吃块饼子吧，起钻时我们看着弄。"

王进喜接过饼子吃着，但他并没有回到工棚里去，仍在一边站着，看大家干活儿。这时，另一个工人递给他一个水葫芦，王进喜便坐在一根铁管子上边吃边喝，眼睛却死死盯着井场。

一开始起钻还比较顺当；但是当钻具起了一半之后，突然有泥浆从井口涌了出来。王进喜感觉到这有点儿不正常，忽地从地上站起。还没等他放下手中的水葫芦，就听"嗵——"的一声巨响，一股黄呼呼的泥浆喷上了井台……

井场上顿时乱作一团。

见此情景，王进喜扔掉手中没吃完的饼子和水葫芦，大喊一声："别慌！坚守岗位！"便一个箭步冲过去，跳上钻台，指挥大家分别行动。

他凭经验判断，发生这种情况，大多是因为钻头泥包抽吸而引起的反常现象，便当即决定接上方钻杆开泵循环，并加重泥浆压井。可是，一名青年钻工因心情慌乱，一连几次都没有挂上水龙头。这时，一名老钻工立即过来，才接上了水龙头。王进喜狠狠地瞪了一眼那名青工，上前亲自操作刹把，又命令几名老钻工接钻杆、开泵，然后用手势指挥司机开足力，大泵量进行循环。几分钟后，喷势减弱，声音减小，泵房里迅速进行加重，20多吨重晶石粉加入泥浆中，大泵量注入井筒，一场井喷终于被制止了。待一切恢复正常后，所有人都变成了"泥猴"，只有凭声音才能辨出是张三还是李四。

王进喜把大家叫到一起，对众人说："今天这起井喷事故是消除了，但从中我发现了几个问题，我必须讲出来，不然，下回又遇上这种情况，再发生事故，不及时准确地排除，完不成生产任务事小，如果报废一口井，那将是对人民的犯罪！这样重大的责任，谁敢负？我王进喜也负不起……"

接下来，他表扬了几名表现好的同志，又严厉地批评了那名挂不上水龙头的青年工人。

最后，王进喜说："平时让你们学技术、苦练基本功，都当成了耳边风，关键时刻出洋相、误大事。若不是几个老师傅出马，事情还真要坏到你们手上！今天，我是'挂面不调盐——有言（盐）在先'，再把话儿给你们重申一遍：从明天开始，谁的技术考核不过关，就别来上班！怕吃苦，不愿当这个石油工人的，脱下你的工作服，可以走人！在别处你怎么混，我管不着。但在我王进喜这个井队上混，没门！……"

他的批评是够尖锐的，但没有一个人不打心眼里佩服。这就是王进喜，这就是王进喜领导的贝乌五队钻井队的作风。为油田负责一辈子的大庆石油人，用科学求实精神武装的大庆石油人，抓主要矛盾，解决主要问题，从不姑息自身工作的缺点，深信"好作风必须从小处培养"。许许多多默默无闻的"无名英雄"扎根在自己的岗位上，凭着"一身硬功夫、真本事"为油田发展贡献着自己的力量。

四、奉献

在铁人的心目中，只有干不完的工作，只有还没有尽到的责任，只有付出，没有索取，只有奋发大干，没有贪图安逸。铁人的一生是为党工作、为油拼搏、无私奉献，所以"铁人"永不变质、红旗永不褪色，他永远是石油工人学习的好榜样[①]。

---

① 大庆铁人传写作组：《铁人传》，石油工业出版社，2000，第237页。

"我拉车就要驾辕"

初春的一个早晨,东方刚吐白,"铁人"就背着炒面向井队奔去。路过食堂门前时,炊事员赵振林对他说:"老铁,伙房快没有烧的了。"

"铁人"扬了扬眉毛,沉思了一会儿说道:"走,咱一起到土油池边拉废渣油去!"

他带了几个炊事员,拉着拖斗车来到土油池边上,带头跳进冰冻的油池,和工人们一起,迅速地把渣油装进拖斗。装到大半斗时,赵振林指着拖斗说:"老铁,再装就拉不动了。"

"不要紧,来一趟就是一趟嘛。"

图2-6　王进喜在打钻

"铁人"一边回答着,一边继续往拖斗里装渣油。他全身沾满了黏黏糊糊的渣油,脸上也溅满了油珠。等他们装了满满一拖斗的时候,天已经亮了。

"铁人"放下锹,和炊事员使劲儿往上拉拖斗。可是那拖斗太沉重,怎么也拉不动。"铁人"抓了一把野草擦了擦手上的油污,说:"你们先在这里休息,我去叫人。"

很快来了七八个棒小伙子,这才把拖斗拉起来了。

"还是人多力量大呀!"赵振林边拉边说。

大伙在"铁人"的带动下,拉着拖斗车飞跑。"铁人"驾辕走在最中间。他的步子迈得又稳又快。工人们去换他,他怎么也不让,说:"我拉车就要驾辕。"

接着,"铁人"又问大家:"你们驾车的时候,喜欢牛还是喜欢马?"

"牛的力气大,马跑得快,各有各的长处。"赵振林在一旁说,"牛吃草,马吃料,毛驴最爱瞎乱叫。"

"铁人"咳嗽了一声又说:"我小时候放过牛,最摸牛的脾气。牛享受最少，出力最多，所以还是当一头老黄牛好。我甘愿为党为人民当一辈子老黄牛。"

连夜施工"争主动"

经过三个多小时的战斗，王进喜和同志们把钻机装上了钻台。朱副指挥看见王进喜右肩突起很高，知道他的肩膀被压肿了，紧紧握住他的手，感动得半天说不出话来。

夜里，没有月亮，没有灯光，草原上一片寂静。远处不时传来火车汽笛长鸣声和野狼嗥叫声。王进喜独自来到井场，望着安好的钻机，心想："眼下最要紧的是早打井、早出油。先把井架竖起来，水管一到，就开钻。"可是夜里没灯没月，只好等到第二天再干。

他回到马棚，拿了一把铁镐，看到有的同志已休息了，就轻轻关上门，独自来到井场。他找了一块平地，点了一堆火，用镐把量了量，甩掉棉衣就干了起来。

"队长！"张成志看见队长没回来休息，就披着衣服出了门。他一看王进喜正在刨泥浆池，十分感动，就去房里找锹。没想到同志们大多没睡着，于是扛上锹和镐，就跟着小张一起来到了井场。队员们个个像小老虎，有的挥锹挖池，有的弯腰拣柴。篝火旁人影摇曳，锹镐飞舞。

人多力量大，众人拾柴火焰高。有人往火堆上加了些干柴，把整个井场映得通亮。

王进喜望着这熊熊的篝火，忽闪着眼睛，仿佛从中受到了什么新的启示。他把铁镐往土里一插，对大家说："我看，三千瓦的灯泡也比不上咱这堆柴火亮！"

"是啊，咱石油工人是盖着蓝天，铺着草地，点着篝火呗。"李明风趣地说。

王进喜说："我看有这样的光亮，咱们就可以紧螺丝，安装井架。"

是的，早一天竖起井架，就能早一天打井，早一天出油，早一天摘掉石油落后的帽子。工人们放下了锹镐，拿起扳手、管钳，就叮叮当当地干了起来。

经过一天一夜的紧张安装，40多米高的井架巍然屹立在草原上。远远看去，它就像一根擎天柱。王进喜让工人们把写着"独立自主，自力更生"八个金光闪闪大字的红牌子挂在井架顶上，让它永远鼓舞1205钻井队战斗。

第三章 03

铁人精神的本质特征

　　风云激荡一甲子，铁人精神经过岁月的洗礼和历史的沉淀，可以将其本质特征归纳为一种有方向、有目标、有价值的自觉的文化活动和思想陶冶。概括地讲，这种文化活动和思想陶冶就是：满腔赤诚爱国，坚持党的领导，把握科学理论，坚定理想信念，注重实事求是，不断超越自我，独立自主创业。

一、满腔赤诚爱国

"铁人"说:"我们要在世界上喊得响响亮亮的,因为我们是中国人。""我们活在这世上,就是要为国家办点事,宁肯少活二十年、三十年,也要为国家办点实事。你不给国家办点事,不给人民办点事,你活得再长有什么用啊!""我这辈子就是要干好一件事,快快地发展我国的石油工业。""铁人"始终把在国爱国、在国忧国、在国为国、在国兴国作为矢志不渝的价值追求。从一定意义上讲,"铁人"在投身国家石油工业的整个历程中,每时每刻心底激荡的都是"我为祖国献石油"的主旋律。

抛却"自我"只为油

1966年12月至1967年1月,是"文革"中批斗"铁人"最疯狂的时期。王进喜讲过,有一次造反派把石子撒在地上,让他跪在上面。他不脆,这些人就放一个杠子压住他的腿,有时候杠子两边还坐着人,那是非常残酷啊。批斗一直持续到1967年6—7月,大庆实行军事管制。根据军代表、黑龙江省军区副司令安怀的指示,派王铁人去北京向总理汇报情况。汇报完了,就让他在北京住了一些日子。"铁人"回来后,根据上级指示,钻井指挥部要派一个老实忠厚的人专门保护"铁人",不要再让造反派抓去,组织上就把这个任务交给了王福印同志。

当时钻井指挥部共有30多个钻井队。他们步行8个月,一共跑了28个钻井队。最远的是葡萄花,离萨尔图100多千米。到了葡萄花仅两天,还有几个井队没跑呢,造反派就知道了"铁人"的行踪。有一个前线副指挥,把这一情况悄悄地告诉了他们。知道这一情况后,"铁人"等人当天就离开了葡萄花。葡萄花没有铁路,要走几十里路才能到达火车站,下午3点钟才有火车。上午他们俩就动身,走到中午看到前面有一个村子,离村两三里远有一个大草垛。

"铁人"说,咱俩在这儿休息一下,在草垛上睡个觉吧。午饭后,"铁人"躺在草垛上和王福印聊天。他说,如果中国人每人半吨油,那就不得了了。说这话时,他的眼里闪过坚定而幸福的目光。多年来这一直是他的愿望,也是他勇往直前的动力。下午3点他们到达火车站,下了火车就找到了1275钻井队。就这样,"铁人"在被追踪、抓捕、批斗,遭受不公正待遇的情况下,仍坚持深入井队,随时了解生产状况,解决实际问题,还在惦记全国人民实现每人半吨油。这就是他始终不渝的家国情怀。

二、坚持党的领导

"铁人"不止一次地说:"要说想法,我只有一个,没有共产党就没有我王进喜。在工作上,咱要带个好头,用发展中国石油工业的优异成绩,报答党和毛主席的恩情。"在"铁人"看来,党就是一切,是党给了他新生,给了他温暖,给了他希望。这种巨大的恩情,要用一辈子苦干实干拼命干来回报。无论是当一名钻工,还是当了大队长、副指挥、中央委员等领导职务,他始终坚持党的领导,坚持摆正方向走对路。

"精神"传至每个人

1969年5月,"铁人"参加党的九大后,回到了大庆。他怀揣着毛主席著作,带着九大文件,深入战区的井队、工厂、机关、基地和学校,满怀深情地宣传党在工业化建设中取得的伟大胜利,传达党的九大精神。

这一天中午,"铁人"刚在一大队传达完九大精神,便来到1262钻井队传达。队里的工人们一听说"铁人"专程来传达九大精神,便像一阵风一样涌向井场,自觉地站好队。"铁人"深情地望着这些奋战在生产第一线的队友。那一双双期待的眼睛,一颗颗激烈跳动的心,是多么渴望尽快尽早地听到党中央和毛主席的指示啊。

传达时,他发现全队58个工人中少了青工小张,过后就问队长:"小张上哪儿去啦?"

"哦——,"队长见"铁人"对井队的人这么熟悉(虽然井队离战区上百千米,可是每个工人都实实在在地装在"铁人"心里),很是感动,顿了顿才说,"小张生病了,昨天回家了。"

"铁人"一听,决定亲自到小张家去传达。

"老铁,小张回队后我们就立即给他传达。"队长忙在一旁补充说。

"不!""铁人"笑笑说,"我去,既能传达九大精神,又可以看望阶级兄弟,不是一件很好的事儿吗?"

从小张家回来,已经是晚上9点多了。"铁人"又找到值夜班的机关食堂的炊事员,跟他们一起学习九大文件。

学习结束时,食堂革委会的李明急匆匆地跑了进来,张口就问:"老铁在这儿吗?"

"跟班长谈心哩。有啥事儿?"

"西安张大娘来信了。"

炊事员小林一听说张大娘,立即想起了因公牺牲的张方海。张大娘的儿子牺牲后,"铁人"一直关心关照着她。听说张大娘来信了,小林很想知道信的内容,就问老李:"信的内容保密吗?"

老李挠着头皮,停了一会儿说:"不保密,听了受受教育也好。"

老李把信递给小林。小林就朗声读了起来:

老铁:

  你在本月十二(日)寄来的毛主席画像我收到了。你在信中给我传达了九大精神。这几天我好像感到自己不是七十多岁,而是年轻了好多。我一心想着再能为革命出点力,把党在九大上提出的任务完成好。今托人代笔给你写信,感谢你对我政治上的关心……

小林看完信后,情不自禁地喊了出来:"呵,老铁宣传九大精神可真细,连七十多岁的老大娘也没忘啊!"

"可不是,你没听他说过,自己要像个'撒种机',把九大精神撒到群众中去吗?"老李在一旁接着说。

这时,"铁人"从里屋出来。小林忙把信递给了他。"铁人"看完后,兴奋地把信往上一举,"你们看,人家张大娘那么大年纪了,都想着落实九大精神哩。我们这些小青年,更应该加把劲儿啊!"

"对,我们更应该把九大提出的战斗任务完成好!"李明激动地说。

江小林望望"铁人",把拳头在胸前一挥:"老铁,你放心,我们炊事班一定,一定……"

"铁人"见小林紧握拳头、一时说不出话的模样,一按他的肩膀说:"一定什么?还是看行动吧。"一句话,说得大伙儿都笑了起来。

三、把握科学理论

"铁人"说:"学会一个字就搬掉一座山,我要翻山越岭去见毛主席。""铁人"虽然文化程度比较低,但他始终坚持抓紧时间学习,抓住一切机会学习。他既向书本学,也向实践学,更向有文化、有经验的老师傅、老把式、老专家请教,不断提高自己把握科学理论、指导实际工作的能力,使自己和所带领的队伍很快脱颖而出。

蹲点抓队"六字法"

当年,一提起1262钻井队,人们都亲切地称为"铁人二队"。不是别的,就是因为"铁人"蹲点抓队、言传身教的结果。这个1262钻井队,也是当年从玉门来大庆石油会战的钻井队,只是他们用的是旧钻机,再加上全队对石油大会战没有充分的思想准备,更没有实际的感受,一时间问题较多,工作比较被动。"铁人"看在眼里,急在心上。为了改变这种状况,他三天两头来到1262钻井队参加劳动,坚持"五同",与大家交心,并共同保养设备。特别是对职工有思想波动、操作技术不熟练、钻机超常使用等问题,坚持一抓到底。

有时他亲自做示范，手把手地教技术传经验。在"铁人"带领下，全队上下进一步激发了干劲儿，首创了4小时30分钟拆搬一扫光的纪录。截至当年6月，累计进尺8585米，超过了著名的1205钻井队，被评为一级红旗单位，由一个一般队一下子进入先进行列。"铁人"在这个队蹲点抓队的经验也被总结为抓住（关键）、盯住（问题）、跟住（班）的"六字工作法"，在全油田被全面推广后，很快见到实效。

四、坚定理想信念

"铁人"讲："成绩属于党，我的小本本只能记差距。""革命理想高于天"。坚定理想信念、筑牢信仰之基，补足精神之钙、把稳思想之舵，这是习近平总书记对新时期党员干部提出的要求。可以说，"铁人"用自己的实际行动践行了这一要求。"铁人"一生只认准一个理——一切都是党给的，一生都要报党恩、跟党走。"铁人"经常讲"思想歪了井就斜"，平时坚持"既抓钻头，又抓人头"，坚持为国家多打井、快打井、打好井。

难忘的"战前动员"

1960年3月的大庆，寒风凛冽，滴水成冰。夜里，30多个人睡在一间四面透风的马棚里，为了取暖只好背靠背地挤着过夜。王进喜先给大家生了火，把同志们安排住下了，最后实在挤不开，他自己就抱了一堆干草，摸到一个夹道上睡下来。第二天醒来一看，原来睡在一口水井边，地上全是冰。

艰苦的环境锻炼着人们，也考验着人们。第二天早上，在城里念了十二年书的张成志，半躺在背包上说："这个鬼地方，冰天雪地的，连个住的地方都没有，还能打井？"王进喜心想："这个在新社会成长起来的青年人，在玉门的时候几次申请来大庆，要求到最艰苦的地方去，在火车上兴奋地用小蒲扇般的手掌指挥大家唱歌；而现在，遇到了眼前的困难，他却有点叫苦了。"王进喜决定抓住这个思想苗头，对大家进行一次思想教育和战前动员。

三十几个人围在火堆旁，啃着从火车上带来的干面包，目不转睛地看着王进喜手里的那套《毛泽东选集》。王进喜打开书，组织大家学习《为人民服务》《纪念白求恩》。读完，他问大家，"你们想过没有，白求恩那么大岁数了，技术那么高明，他来中国干什么？张思德烧炭，又脏又苦又累，他当时是怎么想的？张思德烧炭的时候住啥房子，你们知道吗？"队长的几句话，引起了大家的深思。接着，他又打开《矛盾论》，给大家读毛泽东关于要抓主要矛盾的教导，把"任何过程如果有多数矛盾存在的话，其中必定有一种是主要的，起着领导的、决定的作用，其他则处于次要和服从的地位。因此，研究任何过程，如果是存在着两个以上矛盾的复杂过程的话，就要用全力找出它的主要矛盾。捉住了这个主要矛盾，一切问题就迎刃而解了"这段话一连读了三遍，然后问大家，"现在我们碰到的主要矛盾是什么？"

张成志抬起头来望望自己的队长，挠挠头皮说："当前，我看我们面前的主要矛盾是先盖起房子，安起锅灶，撑起床铺，有个安身之地，才能在油田上创业。"

司钻赵生海听了，觉得小张的想法跟自己想得不一样，就接着说："我有另外的看法，我看现在面临的主要矛盾，就是大家首先要遵照毛主席教导，牢固树立不怕苦、不怕死的革命精神。人要在草原上创业，心先要在草原上扎根！"

"擒龙要下海，打虎要上山，我们来到大草原，就是为了拿下大油田！"人群中，不知谁插上了一句。

"对！"司钻李明急忙接上去说，"拿下大油田，哪能没有困难？依我看，这困难，那矛盾，国家缺油才是最大的困难、最主要的矛盾。这个矛盾不解决，帝国主义、现代修正主义就会利用这个缺口来卡我们，封锁我们。我们决不能在困难面前低头，有天大的困难，也要高速度、高水平地拿下大油田。"李明洋溢着革命豪情的一席话，说得小张不住地点头，也给了王进喜以极大的鼓舞。他站起来说："小李的话说得好。一个人没有血液，心脏就停止跳动。工业没有石油，天上飞的、地上跑的、海上行的，都要瘫痪。没有石油国家有压力，我们石油工人就是要自觉承担这个压力。我们眼前确实有很多困难；但是，这些困难顶多就是多吃点苦，多掉几斤肉。为了甩掉石油落后的帽子，就是天大的困难也一定要顶住。"

讨论的时间虽然不长，但大家心里都是热乎乎的。王进喜顺手又在火堆上加了一把干柴，整个马棚一片通亮……

五、注重实事求是

"铁人"常说："说一千道一万，社会主义要靠干。""念了一火车书，离开实践，半点用处也没有。要把眼里看的、心里想的、嘴上说的和手里干的结合起来，表里一致，才是马克思列宁主义。""铁人"是一个实干家，是从火热的实践中成长起来的工人阶级的劳动模范和先进代表。特别是通过认真学习毛主席著作，学习"两论"，学习党的路线方针政策，他养成了始终坚持一切从实际出发、实事求是，始终坚持来源于客观实践，最后又作用于客观实践的工作习惯，并影响和带动着1205钻井队不断创造出新水平、高纪录。

求实的"自我把脉"

1960年8月中旬，细心的人发现，1205钻井队值班房的墙上又多了一条标语："上下一条心，坚决赶老孙！"原来，在这一年的雨季，钻井战线都憋足了一股劲儿，要抢晴天战雨天、创纪录攀高峰。在同一区块打井的1202钻井队、1247钻井队都给自己定出了更高的目标。特别是孙玉廷带领的被誉为"新疆青年猛虎"的1203钻井队，喊出了"铁人头上出钢人"的口号，不仅要实现"五开五完"，而且要创出新纪录，全面赶超"铁人"钻井队。

就在这个时候，测井八队工人把测井仪重锤掉在井里，这一打捞就是八九个小时，耽误了时间不说，眼看着1202钻井队、1203钻井队赶了上来，1205钻井队一下子就落在了后面，大家心急如焚，情绪波动也较大。这时，"铁人"召集全队工人开钻前会，只见他不慌不忙地在场地中央摆上一只钻头，十分平静地说，你们现在的心情我都清楚，大家不要着急，凡事都要从自身找原因。测井队出了事故，影响了咱们的进度。他们也不是故意的，况且人家也道了歉，测井队的事儿到此为止。就咱们队来讲，我看也是有问题的，也不是好到了鸡蛋里头挑不出骨头。任何时候我们都要头脑冷静、脑子清醒，我们要好好找找自己的问题和不足，再学学1202、1247、1203这些队的优点。要真正把人家好的东西、我们不如人家的东西学到手，再选上一只好钻头，就一定能赶在头里！就这样，在"铁人"带领下，1205钻井队克服了泥浆性能不好、钻前准备不细、有时急躁等问题，坚持"大雨不停工，小雨当晴天，晴天一天顶三天"，争分夺秒，实现了"五开五完"，再一次让大家心服口服。

六、不断超越自我

"铁人"说："我恨不得一拳头砸出一口井来。"用他的队友的话说，"铁人"的前方永远有攀不完的高峰，心中永远有掀不完的怒涛。他带领1205钻井队赶超苏联功勋队和美国王牌钻井队后，又根据国家的需要不断制定新目标。当年，毛泽东主席在听取石油工业部领导的一次工作汇报时曾说："大庆之所以发展快，就是因为他们打破了一些框框。""铁人"就是一个从不墨守成规、敢于打破条条框框的人，他始终坚持对标国际、对标先进、对标前沿，不断自我加压、自我超越、自我奋发。他的很多发明创造至今还影响着油田，影响着一代又一代石油人。

"小填满"和"大填满"

怎样才能尽快拿出一套打直井的技术措施，解决钻井生产急需？几天来，"铁人"吃不好、睡不好，时时刻刻琢磨着这个问题。

这天夜里，他把自己关在办公室里，又一次考虑起这个问题。以往习惯的方法是"大钻头、小钻具"，打出的井井眼大。钻具细，一转起来，长长的钻具在井筒里来回"晃荡"，这就非常容易斜。如果遇见复杂地层，钻头稳不住,斜的可能性就更大。因此,他想改用"小钻头、大钻具"的结构方法(当然这是一种比喻的形象叫法,不是钻头比钻铤小),加粗钻铤的直径,多用接头,减少"晃荡"程度,使钻具在井下起一个扶正稳定的作用,保证钻头平稳、笔直地往下钻。遇见硬地层也能垂直地往下啃……

他越想越来劲儿,越觉得有道理。他干脆从"百宝箱"里取出"钻头""钻铤""接头"等小模型,在桌子上摆弄起来;又铺开一张纸,用粗壮的大手画了一张草图。这位老工人出身的钻井工程师,这时俨然是一个专家的样子。

熟悉王进喜的人都知道,在他的办公桌上,长期放着两个铁匣子,里边装着螺钉螺帽、钢丝铁块、一节节细钢管和一些特制的小模型,以及起子、钢板尺、小扳手等小工具。这是他动脑筋搞革新时用的,王进喜管它叫"百宝箱"。有的干部不知就里,常在帮他搞卫生时给拿到别处,惹得大队长几次发脾气。今天这些宝物又派上了用场。

他正想得出神,一名技术员拿了一本外文书来找他,说书上介绍了一种防斜的工具。王进喜就问,这种工具大庆能造吗?技术员说,恐怕连中国也造不了。王进喜说:"那你不是白说了吗?外国的东西用不上,还是自力更生吧。来,我想了个办法,你看行不行?"

王进喜把自己的想法讲了一遍,一边说还一边画着图。技术员听了很高兴,深为大队长的钻研劲头和聪明才智所感动,表示愿意和他一起搞实验。王进喜也很高兴,说:"已经下半夜了,咱们搞点夜餐。"说着,"铁人"拿过炒面袋用白开水冲了两缸子,两人边吃边谈,又补充了不少想法和意见。

最后,王进喜说:"我这是瞎画呢。你是大学生,重新想想,好好画一画!"

技术员说:"我得查些资料,认真计算一下。"

钻井指挥部得知王进喜有了新想法,就派工程师帮他修改完善,最后形成了一个完整的方案,并同意在几个井队搞实验,起个名字叫"填满式钻具结构",后来被工人叫作"小填满"或"大填满"。经过全队上下的努力,这套方法在易斜区创造了日进尺621.4米的纪录,7天就钻完了井。最后,专业队来测斜,最大井斜度仅$2°$[①]。

[①] 大庆油田铁人传写作组:《铁人传》,中央文献出版社,2009,第242页。

七、独立自主创业

"铁人"常常挂在嘴边的话是,"我是带着一股气来的。""要为国家争口气,不让美帝阴谋得逞。""我不相信石油都埋在外国的地底下。"在几十年的实际工作中,他始终坚持独立自主、自力更生,自我超越、锐意进取,依靠独立自主的力量,甩掉贫油落后的帽子,建设油田、发展工业、彰显国威。

没"油"就要被欺负

这是既平常而又很不平常的一天。一大早,"铁人"刚从井上回来,就召集大家开会。大家以为是正常的钻前例会,还有的以为是组织学习,也都没有多想,匆匆地吃完早饭,便齐刷刷地来到井场。

看见大家都到齐了,"铁人"指着一个高架油箱说,今天咱们开个现场会。话音刚落,大家一下子都紧张起来,以为井上又出了什么事故。"铁人"可是有着一双火眼金睛,什么问题,哪怕是苗头都瞒不过他。正在大家猜测的时候,指导员发话了。他让大家排成一队,轮流上前看看油箱里的机油有什么问题。这时,大家才注意到高架油箱前面的水里放了一个工具爬犁,爬犁上摆了一个刚开封、印着洋文字的机油桶,旁边放着一盆机油、一个机油滤子。看过以后,大家惊呆了。只见盆里的机油有些浑浊,盆底沉淀出一些渣渣沫沫,而机油滤子中则有一团黑乎乎、像杂草沫子一样的东西。搞钻井的人都知道,机油是用作机器内脏和零部件的润滑剂,最基本的要求是清洁纯正,不能有杂质。像这样的机油,加到机器里,后果不堪设想。待大家看完,"铁人"才拿起滤子对大家说:"同志们,这就是从咱们用的机油里滤出来的马粪沫子。前些日子机油、柴油不好用,我们骂供应部门不负责任。最近搞清楚了,不怪他们,问题出在进口上。由于我们有一半油品依靠进口,有的大国要用石油卡死我们,就在供应油上捣鬼。不仅减少供应、断绝急需,夏天给冬天用的油,冬天给夏天用的,还在给(我们)的机油里掺上马粪沫子。咱们这里是好的,有的队的机油里还有女人的高跟鞋。同志们,这是为什么?就是因为我们国家缺油,有求于人家,人家才趁火打劫整咱们、治咱们、欺负咱们。玉门有句话说得好,人穷就要被人欺,求别人不如求自己。大油田就摆在脚下,我们还能受这个欺负吗?"

"不能!"大家异口同声地喊道。

"对!不能总受这个气!""铁人"接着说,"同志们,我们要再加把劲儿,战胜雨季,战胜大水,多打几口井,多出一些油,争回这口气!"

"好!"大家齐声回答。

这一年,1205钻井队就像一台开足马力的机器。大家都憋着一股劲儿,不断刷新自己创造的纪录。

第四章 04

铁人精神的时代价值

2009年9月,时任中共中央政治局常委、中央书记处书记、国家副主席习近平出席大庆油田发现50周年庆祝大会并发表重要讲话,明确提出了"五个继续"的指示要求。2016年3月,习近平总书记指出:"大庆就是全国的标杆和旗帜,大庆精神激励着工业战线广大干部群众奋发有为。"在大庆油田发现60周年之际,习近平总书记又发来贺信、作出重要指示,并强调指出,大庆精神、铁人精神已经成为中华民族伟大精神的重要组成部分。这向世人昭示,诞生于大庆油田这片热土上的精神瑰宝,已经上升到民族精神的高度、时代的高度,必将有力地推动大庆精神、铁人精神在新时代的传承和弘扬。

一、铁人精神体现了民族精神与时代精神

习近平总书记指出:"坚定理想信念,坚守共产党人精神追求,始终是共产党人安身立命的根本。对马克思主义的信仰,对社会主义和共产主义的信念,是共产党人的政治灵魂,是共产党人经受住任何考验的精神支柱。一代又一代共产党人为了追求民族独立和人民解放,不惜流血牺牲,靠的就是一种信仰,为的就是一个理想。"中华民族在五千多年的发展中,中国共产党在领导中国革命和建设的伟大实践中,形成了以爱国主义为核心的民族精神和以改革创新为核心的时代精神。而作为时代楷模的铁人精神,正是这种民族精神和时代精神的集中体现,是社会主义核心价值体系的有机组成部分。特别是在新形势下,铁人精神更能引领、激发、凝聚广大产业工人坚定理想信念,补足精神之钙。

向阳而生"逆飞翔"

1960年7月一个雨后的傍晚,在茫茫大草原上的一个牛棚里,刚忙完一天工作的康世恩把领导小组成员唐克、吴星峰、张文彬、焦力人等召集到一起,挑灯夜战,学习"两论",并就当前形势开展讨论。大家从东南沿海美国与台湾军队大搞军事演习、叫嚣反攻大陆,谈到苏联塔斯社发表的偏袒印度,把中苏两党分歧公之于世的声明;从美国部署在中国周边的核潜艇上的"北极星"导弹,谈到在石油工业部工作的最后一批苏联专家撤走时路过大庆的情景。他们越谈越激动。康世恩,这位曾参加过一二·九救亡运动的老战士,深知当前形势的严重性。看到大家激动的情绪,他静了静后对大家说:"现在连绵的阴雨,将到的严寒,粮食供应不足是摆在我们面前现实的困难,少数人由于对形势不了解暂时产生了畏难情绪,几万人过冬无着落,这些困难是足够严重;但当前国际形势更为严峻。美帝国主义妄图颠覆新中国;苏联背信弃义,撕毁合

同，撤走专家，断绝油品供应，就是妄图用石油卡死我们。这一切已把我们逼上绝路，我们已无处可退。下一步，我们该怎么办，大家都说一说。"

听了康世恩的话，大家开动脑筋、主动献策，从国家社会主义建设急需大量的石油，谈到了国务院办公厅里挂着的石油工业部因差4.5万吨没能完成"一五"计划的示意牌，谈到了余部长来石油工业部工作反而停止了用打火机吸烟，和那句"石油不过关，我们参加大游行走过天安门都比别人矮一头"的话……每个人的心情都难以平静。康世恩这位"老石油"的心里最清楚"国难时期"石油对于国家来说究竟意味着什么？在听了大家的分析后，他说："我国本是最早发现和使用石油的国家。可从1867年美俄石油产品先后侵入中国，我们就不得不依靠'洋油'过日子。这对于搞油的人来说无异是一种耻辱。而今大庆油田的发现，大会战的打响，正是甩掉石油落后帽子，打破大国侵略阴谋，结束'洋油'时代，洗雪百年耻辱的最好时机。成败在此一举，战机不可贻误！"

时过午夜，寂静的夜空中传来了阵阵号子声。大家知道，这是哪个钻井队在学"铁人"，用人拉肩扛的办法搬运钻机。听着越来越清晰的号子声，康世恩立刻想起了"铁人"王进喜。他问大家："作为一个最基层的钻井队长，王铁人为什么能做到为国分忧、知难而上呢？他想的是什么？干的是什么？"听到总指挥提出的问题，大家从不同的角度说出了自己的看法。最后康世恩说："归纳大家的意见，可以说就是因为'铁人'他有工人阶级的使命感和中华儿女的民族自尊。他虽然对当前国际国内形势不完全了解，却从北京街头的'煤气包'上看到了国家的'贫油落后'，意识到自己的责任；从大庆油田的发现和大会战的开展看到了中国石油工业的希望和前景；从几个月的苦干中找到了改变落后局面的出路。我们每个人，特别是领导干部就应当学习'铁人'这样的主人翁姿态、强国心理和忧患意识，学习'铁人'那种一往无前的坚定意志和决心。"谈到"铁人"，谈到"五面红旗"，谈到不远处仍在苦干实干的工人们和4万多名参战职工，在场的每一个人都热血沸腾，浑身充满了力量。经过将近一夜的深入学习、充分讨论，进一步统一了思想、明确了方向、激发了动力，一致认为国际国内形势促使我们只能上、不能下，只能坚持前进、不能撤退。大家说，第一战役初战告捷，油田前景一片光明，会战形势一派大好，我们能战胜重重困难义无反顾地打上去，更能百折不回地干到底。中途停顿甚至撤退，4万名将士不会同意。经过认真分析讨论，最后形成一个决议，"不管天上下的是什么，就算下的是刀子，会战大军也不撤！"

决心下定以后，对于怎样理顺职工情绪，动员职工战阴雨、斗严寒、度饥荒，坚持大会战，会战领导小组做了周密的计划和安排：一是搞好大总结、大表扬，开展学"铁人"、学"五面红旗"运动，开展一次整风和思想教育活动。通过多种形式教育职工认清形势，认清会战重大意义和油田发展远景，树立战胜困难的决心。二是集中力量，猛攻试验区，边勘探、边开发，解决好油田开发的重大技术课题，同时为国家生产更多的原油。三是千万百计战胜雨季，鼓舞职工战天斗地抗强权。要有坚定的意志和顽强精神，也必须拿出有效的办法解决具体问题。四是提前搞好冬防保温，解决过冬问题。在建项目要往前抢、保质量，同时立即动手向当地老乡学习技术经验，想尽办法搞到木材，大规模地盖"干打垒"。入冬时4万名职工队伍要做到"人进屋、菜进窖、车进库、机进房、畜进圈"，不冻坏一口油井、一寸管线，不冻伤一人一畜。五是关心职工生活。不遗余力地调进粮食，保证定量内供应。对于确有困难的职工要予以补助救济，部分职工可以考虑接家属，但一定要把他们当劳动力。六是在学好"两论"的同时，学习毛主席《关于领导方法的若干问题》《关于正确处理人民内部矛盾的问题》，改进领导方法，提高领导水平[①]。

整体方案确定后，全油田召开了一次500人参加的"五级三结合会议"，作决战总动员。小队、中队、大队、探区（指挥部）和会战指挥部五级干部齐聚一堂，共商坚持会战的大计。在这次规模空前的大会上，各路分管领导作完战役总结和新任务部署以后，总指挥康世恩作了《坚持长期大会战》的动员报告。他高瞻远瞩，抓住关键，肯定了战役所取得的巨大成就，指明了大油田的美好前景，阐述了这场石油大会战的重大意义。他说："通过三个月的大会战，我们清楚地看到这里是块大油田，而且来头越来越大。迅速地拿下这个大油田，对于改变我国石油工业的落后面貌有巨大的作用和深远的意义。而下半年是出成果、出效益、交答卷的决定性时刻，任务更加艰巨光荣。因此，我们要在前一阶段胜利的基础上，继续发展大会战。要一个战役接着一个战役地打下去，一个战役比一个战役成绩更大，实现部党组对我们的要求。为此，我们

---

① 大庆铁人传写作组：《铁人传》，石油工业出版社，2000，第196页。

必须长期会战下去，干出一番壮丽的大事业来！"

讲到为什么要长期坚持大会战、迅速拿下大油田，康世恩分析了国际国内形势，号召参战职工"要加紧建设，增强祖国战斗力"。他要求"我们工人阶级要立大志，奋发图强，争一口气"。

在报告中，康世恩着重强调了要学"铁人"、学"五面红旗"。他用很大的篇幅讲述了"铁人"王进喜的事迹，详细地讲了"五面红旗"的事迹。他明确要求各单位"必须继续开展学习王铁人运动，同时开展学习'五面红旗'的运动"。他说，学"铁人"就是要学他那样胸怀祖国、心忧天下，当民族脊梁、做硬骨头，宁肯少活20年，豁出命来拼到底。举"五面红旗"就要像五个队那样加强党的领导，充分依靠群众，提高领导水平，自力更生、艰苦奋战，当永不卷刃的尖刀。

"五级三结合会议"闭幕以后，会议领导小组成员分兵把口，抓紧各方面工作。副书记吴星峰、李荆和负责思想教育，做职工的思想政治工作；唐克、张文彬负责钻井、运输、物资供应等油田生产。康世恩特别要求张文彬，要着重解决战胜雨季的各种难题，要到运输去蹲点，找出解决汽车陷泥坑的办法；焦力人专项负责生产试验区的科学试验和采油工作；陈李中等专门负责基本建设。康世恩要求他们要早动手抓冬防保暖，切实解决过冬问题。这些成员中，唐克、吴星峰是余、康的得力助手，"张焦李陈"则是分工打一线的得力干将。由于他们来自新疆、玉门、松辽、抚顺四大局，所以被人们称作"四大局长"[①]。

康世恩则协助余部长统揽全局，白天下基层，晚上开碰头会作协调决策，指挥铁血雄师战雨季、迎严寒、度饥荒，坚持大会战。他到基层去，每到一队都要讲形势、讲任务，讲大会战的重要意义，鼓励工人们树雄心、立大志，奋发图强、为国争光，为中华民族争气！

自我加压"找差距"

可以说，这是新中国成立以来老君庙油矿召开的很有点规模的一次表彰大

---

① 大庆铁人传写作组：《铁人传》，石油工业出版社，2000，第197页。

会。主席台上，并排站着 8 个获得"先进钻井队"称号的队长。他们胸前戴着大红花，满面春风，自豪地高举着奖牌和锦旗。记者忙前忙后，给他们照相。领导亲切地和他们握手。整个会场上气氛热烈，场面壮观，欢声笑语。

与这种热烈场面形成鲜明对比的是，在后排的一角，冷冷地坐着贝乌五队队长和司钻王进喜。他们谁也不说话，都黑着脸、低着头，心情很不平静。这天下午，王进喜没去食堂吃饭。

这天晚上，王进喜整整翻腾了一夜，没有睡好觉。

第二天，王进喜仍打不起精神。下午，他还是没去食堂打饭。进门后扔下工具，把老羊皮袄往头上一蒙，倒头就睡。

"班长怎么啦？病啦？累啦？"好多人都猜不透他的心思。

下午还是这样。他不吃不喝，也不吱声；但他再没有睡过去，而是站在窗前，两眼直勾勾地盯着远处密密麻麻的井架上空直插云端的妖魔山终年不化的积雪发呆。

同班的伙伴们来了，看着班长王进喜铁青的脸，就把饭盒、馒头、烧饼放下，又悄悄走了；副班长来了，技术员来了，跟他要好的几个朋友也来了。来了之后又走了。他们猜得出王进喜是怎么了，但他们都无法说服他先吃饭。

队长来了。队长当然知道是为什么。他劝王进喜，"还是先吃饭吧，你两天了不吃饭怎么成？我知道，贝乌五队连续几年工作都是倒数第一，责任在我。作为这个井队的一名司钻、班长，你的工作一直是很出色的；但不管怎么说，你还是先去食堂吃饭吧。"

王进喜一下子转过身来，啪地把手上的皮帽子甩到床上，大声吼叫着说："吃饭，吃饭，吃什么饭？工作搞成这样，建队三年每年评比我们都是'尾巴'！我这个司钻见了人脸都没处放，还有意思到食堂去打饭？"

得知这些情况后，晚上师傅郭孟和把王进喜叫了去。进门后，师傅让他坐下，给他倒了一杯水，才不紧不慢地说："听说你两天没吃一口饭，下午还朝队长发了一顿火。你王进喜行啊，你？你认为这样就能解决问题啦？明儿一早贝乌五队就会变成先进啦？你给我当徒弟也有好些年了，你怎么遇到问题就不知道多用脑子想一下呢？井队生产任务上不去，队长固然有责任，那么你这个司钻、你这个班长的责任呢？凡事都要一分为二地去看，不能怪罪哪一个人。要从全盘着想，要顾大局、识大体，知道吗？"而后，师傅又和王进喜推心置腹地长谈了半夜，王进喜总算脑子开了窍。

第二天一早，王进喜召开全班会议。他特邀井队队长参加。会上，王进喜从班长的角度，对于全井队没有完成年度生产任务而当了后进，首先检查了自己的责任，而后对工作进行了认真的检讨。他这么一做，大家全都坐不住了，纷纷做检查、找差距、摆问题、提建议。会议开得很热烈，很有成效。

最后，王进喜做了总结性的发言。他说："刚才大伙儿都提了许多好建议、好意见，都自己把自己翻腾了一下，都说了心里话，这非常好。当然，大家给我这个当班长的也提了点意见，可是不尖锐，只说了些皮毛问题。也许大家还是有点儿看面子吧？或者说害怕我——害怕我报复人，对不对？我王进喜今儿个表个态：我做事从来都光明正大，绝不报复哪一个人！

"另外，我的毛病我知道，我这个人是个直杠子脾气，遇事不冷静、爱发火，影响了大家的情绪，挫伤了同志们的积极性，弄得大伙儿不敢大胆干，甚至缩手缩脚，以致影响了工作。我保证今后一定改正，再不重犯！

"还有，我想我们应该分析一下，除了上面大家谈到的那些问题，还有哪些不利因素阻碍了我们的工作呢？有的。我粗略想了一下，还有个人的问题，就是脑袋里的问题，也就是说思想问题。这里我先给大家打个比方。因为我是放牛娃出身，就从牛说起吧——比如放过牛、当过农民的人都清楚，使唤牛套车、犁地，还要分个辕头、欠牛，还要分个里牛、外牛。这就有个如何搭配、有主有次、相互合作的问题。如果欠牛不出力，辕牛再怎么使劲儿，那车也拉不动。相反说，辕牛胡捣蛋，投机耍滑，把欠牛挣死也不顶事。犁地吧，本来是里牛，你硬把它弄到外牛的位置上，两头牛不但不合作，还光顶仗。结果出了力还不落好，还都得挨鞭子。

"那么，说一千、道一万，我们的问题出在哪儿呢？和人家比，同样的设备、同样的人，同样喝石油河的水，吃同样的五谷，人家井队月月超指标，年年得先进；我们井队任务完不成，还尽出事故。我看，主要就是心不齐、心不专，三股麻绳没有合成一股劲儿。再就是有些纪律松、技术不过硬，穷骄傲，眼高手低。自己不中用，还不服别人。当然，也还有个领导方法问题。一个篱笆三个桩，一个好汉三个帮。领导也不是万能的，需要的是齐心合力、团结一致，心往一处想、劲儿往一处使……只要做到这些，我不相信我们超不过别人！他们是人，我们不是人？别人能当先进，我们为啥不能当先进？"

会议开得很成功。这是一个鼓劲的会议，一个誓师会、动员会。1956年第一季度，贝乌五队旗开得胜，一下子就打了几个漂亮仗，赢得了开门红。

二、铁人精神体现了解放思想与实事求是

习近平总书记指出："总结党成功领导革命、建设和改革的实践经验，至关重要的一条就是始终坚持解放思想和实事求是相统一，不断释放马克思主义中国化成果的真理性力量。党正是依靠和运用这一思想方法领导中国人民从过去走到现在，也必将依靠和运用这一思想方法领导中国人民从现在走向未来。中国特色社会主义进入新时代，党要继续领导人民进行一场伟大的社会革命，就要继续推进思想革命，用思想的力量来引领社会革命；必须勇于自我革命，继续解放思想，实事求是，冲破思想观念障碍，突破利益固化藩篱，推进全面深化改革和进一步扩大开放，实现中华民族伟大复兴的中国梦。"铁人精神，是在党的关怀下培育形成的，是我们党优良传统和作风在石油工业战线上的继承和体现，特别是在解放思想和实事求是相统一的问题上，体现得尤为突出。"铁人"经常说："石油埋在地下，经验在群众里头，不去调查就没有发言权，不向群众学习就没有领导权。只有认真读书、勇于实践、扎根群众，办起事来才能一有理，符合马列主义、毛泽东思想；二有据，符合客观实际；三有益，符合群众需要。"

图4-1　王进喜在读书

大胆革新"去支架"

打第一口井时，靠"人拉肩扛"安钻机，1205钻井队全队上下流血流汗

吃了不少苦。王进喜一想起那撕裂的伤口、满手的血泡和红肿的肩膀，心里就发疼。打第二口井搬家时有了"平板泰脱拉"，有了解放牌汽车，还有了吊车，情况好多了；但是没有拖拉机，吊车也是几个队合用，只是在关键时帮忙吊一下，绝大部分活儿还得靠"人拉肩扛"。能否在大干苦干的前提下，尽量省时省劲少费力气避免伤痛呢？晚上，躺在床上的王进喜怎么也睡不着，翻来覆去地琢磨。除了垫枕木、插销子那些小点子，应该想出一个大点子，从根本上节省人力和减轻劳动强度。就在王进喜一筹莫展的时候，恰巧有个工人提出来把支架去掉的办法。王进喜经过认真思考，觉得这个办法可行，就和干部、司钻们商量，又和技术员郭继贤做了计算，最后大胆决定"取消支架"，改变钻台结构。这个事太大了！大家认为应该请示上级，但怕暴露"队长受伤"的秘密。王进喜说："咱们来个先斩后奏，有责任我担着。"于是，在安装钻台时，就把4个支架去掉，直接把上大梁扣在下大梁上。这样，就使2.2米高的钻台降低为不足1米高，往上抬钻机、柴油机、带泵轴、变速箱等几吨重的大件时，就省了许多力气，安装就快多了。

事后，王进喜到三战区找探区指挥宋振明去汇报，他刚一进门，宋指挥就问他："'石油头'你胆子真不小啊！这么大的事都不汇报？"王进喜当然知道是什么事情了，摸着头嘿嘿地笑着向宋指挥道歉，并向他汇报这样做的好处和弊病，说出了便于人力安装和减少工人劳动强度、不易发生井下落物、起下钻二层平台好操作、上下方便等4条优点，以及安装井口费事、检修钻台上设备的底部不方便2条缺点。最后他说："缺点可以补救，比如可以挖地沟下去紧螺丝。"宋指挥听完并仔细考虑以后，对王进喜说："你们这种甘冒风险、大胆革新、勇于实践的精神可贵。不过这是没有办法的办法，等有了吊车、拖拉机一定要恢复过来。"他表示认可后，派机动处机械工程师王彦达到1205钻井队去认真做了检查，帮助改进，避免出现问题。用这种"取消支架"的办法，1205钻井队完成了打4口井的任务[①]。

---

① 大庆铁人传写作组：《铁人传》，石油工业出版社，2000，第178页。

提高工效"改大绳"

1205钻井队用的是进口的旧钻机,设备陈旧马力小,钻井速度慢。队里有人出主意,让王进喜去找领导要一台新钻机。王进喜想,转脑子得循着轨道转,不能出轨。现在大会战,领导那么难,万万不能去要。可现在打井要分秒必争,起下钻游动滑车那么慢,3分钟都下不来,急得人冒汗。怎么办呢?想来想去,他想到,如果把钢丝绳由8股改为6股,就能快起来;但是这样做行不行,他心里没把握,就叫两个实习大学生给计算一下[①]。

钻机的吊升系统是由天车、游动滑车两组大滑轮组成的。穿过这两组滑轮的钢丝绳是8股,若由8股改为6股,速度肯定是快了,但是负荷能承载得了吗?两名大学生找书本、查资料,动手一算到800米时负重能力不够,"这样改,不行!"在科学上"不行"怎么办?工人们则根据以往的经验,认为可以,说不能听洋学生的科学。在这种情况下,王进喜总结自己过去的钻井经验,认为一是钻机负荷设计时为了安全,有个保险系数,一般是打了对折的、是满负荷的标准;二是即便用6股吃不住劲,也不会一下子就断掉,还有个补救的时间和余地,不会造成安全事故。所以他对两个大学生说:"书本上的我们应当相信,因为它是科学;但又不能迷信科学,可以根据不同情况的需要加以革新。我们按'两论'中实践第一的观点,可以先试验,成功了就用,不成功就再改回来。"最后决定在穿大绳时,将钢丝绳由8股改为6股。

图4-2 王进喜与队友用大绳拉钻具

---

① 大庆铁人传写作组:《铁人传》,石油工业出版社,2000,第178页。

井架竖起并开钻以后，王进喜、技术员和几个实习同学日夜蹲在钻台上观察，一边看指重表，一边看大绳，在钻机运转中仔细观察，看大绳表面有无变化、大股以至微股有无断丝、芯子油是否被挤出，听有无异常响声。经过几个班的观察，无异常变化，说明是可行的。几名司钻很高兴。在操作上，一分钟就可以起放两三次，起下钻时间一下子缩短了三分之二。1000米深的钻具，一次起下钻时间由原来的六七个小时，缩短到两三个小时①。

转脑子想"金点子"

"铁人"是一个闲不住的人，更是一个总有"新点子"的人。他很善于总结经验，针对新问题找到解决办法。为此，他动手搞了很多小改小革，在钻井中都发挥了不小的作用。比如，以往从地面上往钻台提升钻杆得用"猫头"一个一个地拉；后来改为吊起前一根时就把下一根用绳套挂上，拉前一个带下一个，简化了操作，节约了时间。以往接单根要卸方钻杆，多了几道操作程序。随着打井经验的积累，也逐步简化了，既减轻了工人的劳动强度，也提高了工效。

又如，1205钻井队的发电机一直不大好用，经常出故障。王进喜就和工人们一起琢磨了一项"利用柴油发电机"技术，从而解决了生产上的大问题。

1205钻井队在"铁人"带领下，通过"转脑子"想出了许多"金点子"，加快了速度，赢得了时间，节省了人力，提高了劳动效率，为不断创造纪录奠定了坚实的基础。

图4-3　参加玉门会议期间，王进喜在参观

---

① 大庆铁人传写作组：《铁人传》，石油工业出版社，2000，第179页。

三、铁人精神体现了思想方法与工作方法

图4-4 王进喜在读书学习

习近平总书记指出:"马克思主义哲学包括辩证唯物主义和历史唯物主义,是马克思主义立场、观点、方法的集中体现,是马克思主义学说的思想基础。正如马克思所说,任何真正的哲学都是自己时代的精神上的精华。马克思主义哲学尽管诞生在一个半世纪之前,但由于它深刻揭示了客观世界,特别是人类社会发展一般规律,被历史和实践证明是科学的理论,在当今时代依然有着强大的生命力,依然是指导我们共产党人前进的强大思想武器。"康世恩讲过,大庆的"两论"起家不是凭空提出来的,而是总结了正反两方面经验教训的结果,是对当时存在浮夸风、主观主义、违反客观规律的做法的纠正,大大提高了广大石油职工的思想认识水平。

"甜萝卜"与大讨论

一天,工人马万福在挖泥浆池时,在冻土层下面发现了一种"大萝卜",尝一口又甜又脆,就叫大家来吃。大家吃完了接着干活,还觉得挺解渴。可是吃午饭时,这些人有了反应,感到胃里、食道里火辣辣地难受,一阵阵恶心想吐。当地一名老乡听说后,急忙来看,说:"不好了!你们吃的不是萝卜,是狼毒根,这东西有毒!"果然,下午这些人就都病倒了:有的发烧,有的呕吐,有的头晕,个个浑身乏力。指导员孙永臣知道后,急忙要车把病号送到了萨尔图人民医院。医生说,这狼毒根毒性很大,如不及时治疗,24小时内就

有生命危险。王进喜听完吓出一头冷汗，急切地请求医生给好好治疗。医生逐个检查，给重病号输液，给中毒轻的用生理盐水洗胃并服用解毒药。王进喜在医院守护了一夜。虽然这次"中毒事件"因抢救及时未造成严重后果，但对少数工人的思想情绪产生了不小的影响。个别人甚至把吃"狼毒根"和"粮食定量不足"相联系，说"因为吃不饱才去吃狼毒根"。队员的情绪有些不稳，甚至潜伏着一些不安定因素。

马万福等人出院后，就上井干活去了，像没事儿一样；可是队长王进喜却有些后怕。3个司钻、5名工人（包括爱唱秦腔的小哥俩）中了毒，王进喜想起来就难过，恨自己安全教育抓得不好，没有注意队员的思想稳定。在紧急召开的支委会上，王进喜主动做了检讨。他提出一个建议，结合"两论"学习在全队召开一次"什么是当前的主要矛盾"的讨论会；并同与会者商榷如何加强思想政治工作，决定要发动党员、骨干做好工人的思想工作，关心工人的疾苦和健康，抓好生活。

这天晚上，全队早早收工，吃过晚饭就开始学习。大家讨论"什么是当前的主要矛盾"，工人们发言很热烈。有的说，连赵大娘都说人是铁、饭是钢，当前主要矛盾是吃不好、睡不好，生活太苦，要尽快改善生活条件；有的说，生活苦点儿没啥，我们这些西北人历来就苦惯了，主要矛盾是生产上缺这少那，辅助工作跟不上而影响生产。一个家里生活困难的工人则说，去年老家闹灾，主要矛盾是工资不够开销，总靠政府救济怎么行……

最后，王进喜发言。他说，刚才大家说的都有些道理。有些矛盾，比如生活困难、生产条件差等，从我们队这个小圈子来说好像是主要矛盾；但拿全国形势来看，从大会战的要求来看，我看它不是主要矛盾。现在困难大，矛盾也多，但要从全局来说，这困难、那困难，国家缺油是最大的困难；千矛盾、万矛盾，祖国建设急需油而国家又缺油这是主要矛盾。我们队现在是有很多困难，大家干得很累很苦，天气冷，活计重，又吃不饱、睡不好，许多同志肩上肿了，手上有伤，马万福他们还中了毒……但这些困难都是暂时的，是我们一小部分人的。我们为什么不坐下来等一等？为什么要抢时间快快地上？就是为了把大油田早点儿拿下来，给国家解燃眉之急。从咱1205钻井队到大庆十几天情况看，上，无非是我们多吃点儿苦、多受点儿累、少睡点儿觉；不上，退下来，那（样）国家作更大的难，我们个人的困难也解决不了，这个道理不明摆着吗？只要我们不怕苦、不怕累，坚持干，矛盾都是可以解决的。还是那句话，有也上，无也上，创造条件也要上。我们一定要快做准备早开钻，早日拿下大油田。

这次学习讨论统一了大家的认识，给全体队员特别是一些存在模糊认识和畏难情绪的同志鼓了劲。讨论会结束后，王进喜、孙永臣找到那名家里生活困难的工人谈心，做好一人一事的思想工作。之后，工作组向指挥部汇报了1205钻井队有人中毒的情况和存在的困难。领导很重视，立即拨给了一栋板房，送来一些细粮、黄豆、土豆，并派有关部门了解工人的情况，对那名家庭生活困难和其他困难较大的工人给予了一定的补助[①]。

1964年12月，周恩来总理在第三届全国人大第一次会议上所作的《政府工作报告》中指出，大庆油田的建设，"是学习运用毛泽东思想的典范。用他们自己的话说，是'两论'起家，就是通过大学《实践论》《矛盾论》，用辩证唯物主义的观点，去分析、研究、解决建设工作中的一系列问题"。

"干一看三想着五"

王进喜人在井上、心想全队，日夜不停地谋划井队工作。他脑海里想的，除了怎样打好井，还有井队怎样过好日子；除了眼前的事情，还有将来工作的长远安排。一名工人说："王队长没事儿（时）就蹲在井场抽旱烟想事情，大眼珠子转来转去，把多少天的事都谋划好了。全队工作他能干今天、看明天，想着五六天的。他这种'干一看三想着五'的特点，一般的队长不具备。"

王进喜就是看得远，想得全。到大庆后，每打一口井，开钻前他都要根据地层地面情况提出若干条要求。打第一口井时，有个"九条"；打第二口井时，变为"十条"；打第三口井时，成了"十二条"。每个岗位职责都明确，方方面面都想到。

1960年6月，王进喜对各班提出"6月份再打3口井"的目标。他反复思考，觉得只要解决好井架整拖搬家事宜就可以实现。经过王进喜软磨硬泡，探区答应集中所有的拖拉机给他搞一次整拖搬家。

---

① 大庆铁人传写作组：《铁人传》，石油工业出版社，2000，第150页。

这一天，井场上人声鼎沸，机声隆隆。6月的草原上，满地碧绿、生机勃勃，12台大拖拉机拉开架势严阵以待。但有一个问题必须解决，就是老井上井架大门朝西开，为了以后整拖方便，得改为朝东开，因此整拖要使井架调头转个大弯，这在以往是没有的。王进喜领人看好地形、勘查线路、订出方案，然后向本队和装建大队的工人们仔细交底，确定了行车路线和指挥手势。号令一下，12台拖拉机拉起50多吨重的井架和钻机拐个慢弯，来了一个大调头，安全顺利地从2588井拖到2587井，胜利地完成了井架第一次整拖搬家，也是第一次"大调头整拖"。这对于搞过"人拉肩扛"、历尽千辛万苦的1205钻井队工人来说，无疑是一个巨大的改善。

从玉门带来的泥浆槽子短，沉沙池也太小，沉沙和净化效果不好，还容易损伤泥浆泵配件，甚至引起井喷。王进喜和大家讨论后决定甩掉"铁家伙"，从井口到泥浆池的地面挖一个长长的土泥浆槽，中间再挖一个3米长、2米宽、1.5米深的大沉沙池，使泥浆得到很好的净化。

经过全队上下的奋力拼搏，到6月底整整打井4口，不仅实现了月初的目标，而且创下了班进尺225米、日进尺707.49米的纪录。1205钻井队连续3个月获得了一级红旗，队长王进喜被破格晋升为钻井工程师。

王进喜"干一看三想着五"，能走上步、看下步。除了打井，他还安排了盖房种地的事儿，带领工人们建木板房、盖"干打垒"、挖地开荒。1205钻井队的工人感到，虽然辛苦，但全队上下的小日子过得红红火火、有滋有味[①]。

石油工业部老部长余秋里在回忆录里，曾写到他1958年到玉门检查工作会见王进喜以及在新疆克拉玛依现场会上为他颁发红旗的情景。他说，那个时候，我国钻井技术比较落后，王进喜不安于现状，不拘于常规，奋发思变，领导自己的井队创造了月钻5口井、进尺5000米的全国中型钻机的纪录，还摸索出一套优质快速打井的经验，值得全国石油职工好好学习[②]。

---

① 大庆铁人传写作组：《铁人传》，石油工业出版社，2000，第174页。
② 同上书，第81页。

四、铁人精神体现了革命精神与科学精神

习近平总书记指出:"实干兴邦,空谈误国。这个道理,我们要牢记在心。各级领导干部要坚持为民务实清廉,切实转变工作作风,做到讲实话、干实事,敢作为、勇担当、言必信、行必果。"铁人精神体现了过硬的工作作风、革命精神、为民情怀和丰富实践,绝不仅仅是苦干实干精神或革命加拼命精神,而是在苦干的同时更注重巧干,在革命加拼命的同时更注重理论指导加科学方法。

图 4-5　王进喜与队友在钻台上工作

1964年,中共中央转发《石油工业部关于大庆石油会战情况的报告》。该《报告》总结了大庆会战的9条基本经验,其中第二条就是"高度的革命精神与严格的科学精神相结合"。该《报告》中指出:"高度的革命精神,冲天的革命干劲儿,与严格的科学精神相结合在一起,才能发挥巨大的威力,才能使主观与客观相一致,在生产上和科学技术上达到预期的效果,做出很好的成绩。"

心中牢记的"大数"

支援江汉会战,大庆任务繁重。第一批抽人抽设备,钻井指挥部就要将三分之一的人员、设备物资调出。尤其是作为勘探主力的勘探处,9个使用"大架子"(大型钻机)的钻井队要调走7个,几乎是"连窝端"。

这时，有的同志感到压力很大，心中盘算着：这种设备好，不能给；那种设备缺，得留下来。王进喜发现这个问题后，首先在班子成员中做工作，几次开会，反复学习毛主席"要提倡顾全大局"的指示。王进喜说："新油田建设是关系全国人民的大事，我们都是共产党员，心里要牢记一个大数，就是7亿人民。我主张，给人要给思想好、技术过硬的，给物要给优质的，给设备要给成套的。7亿人民需要的，要什么给什么。我们要把仓库打开让新区的人看自己需要什么就拿什么，他们拿不了，我们就给送上门。我们宁肯自己困难一点儿，也要把方便让给新油田。"

指挥部的同志谈通了，王进喜又来到抽调人员、设备最多的勘探处。那里有的同志正怨这怨那，思想上还没通。王进喜把大家召集在一起，开会研究怎么办。他对大家说："我们先想一想大庆是咋来的。1960年会战一上手，那么多困难，还不是各兄弟油田无私地支援嘛！那时来的人都是精兵强将，设备都是第一等的。我们现在建设起来了，可不能忘记全国人民的支援，也不能忘记支援别人。你们勘探处调出的人多、物多，是因为你们的钻机更适合新区作业，说明你们对新区贡献大。井队调走了，以后我们还可以重新组建，人员可以重新培养，千万不要光看眼前遇到的困难。"

这天，勘探处这个支援江汉的办公会一直开到凌晨两点钟。有想法的同志也想通了，一致决定服从大局，要啥给啥，绝不心疼。

认识一致了，支援新区的7个钻井队出发了[①]。

1970年4月，王进喜在第一次全国石油工作会议上讲了大庆的形势，也提出了对全国石油工业发展的设想。他认为，大庆要推广1202钻井队和1205钻井队"上十万"的快速钻井经验，实现一个钻井队"日上千，月上万，一年钻它十几万"的远大目标，为国家多打井。王进喜说，人总是要有一点精神的，没有艰苦奋斗精神什么也干不成。过去我们说"石油工人一声吼，地球也要抖三抖"，今天我们还应当大吼一声，让世界吃惊。我国有7亿人口，如果能生产3.5亿吨石油，就实现了全国每人每年半吨油。他还提出了"全国要再建100个地震队，100个钻井队，省省有油田，管线连成网"的理想。如今看来，

[①] 大庆铁人传写作组：《铁人传》，石油工业出版社，2000，第394页。

"铁人"当年提出的奋斗目标既远大又科学,大部分已被后人一一实现了[①]。

"我真没有闲时间"

一次,井队在青草湾打井。刚开钻后不久,王进喜家里来人说他父亲病危,让他赶紧回去一趟。王进喜两眼盯着转盘,半天没掉脸。

副司钻走过来,接过了他手上的活儿,说:"快去吧,这是个大事儿,去迟了不好……"王进喜虽然手离开了刹把,但心还随着转盘在旋。因为这口井至关重要,地质情况又有点儿复杂,他担心自己离开后,万一有了麻烦,副司钻收拾不了局面。可是想到自己可怜的父亲,半生饱经忧患、受尽苦难,如今日子刚好了点儿,又发生这种不测,自己倘若不回去,一旦父亲真的过世,他这个不孝之子岂不抱憾终生。

思来想去,王进喜还是打算回去看看。他把钻井中可能遇到的大大小小事情逐项给副司钻和几个老工人交代得清清楚楚、明明白白,才极不放心地一步三回头地走了。

当时天色将晚,搭个车也不容易。王进喜就甩开两条腿,抄近道往上赤金家中走去。他回到家时,差不多已是小半夜时分。进门后,他见父亲好端端地坐在炕上,一家人都在等他。

王进喜有些憋不住了。"叫我做啥?"他先冲着母亲吼了一声。

"这娃,吃了火药了(还)是咋啦?让你回来,肯定是有要紧事儿嘛。"母亲嘴里唠叨着,去给他热饭。

王进喜仍黑着脸说:"啥事儿?快说,说完我还要走呢!我真没闲时间……"

他爹知道儿子的脾气,没吭声。他妈说:"是这样,你也不小了……"

原来,眼看自己儿子都二十七八岁了,父母总为王进喜的婚姻大事操心。前不久,他们托人给王进喜介绍了一个对象,女方家要让王进喜回来见见人。母亲知道说别的啥原因都不成,就善意地骗他回来。王进喜一听是这么回事,啥话也没说,到水桶边用勺盛了凉水,咕咚咕咚喝了一气,给父母甩下半句话"我还忙……",扭头钻出门,头也没回地就跑了。

[①] 大庆铁人传写作组:《铁人传》,石油工业出版社,2000,第402页。

天刚麻麻亮，王进喜就又出现在井场上。

副司钻和其他伙伴儿都围过来问他："进喜，你父亲怎么样啦？"

王进喜脸一硬，跳上钻台说："干活儿！"别人谁都没敢再吭声。

五、铁人精神体现了阶级基础与力量源泉

习近平总书记指出："工人阶级是我国的领导阶级，是我国先进生产力和生产关系的代表，是我们党最坚实最可靠的阶级基础，是全面建成小康社会、坚持和发展中国特色社会主义的主力军。"正如《大庆油田30年工作回顾和总结》一文中所指出的，大庆"在生产建设和各项工作中，一直把包括各级干部、工程技术人员、专业管理人员和工人在内的广大职工群众作为企业的主体，各项工作都建立在广大职工高度思想觉悟和组织纪律性之上。这是我们生产建设能够得到不断发展的力量源泉"。

难忘的"誓师大会"

随着油田勘探不断深入，可采储量不断刷新。为支援油田开发和建设，石油工业部党组陆续调集1万名石油职工和3万名转业官兵，以及大量的设备、器材、物资，为会战提供了坚实的人力物资和组织保障。经过深入勘探分析，查明大庆长垣上7个构造个个喷油，越往北含油情况越好，于是，将交通相对发达的萨尔图定为会战主战场。为了明确社会主义办企业的方向，还提出了学习"两论"的重要决定，进一步教育和引导广大职工，做到方向明确、旗帜明确、任务明确、榜样明确。一切准备就绪，石油工业部党组决定在1960年4月29日召开万人誓师大会，宣布石油大会战正式开始。

此刻，"铁人"王进喜的心思全放在了下一口井上。自4月28日萨55井喷油后，他就带领全队工人做搬家的准备。为了早搬家、早安装，争取让第二口井早开钻，他接到让自己参加石油大会战誓师大会的通知后，始终放心不下队

里，看着离开会还有几个小时，才匆忙来到井场。29日清晨4点，1205钻井队工人们就开始开柴油机，放绷绳，准备放井架。为了给井架找"枕头"，几个工人把放在钻杆堆上的大枕木拴上大绳拉。没想到这一拉，却把一大堆钻杆拉滚了堆。一根有几百斤重的钻杆飞快地滚动下来，砸在了背对着井架指挥作业的王进喜的右腿上。他当时就昏了过去，吓得大家大喊大叫，有的还哭了起来。可是，王进喜醒来后，生气地说："我又不是泥捏的，碰一下就散了！哭什么？"

尽管伤口钻心地疼，但是王进喜镇定自若，简单地包扎一下后，起身指挥大家继续工作。他把工人召集到一起。看见同志们伤心的神情，王进喜有点儿急了，说道："这点儿伤算什么！战争年代，轻伤不下火线。和平年代，为了国家的石油安全不再受制于人，尤其现在正是打井拿油的关键时刻，这点儿小伤不算什么。可（是）领导要知道我受了伤非叫我住院不可，所以咱规定一条纪律，我受伤谁也不准向外讲，特别是对上级要绝对保密，谁说了就处分谁。"直到在场的每一名同志都作了保证后，他才放心地坐上来接他参加石油大会战誓师大会的解放牌卡车，直奔会场。

在石油大会战誓师大会召开之前，会战指挥部总指挥康世恩提出要求：这次万人誓师大会，要开得内容实在、目标明确、典型突出。要把"铁人"这面旗帜举得高高的，要把这次石油大会战誓师大会开成团结的大会，开成凝聚人心、鼓舞斗志的大会。

4月29日上午10时整，《社会主义好》的歌声响彻整个石油大会战誓师大

图4-6　石油大会战誓师大会现场

会现场。嘹亮的歌声穿透云霄,一切阻挡会战开发的困难和敌人,都好像在这歌声中瑟瑟发抖。

以红旗和锣鼓队为先导,17个一级红旗单位、14个先进集体和223名红旗手的代表步入会场。"铁人"王进喜披双红、戴大花,骑在一匹枣红色的高头大马上,由探区领导牵马引路,从松枝搭成的"英雄门"进入会场。刹那间,"向铁人王进喜同志学习!""向铁人王进喜致敬!""人人学铁人!""人人做铁人!"等口号声响彻云霄。王进喜绕场一周接受了万人的欢呼和庆贺后,作为主席团成员被请上主席台,坐在余秋里部长和康世恩副部长中间。英雄的"铁人"以无比坚强的意志,强忍着伤腿的疼痛,从容地走动、握手、就座。

图4-7 石油大会战誓师大会上树立的"五面红旗"

石油大会战誓师大会首先由余秋里部长作动员报告。这位身经百战的将军,总结了备战阶段所取得的成绩,阐述了油田大好形势和组织大庆会战的伟大意义,提出了会战任务和要求①。他用最有力的手势,用极为简练的语言讲述了"铁人"王进喜的事迹。紧接着,康世恩副部长代表石油工业部党组织和会战指挥部发布5、6月第一战役的会战动员令。他高声地向全场人员说:"我们的中心任务就是以萨尔图为重点拿下大油田。英雄手下无难事,就看我们志气高不高、气魄大不大。我们是转战祁连山、昆仑山、天山和峨眉山的英雄好汉,今天又齐集在这里,要再比高低!"最后他说:"同志们!大好的时光,大

---

① 大庆铁人传写作组:《铁人传》,石油工业出版社,2000,第164页。

好的油田,正是英雄好汉们大显身手的大好时机。在党中央和省委的领导下,只要我们像'铁人'那样艰苦奋战,就一定能完成和超额完成任务,夺取全面的大胜利!"①

接下来是先进单位代表讲话,首先由"铁人"发言。王进喜强忍着腿疼,像没事儿一样走到台前,对着麦克风,对着坐在广场上的万名工人,大声地说:"盼了多少年,大油田终于找到了。我们1205钻井队一定要创造条件快安装、早开钻。没有水,尿尿也要开钻。石油工人一声吼,地球也要抖三抖!我们要把地球钻穿,让大油海翻个,把大金娃娃抱出来!人活一口气,拼死干到底,为了把贫油落后帽子摘掉。"这时,他摘下前进帽,举过头顶,高声说:"宁可少活二十年,拼命也要拿下大油田!"②

朴实无华的语言、高亢的声音回荡在整个会场。整个会场沸腾了,人们都用崇敬的眼神注视着他。"铁人"王进喜的发言,喊出了工人阶级的心声。这时,他不仅仅代表着自己,他代表着整个工人阶级。为了祖国的能源安全,他喊出了"宁可少活二十年,拼命也要拿下大油田!"的豪迈誓言。而王进喜也用自己的血肉之躯践行了这句誓言。为了发展中国的石油工业,他呕心沥血,早"走"了何止二十年!"为有牺牲多壮志,敢教日月换新天。"广大石油人正是用这种品质,在"铁人"精神的引领下,不断开拓、努力创新、艰苦奋斗,彻底甩掉了祖国贫油的帽子。

"中国队长了不起"

米列尔是苏联最早派到我国的石油专家之一。他是一名老布尔什维克,从前是苏联巴库油田的钻井队长。1954年,他同地质专家莫谢耶夫、放射性测井专家阿尔希波夫等一同来到玉门油矿工作。那时,陆续而来的还有苏联院士特拉费木克,以及罗马尼亚、匈牙利、捷克斯洛伐克的专家等。

王进喜第一次见到米列尔,是1954年夏季的一天。那天,水源探测队的队员沿石油河一直到上游察看水源,下午到达祁连山深处的一处水源发源地。

---

① 大庆铁人传写作组:《铁人传》,石油工业出版社,2000,第165页。

② 同上。

就是在那里,王进喜通过随队翻译的介绍,认识了米列尔。

当时,由于气候条件不好,再加上天色已晚,王进喜只是礼节性地和米列尔打了个招呼,回到矿上便分手了。

几天后,王进喜的钻井队在青草湾打井。由于多方面原因,钻头特别缺。常常在最为紧张的关键时刻,钻井队常为此而停工待料。钻工们为此非常恼火,有时就向队长发牢骚。在没有办法的情况下,只能从废弃的旧钻头中挑选着用;但这样做风险特别大,弄不好就会发生钻头掉牙轮的事故。眼看着钻井进度上不去,没有钻头干着急。王进喜就想起了师傅郭孟和,想找他帮忙解决问题。结果,没找见郭孟和,却在一个井场上与米列尔不期而遇。王进喜马上产生了兴趣,心想:应该向苏联专家请教一下。

通过米列尔的中国翻译,王进喜提出了自己的想法,并迫切地希望米列尔能给予指导和帮助。

米列尔对于王进喜提出的问题,并未从正面回答,而是侃侃而谈他在巴库油田当钻井队长时历经的一些奇闻怪事,诸如发生井喷、打捞钻头、井架陷进地层、钻杆断裂等。双方谈了一阵,王进喜从中受到了启发。

一回到井队,王进喜便在许多废钻头堆里翻来覆去地查看,看了半天。他挑选出来一部分,便盯着那些钻头,坐在那里沉思起来。

不一会儿,一名钻工来向他报告,说仅有两只钻头了,最多能维持一天一夜,并问他怎么办。王进喜说:"你去吧,我知道这事儿。你没看见我正急着想办法吗?"

夜里11点的汽笛声已经响过,等又一拨工人已经接好了班,王进喜还在那昏暗的工棚里呆坐着。

夜里12点,王进喜突然有了主意。他穿起那件走到哪儿都不舍得扔掉的老羊皮袄,直奔队部而去。

他到队部开亮灯,把正在睡觉的技术员田肇雄从被窝里拉出来。田肇雄很纳闷,看了一眼表,差不多凌晨1点钟。他不解地问王进喜:"这么晚了你把我弄起来干啥?井上出事故啦?"

王进喜把技术员的鼻子捏了一下说:"我让你清醒清醒,把瞌睡虫给你挤掉,你就不胡说八道了。"

田肇雄一把推开他,十分焦急地问道:"快说呀,你这么三更半夜来把人弄醒到底有啥要紧事？人都急得火烧屁股呢，你还有心思开玩笑？"

王进喜这才说："没（有）钻头了，看你这个技术员咋办。"

技术员说："想办法领啊，要不去别处找啊。你让我咋办？我又不会造钻头。"

王进喜又拧住他的耳朵开玩笑："你是技术员哪。我不找你找谁？"

田肇雄很了解王进喜的性格，知道队长准是又有了什么好点子，这才故意跟他卖关子，来激一激他。他也来个明知不问，故意气气队长说："对呀。我是技术员，而你是队长呀？天塌了有高个子顶着，我急个啥？"这么说着，他给王进喜做个鬼脸，装出一副又要倒头睡觉的样子。

果然王进喜急了，一把拉住他，"你睡死还见人不见啦？……快快，起来穿好衣服，我给你说正话。"

两人匆匆来到井场，已是凌晨2点。王进喜把自己从苏联专家米列尔那儿受到的启发给技术员讲了一遍，指着那些废钻头对他说："老田，这一堆废钻头不是还有几只通井和划眼用过的钻头吗？这种钻头磨损又不大，我看想办法收拾改造一下肯定能用，怎么样？"

田肇雄一拍大腿："好！你这主意不错，咱们说干就干，我看弄出几只来没问题！"

不一会儿，他们二人又叫来司钻李安山，把意图讲清楚，连夜安排工人挑选、清洗那些旧钻头。天亮时他们已经清洗好七八个，便又把那些钻头弄到大桶里用猛火加水煮。煮掉了污垢油泥，又用机油浸泡、修复。到下午2点，七八只旧钻头已修复一新，经技术检测，完全合格，从而解了燃眉之急。直到这时，王进喜等人才真正松了一口气。

过了几天，米列尔来到王进喜的井上。当听说他们修旧利废解决了钻头紧缺问题，没有耽误工作，没让转盘停一分钟时，米列尔非常高兴而又惊讶地竖起大拇指说："你们，中国的钻井队长了不起！"

王进喜笑笑，说："我这土办法还是从您那儿学来的，您忘啦？"

米列尔瞪着蓝眼睛，半张着嘴巴，一时不知所措。王进喜就把那次他们交流的情况，从中受到启发的事情说了一遍。米列尔听后，拍了拍王进喜的肩膀，高声笑了起来，而后夸赞他说："你这小伙子挺聪明，也很能干！我当年当钻井队长时也和你现在年龄差不多，但那时我就比不上你！"

第五章 05

对确保国家石油战略安全的重要作用

　　大庆油田开发建设六十多年来,以王进喜为代表的三代"铁人"牢记"我为祖国献石油"的使命,创造了一个又一个高水平、新纪录,夺取了石油大会战的胜利,甩掉了我国贫油落后的帽子,改写了我国石油工业的历史。

一、以王进喜为代表的石油人夺取会战胜利

以"铁人"王进喜为代表的老一辈石油人,"宁可少活二十年,拼命也要拿下大油田","有条件要上,没有条件创造条件也要上",仅用三年多的时间就夺取了大会战的胜利,从根本上改变了中国石油工业的面貌。

一旗高举万旗红

大庆石油大会战能够打上去、攻下来,很快就取得突破性的成果,原因固然很多,但都离不开以王进喜为代表的老一辈石油人的拼搏奋斗与无私奉献。

当时大庆石油大会战发展迅猛、波澜壮阔,人才济济、英雄辈出。1960年4月29日,会战领导小组就组织召开了会战誓师大会,康世恩宣布石油大会战第一战役从5月1日正式开始,并下达了作战任务。大会上选树了会战中的第一个标兵——"铁人"王进喜。随后,一场"学铁人,做铁人"的运动就轰轰烈烈地在全油田展开。

会战时期,为了尽早拿下大油田,会战职工你追我赶,处处涌现会战英雄,时时都有先进典型。这其中,特别突出表彰的有5个先进集体,他们是:王进喜—孙永臣(1205)钻井队、马德仁—韩荣华(1202)钻井队、段兴枝—陈茂汗(1247)钻井队、薛国邦—韩文明采油三队、朱洪昌工段。这就是在大庆石油大会战中立下大功、赫赫有名的"五面红旗"。后来人们说"五面红旗"时,就逐步简化为"王马段薛朱"。英雄"铁人"打头阵,"马段薛朱"紧紧追;一个"铁人"前面走,千万个"铁人"跟上来。用《战报》上的话来形容,那真是:前浪滚滚后浪涌,一旗高举万旗红。

1205钻井队

大庆石油会战打响后,王进喜主动申请参加会战。当王进喜率领队员赶到大庆,从火车上下来时,他直接问负责接待的人,"我们的钻机到了没有?井位在哪里?这里的最高钻井纪录是多少?"

会战指挥部领导听说了王进喜这三句问话后,感慨地说:"一个钻井队长,下火车不问吃不问住,先想着'武器弹药'、战斗岗位和奋斗目标,这就是主人翁姿态、战士做派。有这样的好队长,哪有不打胜仗的呢!"

简单安置后,王进喜召集队员开会。他说:"天天念叨的大油田到了,咱们是来会战的。到了战场就得马上开始工作。"会后他开始给大家分工。

1960年4月2日,玉门油矿标杆队,即后来的1205钻井队的钻机运到了大庆火车站。可是,他们遇到了前所未有的困难——刚组建的萨中探区吊运设备非常少,影响从货车上卸货。怎么办?面对重重困难,王进喜带领队友用撬杠撬,用滚杠滚,用大绳拉,硬是靠双手和双肩把这60多吨重的钻井设备卸了下来,装上汽车,搬运到井场。经过三天三夜的奋战,38米高、22吨重的井架迎着寒风矗立在荒原。

正当王进喜带领全队摩拳擦掌准备开钻时,他们又遇到了新的困难。打井离不开水,正常情况下,打一口井大约用水50多吨;但是当时水管线没有接通,等罐车送水大约需要三天。

为争取早日开钻,王进喜把队员集合在一起,他说:"还是那句话,没有条件创造条件也要上。端水也要打井!"有人怀疑说:"这简直是瞎胡闹,看过哪个国家是端水打井的?"王进喜斩钉截铁地说:"就是我们国家,才敢于这样干!我们就是用脸盆端水也要打井。"一场轰轰烈烈的破冰取水战役打响了。

王进喜带领队员用盆端、用桶提,连铝盔、灭火器外壳也用来装水运水。附近的水井被淘干了,他就带领职工到距井场1千米外的水泡子,从砸出的冰窟窿里取水。会战指挥部领导和附近的老乡也都闻讯赶来,组成了100多人的运水长龙。当时的气温已有零下20多摄氏度,水溅在衣服上顷刻间成了"冰铠甲",手也被冻得失去了知觉。可是大家心中像装着一团火,不顾寒冷,一刻不停,一盆盆、一桶桶把水运往井场。天渐渐黑了,运水的人们点亮马灯,挑灯夜战。经过一天一夜的艰苦奋战，终于运足了打井用的50多吨水，保证了第一口井顺利开钻。

"铁人"的队伍打的第二口井地处高压区，钻进过程中极易发生井喷。为预防井漏井喷，王进喜事先安排挖了一个100立方米的大池子，准备了大量的水。开钻之前，王进喜提出要用到重晶石粉，可惜当时没有货，先送来了500袋固井用的水泥。打到700多米时，突然发生了井喷。井喷，内行都知道，它能把几十米高的井架和钻机陷到地下，井毁人亡的危险随时都可能发生。这时，只见强大的高压液柱已经冲出井口，把60多斤重的"方补心"冲起老高。高压气、液混合体，呼啸着一直冲向井架顶部，情况万分危急。

王进喜一面派人通知全队集合；一面叫司钻无论如何不能停钻，让钻杆保持在井里旋转；同时命令司机长孙秉科管住明火，以免引起火灾。人马集合以后，即刻商量压井办法。有人提出，往泥浆池里加水泥和黄土；但有人反对，说那样容易"灌肠"，把井堵死。紧急关头，王进喜冒着被处分的风险，果断决定用水泥压井。他说："现在保井保设备要紧。水泥凝固需要20多个小时，我们压住井及时循环处理，不会灌肠的。上！"

人们迅速行动，有的搬起水泥往泥浆池里倒，有的则用铁锹、用手往里扒黄土。水泥和黄土倒进去后，新的问题又出现了：大量的水泥倒入泥浆池里后一时散不开，泥浆融合不好。现场没有搅拌机，连个泥浆枪也没有……

在这千钧一发之际，"铁人"王进喜忘了自己的腿伤，不顾泥浆烧人，扔掉拐杖，跳进齐胸深的泥浆池中，手抡脚蹬用身体搅拌泥浆。见队长跳下去了，司钻戴祝文等6人也跟着跳了下去。经过3个多小时的紧张搏斗，终于制服了井喷，保住了钻井设备和油井。

四天后，第二口井顺利完工，创造了日进尺535米的当时全战区纪录。

1202钻井队

1202钻井队曾是新疆克拉玛依油田的标杆队，大庆石油会战伊始，队长马德仁就率队抵达大庆。为了早日甩掉"贫油落后"的帽子，他带领队员日夜奋战，以顽强的意志和英勇的气概，仅用9个月又15天就打了28口油井，进尺3.1万余米，将苏联"功勋钻井队"甩在了后面。

1202钻井队一下火车就学标杆、做"铁人"。当时没有住的,他们就把一个破牛棚收拾好,一半住人,一半做饭;住不下,再把一个破猪圈收拾出来,铺上干草当宿舍。井位确定后,他们就动手做钻前准备;钻机一到,就"人拉肩扛"搬运、安装,抢开钻时间。队长马德仁也像王进喜一样,整天待在井上。工人劝他回队休息,他说:"苦累疾病与我无缘,工作一上劲,它们谁也找不上我,休息什么?"他一会儿忙这儿,一会儿忙那儿,每到吃饭时都要替司钻扶刹把。有一次,上水不好,他冒着寒风砸碎冰层,跳进冰冷的泥浆池里去清理莲蓬头,保证了正常钻进。有一口井出了事故,指导员韩荣华和队长马德仁就一起组织工人学"两论",找矛盾、查原因,改进劳动组织。每当"铁人"王进喜到队上来帮忙时,他们都抓住机会让"铁人"传授经验。全队工人都决心"学铁人,树雄心,赶05,超05,宁肯自己千辛万苦,也要为早日拿下大油田多出力"。

1202钻井队越打越快,越打越好,在战区首届生产运动会上得了亚军,到第二届时就拿了冠军,在1598井上创造了2天18小时打完一口井的纪录。

1202钻井队队长马德仁说:"对于我们来说,'铁人'就是压力。他带头冲,就是给大家加压力。各路英雄来相会,都想争个上下高低。那个时候打井互相比着看着,连对方钻台上还有多少根钻杆也要数一数。每当王进喜队消息传来,我都感到形势又逼人一步。他有一个新成绩,我们压力就大一分。"

1202钻井队指导员韩荣华说:"'铁人'爱说国家没油,我们心里急,领导肩上的压力我们要分担些。'铁人'的话代表了石油工人的心声。'铁人'的英雄行为带动了全体工人的行动。他的先进思想带动了整个会战的发展。没有王铁人,大会战打不了那么快。"

在困难面前,1202钻井队丝毫没有退缩、沮丧和消沉,他们始终以"铁人"为榜样,用"铁人"精神凝心聚力、攻克难关、高效打井,最终创造出2天18小时打完一口井的纪录。

图5-1　1202钻井队队长马德仁

1247钻井队

以段兴枝为队长、陈茂汉为指导员的1247钻井队（后来称1206队），是四川的老标杆。他们来会战，一出手就是要"学先进，争第一"。

1960年3月1247钻井队到达大庆，4月中旬便听说了"铁人"的名字。有的工人说，王进喜我见过，骑个摩托车到处跑，整日匆匆忙忙。万人誓师大会上，部长号召学"铁人"，大家等着看"铁人"。"铁人"讲话，说要早早拿下大油田为国争光，只要有油我们什么苦都能吃！没有水，尿尿也要开钻！他还说，我们掉到大油海里了，要狠狠打，把地球翻过来，让它把油给我们倒出来。大家说："噢，这就是'铁人'！都说这人有力量，气魄大，是英雄，咱得好好学。"5月份，1247钻井队搬试验区到中三排打井，王进喜又带工人到1247钻井队传授经验，讲第一口井的情况。全队干部工人认真听、虚心学，学完了就照着做。开始时打井比较慢，学了"铁人"逐渐快了起来，创造了不少高纪录。

队长段兴枝膀大腰圆脾气暴，见了管头都想踢一脚。学了"铁人"更是干活不要命，没日没夜全天24小时住在井上。有一次柴油机坏了，大家正着急；可是拉新柴油机的汽车陷入稀泥里进不了井场。段兴枝到值班房拿出"钢铁钻井队"的红旗三步两步登上钻台，把红旗一插，大声说："同志们，条件是人创造的，'铁人'能办到的咱也能，跟我抬！"说罢，他跳下钻台，脱掉上衣，光着膀子带头抬柴油机，还喊着号子鼓干劲。这真是"呼啦啦红旗一展，热腾腾干劲倍增"，很快就把新柴油机抬上了钻台。

段兴枝勇猛英武，柴油机司机出身的陈茂汉多谋善断，两人都聪明过人。运输设备不足，特别是缺少拖拉机，搬家有困难。他们同工人们昼思夜想，开动脑筋搞革新，试验成功了"钻机自走"。这项革新是用钻机自身动力加绞盘的办法，让钻机像汽车一样在草原上开走。这在我国石油史上是第一次。

图5-2　1247钻井队队长段兴枝

采油三队

采油指挥部一大队大队长薛国邦是"铁人"王进喜的老战友,在玉门油田时就被评为全国劳模,在大会战中他领导的采油三队是大庆的第一支采油队。

当年被称作"定乾坤"的66井,在一片芦苇塘里。薛国邦就带领工人们割芦苇、找木料,自己搭芦草棚子当住房;露天地埋锅造饭,把附近的56、48、72井都管了起来。大庆原油含蜡高,开井不几天就因蜡堵而减产。薛国邦说:"'铁人'说'有也上,无也上',我们也要创造条件上!"他们发挥聪明才智,搞"清蜡小会战",用木头自制绞车盘上钢丝,挂上刮蜡片,抬着一口井一口井地清蜡,保证油井通畅高产。75井离得远,他们就抬着木制绞车往返40千米去清蜡。16井套管出水,薛国邦四天四夜没离开井场,直至处理完毕。工人们说:"大会战套着小会战,一会战困难就完蛋!"

1960年5月中下旬,为迎接油田首车原油外运,原油生产、集输和装车时间紧迫,任务十分艰巨,但一想到全国人民即将用上大庆生产的石油时,薛国邦浑身都充满了力量。已经当上大队长兼采油三队队长的薛国邦,成立了一个突击队,自任队长,带领工人打好这场硬仗。当时油库和输油管线还没建好,薛国邦就和工人们用土办法搞集输。一天夜里气温骤降,储油池里的原油凝固,影响输油。薛国邦对工人们说:"条件要靠双手来创造,我们要像'铁人'那样干。跟我跳!"他手抱高温蒸汽管跳进储油池化油。工人们也都跟着他跳进油池里,有的把油往盘管边上推,有人手拿蒸汽管子刺。薛国邦双手抱着高温蒸汽盘管,在没腰深的原油里四处走动,拼命化油。双手起了血泡,他也不顾了。他们就是这样,整整苦干七天七夜,胜利地完成了任务。

1960年6月1日上午8点,第一列原油外运列车的剪彩典礼如期举行。头天晚上他还吩咐工人

图5-3 采油指挥部一大队大队长兼采油三队队长薛国邦

记得叫他参加典礼,但是当工人叫他的时候,已经连续奋战四天四夜的薛国邦却依旧鼾声如雷,怎么叫都叫不醒。

朱洪昌工段

朱洪昌是抚顺石油三公司干部,1958年到甘肃参加一条管线的施工。由于工作出色,出席了甘肃省劳模会,1959年又出席了全国工交"群英会"。他在这两次大会上认识了王进喜,在内心中为自己树立了一个永远的学习榜样。

朱洪昌是铆工出身,12岁开始当工人,担任过施工组长、工段长。1960年3月,28岁的朱洪昌从甘肃出发来大庆参加大会战;4月被提拔为基建指挥部石油三公司三大队副大队长,还兼任一个施工队队长。人们按老习惯把他领导的队叫"朱洪昌工段",管他叫工段长。

4月下旬,为解决整个油田用水问题,一条17千米长、横贯东西的大口径输水管线动工兴建。承建这项艰巨任务的三大队职工开始了艰苦的奋战。

肩负重任的朱洪昌,同工人们一起日夜苦战在工地上。他以"铁人"为榜样,不怕苦、不怕难,埋头苦干、抢关历险,带领工人们渡过了一个个难关,确保任务胜利完成。工人们说他是"火烧不屈的英雄""水冲不倒的好汉"、学"铁人"的标兵。4月27日,一台拖拉机因曲轴弯曲,不能作业。朱洪昌就借来喷灯烤轴调直。因喷灯漏油失火,他奋不顾身救火,结果拖拉机保住了,他却被烧伤住进了医院。在病床上他想:因为没水,"铁人"才不得不用脸盆端水打井;因为管线不通,工人们才去喝水沟里的死水……他再也躺不住了,就偷偷跑出医院,来到工地。工人们见他手部受伤很重,就说:"你只管动动嘴,就别动手了。"可是他的手闲不住。当时工地上只有一台60吨挖土机,又老又旧,效率不高。朱洪昌就利用检修时间进行改造。卸螺丝时一个大齿轮把他的手再次砸伤。十指连心,疼得

图5-4 基建指挥部石油三公司三大队副大队长朱洪昌

他直咬牙。他用手绢简单包扎一下后继续干活。正在这时，妻子寄来信说，孩子病重，在医院抢救无效死去。他一声没响，把信装在口袋里继续指挥生产。他说："头可断，血可流，不完成任务不罢休！"

经过紧张的施工，6月15日供水管线全线贯通，进行通水试压。就在这一关键时刻，有一处管线裂缝渗水，如果不及时堵住，就会延误工期。朱洪昌毫不犹豫地跳进管沟里，用伤痕累累的手堵住裂缝，对焊工陈忠盛说："我用手抹水堵漏，你来焊。"陈忠盛不肯，朱洪昌说："保油田用水要紧，我命令你快点焊！"就这样，朱洪昌以一个共产党员的赤胆忠心用双手堵漏，陈忠盛使出看家的本领跟着他的手精心施焊。超过1000℃的高温熔化了钢铁，可是动摇不了学"铁人"的英雄朱洪昌的意志和决心。一位赶过来的领导拿只饭盒盖盖在朱洪昌的手上。待裂缝焊完，饭盒盖被烧穿了一个又一个洞，朱洪昌的手已被烧烂，可他面不改色，仍然战斗在试压工地上，直至试压成功，全线通水。

在大庆石油会战过程中，以王进喜为代表的老一辈石油工人，牢记"我为祖国献石油"的使命，创造了一个又一个新成绩。截至1963年底，大庆油田已建成146平方千米、年产原油600万吨的原油生产基地，占全国同期陆上总产量的51.3%，累计生产原油1155万吨，一举甩掉了我国"贫油落后"的帽子。在当年召开的第二届全国人大四次会议上，周恩来总理向全世界庄严宣告：由于大庆油田的建成，我国经济建设、国防和人民需要的石油，过去大部分依靠进口，现在不管是在数量上或者在品种上，都已经基本自给了。

二、以王启民为代表的石油人进行"二次创业"

20世纪末，随着改革开放的进一步推进，大庆油田实现原油高产5000万吨稳产27年，刷新了世界同类油田的纪录，为国家的经济建设作出了巨大的贡献。时任中共中央总书记、国家主席、中央军委主席江泽民曾为大庆油田题词："发扬大庆精神，搞好二次创业。"以王启民为代表的大庆石油人，在二次创业中以"宁肯把心血熬干，也要让油田稳产再高产"的精神，传承了"铁人"王进喜"宁肯少活二十年,拼命也要拿下大油田"的英勇气概,通过科技创新,确保油田持续高产稳产,为国家提供了源源不断的石油资源,保证了社会各项事业的有序进行。

三个字有大文章

1960年4月,北京石油学院有一个班主动请求到大庆来实习。其中有王启民,他被分配到二探区葡萄花油田,去管葡4井。当时,主力部队已"挥师北上",采油队里转业战士多,技术力量薄弱,领导让王启民担任采油队实习技术员。王启民有点胆怯,不知该怎么办。

这时,有两件事儿在他的思想深处产生了震动。

第一件事儿是,1960年4月10日,在大庆油田第一次技术座谈会上,油田党委发布了"学'两论'的决定",号召会战职工学习毛主席的《实践论》和《矛盾论》,取全取准20项资料72个数据,探索油田开发规律。第二件事儿是,同年4月29日召开石油大会战誓师大会,宣布大会战正式开始。会上领导亲自给"铁人"王进喜牵马引镫,号召大家"人人学'铁人',人人做'铁人'",高速度高水平拿下大油田。

后来王启民回忆说:"这两件事对我的人生道路产生了重大影响,可以说终生受益无穷。学'两论'教会我如何在科研中认识油水运动规律,铁人精神则成为自己的人生价值观和前进动力。"

葡4井投产,要竖作业机井架子。没有吊车,王启民就和工人师傅们学"铁人",用"人拉肩扛"的办法把井架子立起来,使这口井很快投产试油。

油井大都在荒郊野地里,杂草丛生。王启民和工人们一起除杂草,平井场,保养设备。油井投产后,他克服种种困难录取各种资料。原油含蜡高,葡4井经常出现蜡堵,影响生产,更影响取资料。而若是清蜡勤了,又容易掉刮蜡片出事故,影响更大。王启民就顶在井上解决这个矛盾。他嫌住在老乡家里太远,晚上观察不方便,就把行李搬到井上,住在又湿又潮的小锅炉房。他白天上井查问题,晚上秉灯学"两论",终于算出了合理清蜡的间隔时间。他又运用自己所学的知识帮助工人掌握和改进清蜡方法,解决了蜡堵问题。后来又解决了量油测气不准确等问题。按上级要求他取全取准了20项资料72个数据，使这个以转业官兵为主的采油队一跃成为先进队，他自己也破例被评为"二级五好红旗手"。

那个时候，王启民把全部精力都用在管好油井、取全取准资料上，连老父亲去世都没有回家。他的女朋友陈宝玲也来实习，住在总部地质指挥所。她实习8个月，王启民愣是一次没联系，连封信也没写。陈宝玲说："他的一颗心全在井上，对井比对我的感情深！"

大庆是个多风的地方，1960年雨又大。王启民住在水泡边的锅炉房，后来搬到又湿又潮又透风的干打垒里。睡一觉，早晨醒来后身下的垫子湿漉漉的；可是王启民全凭年轻火力壮，满不在乎。八个月的风吹雨打、潮湿侵害，使他得了严重的类风湿，后来演变成强直性脊椎腰椎炎，终生未愈。王启民就是带着这"强直性"的病患，学习、工作和生活。尽管遭受着病痛的折磨，但他终生无怨无悔。

科技闯将担重任

1961年9月，王启民在北京石油学院毕业后，如愿来到大庆油田，被分配在地质指挥所。他报到后不久，油田发生了一件事：1961年9月20日，中区6-13井见水了。大庆实行的是"早期内部横切割注水开发方案"，应用注水驱油，保存地层压力，保证油田高产稳产。注了水这样快就有单井见水，领导怕影响原油产量很是着急，整天议论这件事，表现出一种想注水又怕见水、想多采油又怕水淹的急切心情。王启民对这个"油水矛盾"的问题产生了浓厚的兴趣，就主动要求下基层，到6-13井所在的中区西部试验区去参加现场试验，摸索解决问题的办法。

油田开发初期，采用的是国内外通用的"温和注水""均衡开采"注水开采方式。6-13井地下单兵突进早见水，证明地下情况更加复杂。

图5-5　王启民在井场勘测

"那个时候,外国人根本不相信我们能把大庆油田拿下来,会战大军靠的一个是拼命的闯劲,一个是科学的态度。"回忆起当年的往事,王启民说。

大庆油田自主创新,通过大搞调查研究取全取准20项资料72个数据和开辟开发试验区,独创出一套"早期内部横切割注水开发方案"。它是科学的、正确的,是通过"解剖麻雀"的办法找到了适合油田的科学开采方法,避免从整体上出问题、犯错误,保护了大油田。这也证明了中国人有能力开发好自己的大油田。这次见水所反映的问题是前进中的问题,我们自己有能力尽快找到解决的办法。

外国人的说三道四,让王启民这些小伙子憋着一股气。1962年春节到了,几个年轻人不回家,你一句、我一句凑出一副对联,让王乃举执笔写出来贴在大门上。这副对联的上联是"莫看毛头小伙子",下联是"敢笑天下第一流",横批是"闯将在此"。那个"闯"字,特意把"门"字写小,把"马"字写大,表示这群毛头小伙子要当敢想能冲的"黑马",冲破各种条条框框,闯出一条自己的路来。

就要敢为天下先

1964年,油田出现了"注水三年,水淹一半,采出程度5%"的严重局面。由于中苏矛盾激化,苏联撤走全部专家,研究开发注水的任务落到了大庆人自己的肩上。

图5-6 王启民在查看地质图

外国人能做到的,中国人一样能行!王启民下决心要闯出中国自己的油田开发之路。为了解决注水这个重大难题,王启民决心在实践中找答案。他一头扎进井场,白天揣着窝窝头与工人、技术人员一起取资料、搞分析,进行实验;晚上就在阴冷潮湿的帐篷里画油水变化线,对解决方案进行理论验证。粮食不够吃,就随便煮两片白菜叶子，困了就趴在桌上打个盹儿。由于环境恶劣，他患上了风湿病，疼得走路都直不起腰来。在这种情况下，他不顾同志们的劝阻，硬是咬紧牙关、忍着疼痛不离井场，以严细认真的态度，取全取准每份资料和每个数据，并认真进行室内实验和系统分析。

根据大量调查研究，王启民提出大庆油田地下油层厚薄不匀，应当采取"高效注水开采方法"。这一理论向国际上普遍认可的"温和注水"理论提出了挑战。在油田领导的支持下，王启民在一口含水已达60%的油井上进行试验。奇迹出现了，这口井日产量迅速回升，从原来的30吨猛增至60多吨，含水量也下降许多。

"高效注水开采"方法开始在全油田推广，一方面加强"短命高产井"的开采力度，使之尽快上产；另一方面增强"长命高产井"的全面培养，使之接替稳产，从而使油田开采技术向前推进了一大步，培养出300多口日产百吨以上的高产油井，其中一厂南一区3排27井持续20年高产，成为大庆油田第一个产量超过百万吨的"功勋井"。

王启民以"跨过洋人头，敢为天下先"的精神，把生产与科研结合起来，对症下药，变"温和注水"为因势利导、逐步强化、转移接替，走出了一条我国自己的注水开发油田新路子，为大庆油田年产5000万吨高产目标的确立奠定了坚实的基础，大长了中国人的志气。

潜心十年磨一剑

20世纪70年代，随着开采程度的加深，主力油层产量下降幅度增大。加上"文化大革命"的干扰和破坏，中区西部试验区的油井平均含水量增至54%，油田地下形势严重恶化。有领导问王启民，油田要实现较长时间的高产稳产，还有什么办法？

面对主管领导的提问，王启民铿锵作答："先肥、后瘦，再啃骨头，最后敲骨吸髓！由于储层非均质严重，纵向上看，层数很多，渗透率很低，级差很大，但储量还很丰厚。只要敢想敢试，把这些差油层逐步开发动用起来，就可以实现油田较长时间的接替稳产！"

为了提高原油产量，王启民发出了"宁肯把心血熬干，也要让油田稳产再高产"的铮铮誓言。

要开发好储层多、非均质性突出的油田，重要的是从实际出发，实现原油生产的互补接替。为了控制含水上升和保持原油稳产，王启民又带领试验组来到中区西部9平方千米的试验区，搞"分层开采、接替稳产"试验。

冬天，王启民的临时指挥帐篷里结满冰，冻得人不停地打冷战；夏天，蚊子成群，一巴掌拍下去，身上都是血。妻子陈宝玲心疼他的身体，准备悄悄地调他去北京工作；可是他却在商调函上写上"本人不同意"。妻子气得要和他离婚，他却说："哪里有大作用？要走你走，我不走。"

图5-7　王启民伏案做研究

10年，3000多个日日夜夜，他们与工人一道施工作业，逐井取样化验，经常一干就是通宵。由于条件恶劣，加上过度劳累，王启民的风湿病加重了，疼痛难忍，手指头也不听使唤，连鞋带都系不上。经医生诊断，王启民患了类风湿强直性脊椎炎，这种病终身难以治愈。风湿病又引起眼睛虹膜发炎，一发作起来，他疼得直想往墙上撞。

工作困难和身体病痛没有让王启民退缩，中区西部试验区占据了他整个大脑。他和同事们穷十年之功，先后采集分析了1000万个数据，绘制了我国第一张高含水期地下油水饱和度图，揭示了油田各个含水期的基本规律，并相继发展形成了"分层调整开采"技术和"层系细分开发调整"技术。

凝聚着心血和汗水的科研成果，不仅为大庆油田实现第一个年产5000万吨稳产十年目标提供了技术保证，而且逐步开辟了向低渗透油层进军的新领域，为大庆油田增加可动用储量近10亿吨。

1976年，在国家统计局年报上出现了"大庆年产原油5030万吨"的消息。这行闪光的数字表明，大庆油田开创了具有中国特色的油田早期内部注水开发、保持地层压力、长期高含水的油田开发之路。

明志兴油望长天

1976年的大庆,冬天特别冷,气温经常处在零下30多摄氏度。王启民和试验组4名同志,坚持住在工地上。风吹雪打加上长期劳累,王启民的类风湿病更重了。医生来检查,再次重申,这是早已确诊的"类风湿强直性腰椎脊椎炎"(以下简称"强直性"疾病),终生不愈,若再不休息治疗,就可能变成终生残疾,有瘫痪的危险。油田和院领导都来看他,安排人送他去医院检查,让他住院治疗,直至病愈再上班。

王启民心想:现在试验正在紧要关头,自己不能离开。他向领导提出,暂时不去医院,留在工地上和大家一起攻关,保证按时打针、吃药并好好休息。领导同意了他的请求,嘱咐他一定好好治疗、注意休息,同时嘱咐大家多照顾他。起初,王启民还按照自己保证过的去做。可是没过几天,病情稍有好转,他就下工地和大家一起干了。他整天在井场上猫着腰走来走去,亲自参加各种试验。手拿不住的,就叫人帮着拿;眼睛看不清的,就让同志们给念。他忙得不亦乐乎。

一天傍晚,劳累一天的王启民要回驻地。为了抄近道,他就在荒原上穿行。天黑眼睛又疼,看不清路,他被一个大土坷垃绊倒,整个身子重重地摔在地上。他想爬起来,但腰、腿和手都不听使唤,怎么也起不来。

倔强的王启民不相信自己起不来。他先是慢慢地活动双手,把手活动开了,再用双手去揉腰捶腿活动全身。全身活动开了,再慢慢地跪了起来。跪起来了,王启民一阵高兴。他想用双手拄着地,让自己站起来;可是双手钻心透骨地疼,浑身又疼又沉像灌了铅一样,拼上全力也站不起来,他就这样跪着。

长跪不起的王启民,真的难过了。难道真的像医生说的那样要瘫痪了吗?两行热泪顺着他的两颊流了下来。他想:"试验没有结束,攻关课题还没有完成,如果我这样倒下去,半途而废,将抱憾终生。"他不甘心这样倒下去。长跪不起的王启民仰望长天,叩问大地,以泪明志:我一定要像"铁人"那样,"宁肯少活二十年,拼命也要拿下大油田"。就是豁出这条命,熬干了全部心血,也要确保油田高产稳产。无论如何也不能这样倒下去,一定要站起来!

这位泥土里生、岩层中长、油海里游的石油之子,凭着对事业的忠诚和钢铁般的意志，终于站了起来。他慢慢地活动好双腿，一步一步走回驻地。平时半小时的路程，他整整走了两小时。回到宿舍一声没吭，他马上趴在桌上整理一天收集来的资料……

铁人精神鼓舞着王启民，王启民的行动教育了周围的人。大家感到，王启民意志坚强，性格刚强，人站不起来，可精神不倒；腰躬着，可脊梁挺得直，骨气伸得直。"强直性"疾病没有把他扳倒，而是刚强又坚强的他战胜了疾病。这就是一个活生生的新"铁人"!

让差油层也上阵

1980年，大庆油田第一个稳产10年刚刚走完一半的路程。随着稳产期的延长，大庆油田逐步进入高含水期，主力油层含水已高达60%以上，产量开始下降，稳产形势变得十分严峻。1985年，大庆油田实现第一个10年稳产目标后，又提出一个更富挑战性的目标：再稳产10年，向世界油田开发高水平迈进。按一般规律，每个油田勘探开发都有上产、稳产、减产三个阶段。就世界同类油田而言，稳产期最长12年，短的只有3～5年。让大庆再稳产10年，可以说是奇迹。其难度不言而喻。

这一时期，各行各业都在迅猛发展，对石油需求量与日俱增。大庆油田作为中国石油工业的半壁江山，一旦产量下降，国民经济发展将会受到严重影响。于是，国家要求尽可能稳定石油产量，保证经济建设的速度不受影响。

王启民受命与同志们一起承担了大庆油田1986—1995年第二个5000万吨稳产10年规划的编制任务。这个规划囊括了大庆油田"七五"和"八五"两个五年计划。国家要求年产5500万吨不能降，超出的500万吨指标从何而来？

王启民决定向国内外公认的难啃"硬骨头"——表外储层——要油。

图5-8　王启民在观察岩样

由于大庆油田地质成因条件的特殊性，造成了地下油层多、层间变化大、0.5米以下的表外储层十分发育。这些单独看起来很"瘦"，加起来又很"肥"的油层，被王启民认为是新的资源宝藏。1986年初，在油田领导的支持下，他又和同事们制定详细计划，成立了试验小组，通过对1500多口井的地质解剖、分析、研究，以及对4个试验区45口井采取试油、试采和注水开发等措施，把理论研究与现场实践相结合，取得了重大进展，从而为全面开发表外储层提供了科学依据。

表外储层开采的成功，不仅极大地解放了人们的思想，扩大了开发领域，也实现了世界油田开发史上一个新的突破。据测算，大庆油田表外储层地质储量可达7.4亿吨，按30%的可采储量计算，可为国家增加2000多亿元的财富。

进入20世纪90年代，大庆油田全面进入高含水开发阶段。如果继续沿用世界上采用的"提液稳油"办法，年产液量将激增1.62亿吨，而经济效益将会大大降低。王启民再次扛起攻坚克难的大旗。他与油田的石油工作者一道探索出了一套符合油田实际的开采技术，这就是作为确保油田持续高产稳产重大战略方针的"稳油控水"系统工程。

"三分一优"的结构调整方法，突破了油田高含水后期要实现稳产就必须大幅度提液的传统观念，创立了"稳油控水"新模式，有效地控制了产液量剧增。"八五"期间全油田累计多产原油610多万吨，少产液2.5亿立方米，累计增收节支150亿元。含水上升速度得到了明显控制，直到"九五"后三年，含水上升也未超过1%，而且使大庆油田连续20年保持年产5000万吨以上高产稳产。这一凝结着以王启民为代表的油田广大科技人员和职工心血的成果，标志着大庆又攀上了世界油田开发的新高峰。

1997年，王启民被中国石油天然气总公司授予"二次创业六大劳动模范标兵"称号。和他一同获此殊荣的还有："不畏

图5-9　王启民接受采访时的笑容

艰难的找油人"袁福生，"革新大王"焦集群，"抱着金牌不放，站着排头不让"的孟宪吉，"焊工技术尖子"苏龙和"油城徐虎"张学民。

王启民先后主持和参与了大庆油田实现稳产高产的8项重大开发试验项目，参加并组织了40多项科研攻关课题和大庆油田"七五""八五""九五"开发规划编制研究等工作，创立了一整套分层接替稳产的科学开发的新模式，攻克了表外储层"禁区"，为油田增加7亿多吨的地质储量。在持续稳产的艰难阶段提出了"稳油控水"新举措，使大庆油田年产5000万吨连续稳产27年。为使老油田焕发青春，在实施三次采油的进程中，提出了超高分子量聚合物驱油攻关新目标，为油田4000万吨再稳产十年作出了贡献。

王启民作为一代石油人的杰出代表，先后获得各种科技奖励22项，荣获过国家科技进步特等奖、"100位新中国成立以来感动中国人物"、"改革先锋"荣誉称号和"人民楷模"国家荣誉称号。

他说："我一生只做一件事，就是研究怎么开发好大庆油田。"他是石油战线一面永远飘扬的旗帜。他凭人生三字经"一""好""闯"，定格了自己为油田拼搏奋斗一生的责任与使命。他用一生的努力守望初心。

以王启民为代表的大庆石油职工在"二次创业"中以"宁肯把血汗熬干，也要让油田稳产再高产"的精神，传承了"铁人"王进喜"宁肯少活二十年，拼命也要拿下大油田"的英雄气概，同时又为大庆精神和铁人精神赋予新的历史内涵。他们通过科技创新，确保油田持续稳产高产，刷新世界同类油田纪录，为祖国建设提供了源源不断的石油资源，确保了国家能源安全。

三、以李新民为代表的石油人助力新的时代

几十年前，"铁人"王进喜立下誓言——要"把井打到国外去！"这句话，一直激励着"铁人"队伍立足国内、开拓国外，实现跨越式发展。进入21世纪以来，随着大庆油田"走出去"战略的逐步实施，第三代"铁人"李新民所带领的1205钻井队走出国门、走向世界，将铁人精神传遍四方，在国际市场

上叫响了大庆品牌。

如今,"走出去"已经成为大庆油田重要的经济增长极,也是未来发展的"生命线"。其中海外业务项目已经覆盖26个国家和地区,拥有3900名员工,其中外方人员占比超过60%,正在向国际资源创新型企业跨越。

以李新民为代表的新一代石油人,以"宁肯历尽千难万险,也要为祖国献石油"的雄心壮志,助力"4000万吨"稳产,为油田新时期的新发展谱写新的辉煌。

苦练技术能为师

1990年6月,李新民带着年轻人的美好憧憬从大庆石油学校毕业,被分配到了1205钻井队,成为钢铁1205钻井队的一员。得知自己被分到"铁人"王进喜曾经所在的钻井队时,他兴奋不已。要知道,他可是听着"铁人"的故事成长起来的。即将走出校门时,老师郑重地告诉他要做好吃苦的准备。他想:自己是农村出来的孩子,再苦还能苦过种地?

到1205钻井队报到那天下起了雨,李新民一手提行李、拿着盆,一手提着鞋,赤脚来到队里。钻井可以说是石油行业最苦最累的工种之一。当他来到那机声隆隆的"战场"时,才明白老师所说的"苦"和"累"的分量。

钻井作业是"三班倒",在钻台上一干就是8小时。最难熬的是上夜班。夏天,外面蚊虫叮咬,野营房里没有空调,闷热得喘不过气,等到半夜才能睡着;可是没睡一会儿,叫班的敲门声就响了。

每当钻井液加重时,每人要搬运两吨重的重晶石粉。身体单薄的李新民,每次都累得不想吃饭。这时他才真正体会到了井队工作的艰辛。

李新民说:"当我去荣誉室接受传统精神教育,看到陈列的一面面闪光的锦旗和奖牌,听到惊天动地、感人肺腑的生动事迹时,我被深深地震撼了。当年'铁人'王进喜那'宁肯少活二十年,拼

图5-10 李新民在钻台上工作

命也要拿下大油田'的英雄气概刻骨铭心地感染了我,从那时起我就暗暗发誓,一定要干出个样子来。

"同'铁人'老队长那个年代相比,虽然钻井野外施工、劳动强度大的工作性质始终没变,但我们的工作条件不知好了多少倍。我们没有理由不像'铁人'老队长那样,为祖国的石油事业艰苦奋斗一辈子。"

工作不到两个月,第一个考验就来了:在队里组织的一次班组技能竞赛中,李新民打大钳技术总是不达标,影响了集体成绩的他被司钻当场撵下钻台。

此后,他天天往钻台跑,给老师傅当帮手、打下手,用心揣摩每一招一式。一个大钳重150多千克,用钢丝绳吊在半空,要想抡起来紧紧扣在钻杆上,不仅得有力气,还要有技巧。别人抡起来虎虎生风,可他就是憋足了劲儿也扣不上。为这,每次甩完钻杆,钻台上没有人了,他就独自在上面跟大钳较劲儿,一练就是一两个小时。他胳膊抡肿了,手磨出了血泡,吃饭时拿筷子的手都直哆嗦。看李新民这么拼命,老师傅既高兴又心疼,对他说:"练技术心急不行,慢慢来,别累坏了身体。"可李新民觉得,既然来到了"铁人"队,就得像"铁人"老队长那样,练一身真本领、硬功夫。一个月以后,那个曾经难以制服的大钳,在李新民手里变得"听话"了,只要用劲一搂就能扣上。

就凭这股劲儿,不到半年,李新民就能担起井队六个岗位的活儿,成为当时那批毕业生中最受老师傅欢迎的小伙子。"精诚所至,金石为开",由于李新民的勤奋刻苦和那股永不服输的劲头,1992年5月,毕业不到两年的李新民开始担任队里的技术员。五年后,他成为1205钻井队党支部书记。

郑重接过一面旗

2003年3月28日,这是李新民永生难忘的一天,他从1205钻井队第十七任队长盛文革手中接过了"铁人"队的队旗,成为第十八任队长。他深知,这不是一面普通的旗帜,而是以"铁人"为代表的老一代石油人用热血和生命凝聚成的一座不朽的丰碑。

接任队长的那天夜里,李新民久久不能入睡。不知不觉间,已是深夜。李新民听着井场上传来的钻机轰鸣声,信步走出荣誉室,走向了井场。当他走过绞车时,凭着多年的经验,感觉滚筒轮毂磨损严重,如果不尽快消除隐患,一定会影响正常的钻井施工。于是他当机立断,决定连夜更换绞车。随即,他便和井上的工人一起热火朝天地干起来。

当时虽然已是初春,但3月的夜晚依然寒气逼人,气温仍维持在零下20摄氏度左右。即便手和脚被冻得不听使唤,可

图5-11 李新民实现了王进喜把井打到国外的夙愿

李新民毅然带领班里的同志们在寒风中一直干到第二天上午10点多。

李新民就这样度过了他成为队长后的第一个不眠之夜。

当了队长后,不管走到哪儿,李新民总会暗暗告诉自己,"我必须像'铁人'老队长那样,信念如铁、意志如铁、干劲如铁、作风如铁,把弘扬大庆精神和铁人精神作为终生的使命、一辈子的责任。"

在他的带领下,全队连续15年人均每年向国家交一口井,创出了井身质量和固井质量合格率连年100%的好成绩,在全国钻井队中钻井进尺率先突破250万米。

精神状态不滑坡

2005年,大庆油田决定选派队伍出征苏丹。李新民精心组织筹备,强化基本功训练,严格规范流程标准。1205钻井队不仅顺利通过了HSE[①]、IADC[②]和ISO9002认证[③],还具备了中国石油天然气集团公司甲级钻井队资质,拿到

[①] HSE是健康(health)、安全(safety)与环境(environment)管理体系的简称,或者用HSEMS表示,这是这几年出现的国际石油天然气工业通行的管理体系。

[②] IADC是国际钻井承包商协会的缩写,是世界上唯一一家代表全球钻井工业界的组织。英文全称为International Association of Drilling Contractors.

[③] ISO9002国际质量认证,强调过程化管理,现在通用的是ISO9001质量管理体系认证。

了进入国际钻井市场的"通行证"。

2006年2月21日夜晚，北京。首都国际机场灯火辉煌，由李新民率领的1205钻井队队员登上了飞赴苏丹的航班。2月23日，飞机徐徐降落在苏丹喀土穆机场，李新民和首批队员终于踏上了苏丹的土地。刚走出机舱，一股巨大的热浪扑面而来，火辣辣的阳光让人炫目，大地腾起的滚滚蒸汽更是不容分说把每个人紧紧"拥抱"，身上的毛孔像溃堤的水库，汗液迅速向外涌出。

"世界火炉"可真不是浪得虚名，50摄氏度的最高温度，78摄氏度的沙漠地表温度，一年中太阳两次垂直光顾苏丹上空。

当年"铁人"王进喜带队参加大庆石油会战时，一下火车，一不问吃、二不问住，而是先问："钻机到了没有？井位在哪里？这里的钻井纪录是多少？"同样，刚踏上苏丹大地的李新民顾不上感受非洲的"热情"，便急不可耐地问："海运的钻机到了没有？什么时候可以清关？井位定在哪儿？"时光荏苒，跨越半个世纪之后，远在非洲大地的新"铁人"李新民与老"铁人"的话如出一辙。他时刻惦记着早点清关，快点让钻机在井场上开钻。

第一次出国打井，准备工作千头万绪。李新民来不及回驻地，带领5名队友直奔货运码头。趁着海运设备还未到港，李新民急匆匆地跑到在苏丹施工的兄弟钻井队，向他们咨询和请教清关的注意事项，并提前制订了周密的清关方案，还专门给"家"里发了电传，要求事先办好相关手续。他想待海运的设备一到港，第一时间快速运到井场，好早开钻早打井早作贡献。

在焦急的等待中，设备通过海路，终于在3月7日运到了苏丹港。

设备到了，但是眼前意外的情景让所有人震惊：一艘大船足有200多米长，像受了伤的蓝鲸，疲惫地蜷缩在港口；甲板上的钻井设备盐迹斑斑，野营房的门窗不翼而飞；有些设备明显被海水浸泡过，包装上还有厚厚的盐渍。

李新民忽地冲上货船，用颤抖的手摸着设备，心立刻悬了起来。

"这是怎么回事儿？！"他干涩的喉咙发出一声低沉的怒吼，像一只受了伤的雄狮。

"船在南海遇到了特大风暴，为了保人，设备没扔到海里就万幸了。"一个船员不以为然地答道。

"快，以最快的速度清关！"他挥了挥胳膊。

此时的天空像在"下火"，豆大的汗珠掉在设备上瞬间就蒸发了。五六十摄氏度的高温，使得整个苏丹从早到晚像桑拿房一样，人即使站在那儿不动也会觉得呼吸困难。上百部设备、500多个部件、上千吨钻具，在短时间内清关绝不是一件容易的事。正常情况下，即使十几个人最快也需要半个月，而现在李新民同队友只有6个人。

得知当地有中国钻井队，李新民立刻找到他们。"你们以前是怎么清关的？大件怎么搬运比较快？走哪条道比较省事儿？"涉及清关的每个问题他都会一一向他们咨询和请教，并由此制订了一套详尽的清关方案。

面对苏丹海关人员不屑的眼光，李新民淡定地跟队友说："我们打个样儿，让他们看看什么叫铁人队！"说完，他立即带领大家按照事先制订的清关方案开始清关。

李新民带领5位队友顶酷暑、伴星辰，在"火炉之国"赤热灼人的环境中，紧张而有序地逐一清点设备，合理而有效地周

图5-12　李新民在操控台上

密组织搬运。清关是有时限的，如果不能按时清完，货物滞港要被扣罚清港费不说，钻机不能按时在井场开钻，就是违反施工合同。这样一来，既要被扣罚违约金，还要给刚刚到来的1205钻井队造成不履行合同缺乏诚信的不良影响。李新民和队友们白天用毛巾捂好全身防晒伤，晚上趁天气凉爽加班加点赶进度，紧张清点、有序搬运，确保每台设备运到井场后都能按施工要求迅速到位，避免出现堆积和"窝工"现象。他们渴了就喝一口滚热的矿水，饿了就啃一口又干又硬的阿拉伯饼，困了就靠着货物躺一下。急难交加，再加上天气炎热，没多久李新民的嗓子就发炎了，红肿的牙龈钻心地疼，嘴上也起了水泡。高强度的劳动加上酷热的天气，一天下来，每人都要喝一二十斤水，身上的工服一拧就挤出水来。工服湿了干、干了湿，身上好多地方都被磨破了，汗里析出的盐渍粘在皮肤上，感觉像针扎一样疼。特别是一蹲下干活，又湿又烫的衣

服完全裹在身上,流完汗形成的盐面直往皮肤里渗。

大部分苏丹人都是穆斯林,按照宗教信仰,港口的苏丹工作人员和搬运工每过两小时就要进行一次祈祷。他们可以去祈祷,但李新民和5位队友不能停。队友们相继中暑,几近虚脱;但是,为了"铁人"老队长的梦想,为了钢铁1205钻井队,为了大庆,为了祖国,他们咬紧牙关,毫不退缩。

就这样,6个人只用了6天就完成了清关,创造了中国石油苏丹港清关人数最少、用时最短的纪录。从港口到井场有1600千米,他们只用17天,就把102车设备全部运了过去,比同类钻井队整整少用了一周时间。最重要的是,他们抢出了时间,让人们看到了"铁人"队的速度、"铁人"队的作风。

老队长就是榜样

在家千般好,出门万事难。到达苏丹法鲁甲油田3/7区,李新民和队友们面临的考验接踵而至。他们用了6天时间清关完毕,可问题并没有就此了结。

设备因在海运过程中遭遇了大风浪,都有不同程度的损坏。其中,两台发电机的缸体和活塞面因浸入海水而腐蚀严重,盘车根本无法启动。柴油发电机是全队的动力系统,钻井施工和井队生活全靠它的保障。况且只要一开钻,还必须有两台发电机同时完好才能保证生产。更棘手的是,距离合同规定的开钻日期只有14天了,等待救援已经来不及了。

正当大家忙碌着清点设备时,突然接到了甲方下达的指令:"从即日停止DQ(大庆)1205钻井队第一口井的施工作业,限DQ1205钻井队5日内撤出井场,一切费用自理。"

原来,甲方考虑到时间紧迫,再加上设备损坏严重,而苏丹的雨季再过一个多月就要来临,若不能按设计时间完井,设备将被困在茫茫的沼泽中。所以才下了这个指令。

钢铁1205钻井队是"铁人"王进喜带出的队伍,在中外钻井史上赫赫有名、屡立战功。如今刚刚迈出国门第一步,在苏丹还没打井就要窝窝囊囊地撤离井场,这个打击可谓不小。

这种事情发生在别的井队可以理解,但1205钻井队绝不能这样。困难面前有懦夫,英雄面前无困难。不管困难有多大,只要敢于战胜它,天下就没有克服不了的困难。为了"铁人"队的荣誉,那一夜李新民彻夜无眠。

"开弓没有回头箭,困难吓不倒咱们'铁人'的后代。"

"设备趴窝了怕什么!我们就修好它。我们是谁?是中国人,是钢铁1205钻井队。苏丹的井,我们是非打不可了。"

李新民的一席话,好似一声春雷,"炸"醒了所有的队友。

"队长说得好,咱们中国人绝不能在苏丹丢份儿!"

"对啊,没有条件,咱们创造条件也要上,跟'铁人'老队长当年一样。"

第二天一早,李新民就向远在首都喀土穆的甲方总部发去简信:"我们有信心、有能力在20天之内拿下3/7区的这口探井。如果不能按时完成,一切责任由我方来负!"

李新民是个不惧怕任何困难、永远不服输的硬汉。在他的组织下,大家细心地一台一台地检修,能单独修复的就单独修好,不能单独修复的就拆开来合并修好。经过昼夜不停地抢修,至4月6日,设备基本修复了,只剩下一个最关键的部件——发电机——没有解决。

报废的两台机组无论如何也无法修复了,而余下的一台机组根本保证不了钻井正常运转。李新民立即与中国石油苏丹3/7区块前线指挥部联系,得知兄弟井队刚换下来一台发电机。"能用,但不敢保证满足需求。"李新民马上安排技术人员测算功率等指标,结论是:勉强能用。

发电机一到井队,他如获至宝,赶紧组织抢修;可是一看又傻眼了,两台发电机的型号不同。型号不同,频率和功率自然也不同。李新民舒缓的眉头又紧紧地蹙在一起;但他没有放弃,而是给远在万里之遥的国内专业技术人员打电话,请他们帮助查资料、计算数据。当得知经过调试可以并车发电时,他喜出望外,立即按国内的要求,组织大家边修理边调试。李新民一手拿图纸、一手拿电话,让国内的专家遥控指导他们改设备。

在李新民和队友的共同努力下,两台柴油发电机终于发出轰鸣声,而这时每个人的脸上都爆了一层皮。发电机修好后,1205钻井队的钻机、设备、各项资料和人员等一次通过了甲方和第三方的检测,达到了国际API标准,从而获得了钻井施工许可。

检测好不容易通过了,但这时新的矛盾又出现了。

苏丹的气候分为旱季与雨季。当时,雨季即将来临,而1205钻井队因第一口井地势低洼，开钻后若不能抢在雨季前完钻撤出，设备就将被困在沼泽中，从而影响下一阶段施工。这意味着，每停工一天，1205钻井队将损失上万美元。

甲方监督给出的建议是：一个月内如果不能完钻，最好放弃，先搬到安全的地方等待新井位。

这口井，打还是不打？李新民清楚，设备刚安装调试合格，不打井就可以搬到别的地方，安全倒是安全，而且没有任何闪失；但是这样不仅浪费时间，而且会影响全队的士气和钢铁1205钻井队的声誉。于是他鼓励大家，"井是魂，油是命，这井只能打不能撤。咱绝不能给中国人丢脸，更不能给'铁人'队伍丢脸！"

4月13日，1205钻井队终于开钻了。4月30日，1205钻井队在海外打的第一口井成功了。仅仅用了17天，1205钻井队就成功地打出了第一口井。

完钻的那一刻，1205钻井队所有人相拥而泣。李新民眼含热泪，深情地面向祖国、面向大庆喊道："老队长，我们赢了。您的梦，圆了！"

1205钻井队在海外一炮打响。在总结会上，李新民激动地说："我们的队伍打到哪里，就把铁人精神带到哪里。今天，我们就要让'铁人'这面旗帜插在国际钻井市场的最前沿，谱写1205钻井队的新辉煌！"

全力打出功勋井

李新民把1205钻井队永争一流的品格带到了国际钻井市场。他带领1205钻井队在苏丹法鲁甲油田以"铁人"王进喜"石油工人一声吼，地球也要抖三抖"的豪迈气概，攻坚克难、勇攀高峰，喜讯频传。

图5-13　李新民在巡查钻台

2007年2月，甲方在苏丹3/7区推广水平井开发，需要一支钻井队打头阵。当时3/7区共有6支钻井队，其余5支钻井队都在当地干了5年甚至10年以上，唯独1205钻井队来苏丹打井还不到一年。如果说有优势，也就是设备比较新还配有顶驱。

打水平井是让钻头、钻杆在几千米以下的地层横着走，即使是在地质情况比较熟悉的大庆，打这种井的技术难度都非常大。而且，对于3/7区块打不打水平井，甲方内部一直有争议：赞成者认为，打水平井能提高产量，有利于油田增储上产；反对者认为，3/7区块不具备打水平井的条件，容易耗时费力造成损失。第一口水平井施工的成败，事关苏丹石油公司的长远决策，所以甲方对此非常重视。

刚开始，甲方作业部经过综合考虑，打算借用1205钻井队的顶驱把第一口水平井交给经验丰富的井队打。得知这一消息，李新民坐不住了：在国内我们是大庆人，在国外我们是1205钻井队人。无论在哪儿，"铁人"队伍必须冲在前面！他立即组织骨干开会，征求大家的意见。当时，意见很一致：借设备落人后的事1205钻井队人坚决不干，井一定要由1205钻井队来打！

李新民带领大家写下请战书，意在向甲方表明诚意。

会后，李新民带着22份请战书和对这口井的分析材料，立即找到了作业部经理曹继元，对他说："设备是钻井人的臂膀，没有了设备就是断了我们的臂、卸了我们的膀。我们'铁人'队有传统，有第一就争、见红旗就扛。水平井我们在国内也经常打，而且打得挺好，就让我们来干吧。我们队能打这个头阵！"当时曹经理还有一些犹豫，李新民拿出了全队所有岗位的22份请战书，坚决请战，并保证："打不好井，全部责任由我们来负！"甲方作业部总裁当时也很惊讶，他问李新民："你知不知道，这口井风险很大，几个经验丰富的井队，都在犹豫接不接这个'刺猬'？"

李新民回答："知道，但这个活儿我敢接！我对自己的队伍有信心。"

李新民的执着和勇气感动了甲方。讨论了几天后，甲方最终决定，把这口井交给1205钻井队来打。宣布这个决定的同时，作业部总裁也扔出一句话："Manager Lee（李队长），我再提醒你一次，如果这口井打废了，至少有两个人要离开苏丹，一个是我，另一个就是你！"

打水平井被喻为"在千米地下穿针引线"，可见其难度之大。对于1205钻井队来说，打井权是争取到了，可是当时1205钻井队一共28个人，其中只有两名工程师在国内打过水平井。所以，对于能否打好这口井，李新民和队友们心里其实都没有数，队里的雇员又大多是新手，没有真正打过水平井，况且技术人员对这一区块的地质构造还不太熟悉。总而言之，他们面临着一个巨大的考验。即使有困难，李新民也从不畏难。他鼓励大家说："当标杆就得敢啃硬骨头！这困难、那困难，钻井队打不好井那才叫真犯难！"

在做打井准备的时候，李新民不断通过卫星电话联系国内，请教打水平井时应注意的要领，利用电子邮件与大庆的钻井技术专家研究工艺难点，并及时与队内各岗位交流学习。李新民还组织队友成立了学习小组，详细研究如何打水平井，周密制定技术措施。最终，他们用20多天时间就把打水平井的操作、结构和注意事项等都弄懂弄透了。

2007年2月28日，苏丹法鲁甲油田3/7区第一口水平井正式开钻。李新民几乎二十四小时盯在井上，要求对每一米进尺状况都要事先核实参数，事后还要进行记录以积累资料。他不停地到井场各关键点去巡查，不断翻阅并参照前期钻井数据，督促各岗位严格按照施工设计打钻，对施工中的各种工况进行反复提醒，尽可能避免误操作。他还积极与国际知名公司斯伦贝谢协商技术措施，严格按照标准和设计组织施工。

最后，1205钻井队仅用26天就拿下了这口斜深2050米、最大斜度90.5°、水平段长达670米的水平井，创造了当时国际国内的钻井新纪录。甲方经试油，该井日产原油6000～8000桶，相当于普通直井产量的2～3倍。

第一口水平井成功完钻，为3/7区快速上产提供了新的技术支撑，也为3/7区今后推广水平井积累了成功的经验。这口井打得十分出色，甲方很是感激，他们明确提出：3/7区今后的水平井都要优先让DQ1205钻井队来打。

得到这个认可的时候，李新民流泪了。在海外打井这一年，是他这辈子最苦最难的一年；但现在，他觉得一切都值了。"我们不只立起了钢铁1205钻井队的旗帜，还在苏丹叫响了大庆钻探的品牌。只有让人们知道，'铁人'的队伍是这儿的NO.1（第一），这个时候我们才是真正把井打到了国外。"

2007年，中国石油天然气集团公司领导视察在苏丹工作的队伍，盛赞这口井是"功勋井"。此后，李新民带领1205钻井队乘胜追击，连续打了37口水平井，口口全优，创出23项纪录。

2008年，李新民带领1205钻井队获得了苏丹甲方授予象征最高荣誉的PDOC"钻井杯"。

2009年2月14日，苏丹PDOC公司、苏丹能矿部官员特地从喀土穆乘专机来到大庆油田钻探工程公司1205钻井队3/7区施工井场，向他们颁发PDOC2008年度钻井杯和奖状。

"感谢DQ1205钻井队为苏丹PDOC公司提供的优质服务，在过去的2008年里，DQ1205钻井队安全并成功打出9口水平井。我们赞赏他们在装备管理、运营组织、工作效率、HSE管理上的出色表现……"这是苏丹甲方授予钻井方的最高荣誉，也是李新民和队友们艰辛努力的结果。

异国他乡立新规

2010年10月，李新民主动请缨，转战伊拉克哈法亚市场。李新民心里清楚，苏丹难，伊拉克更难；苏丹险，伊拉克更险。但是，为了祖国的石油战略安全，当伊拉克石油前景好于苏丹的机遇摆在面前的时候，李新民毅然决然地选择了祖国的需要。

战后的伊拉克，完全成了炮火连天，汽车炸弹、危险丛生的代名词。在得知李新民要转战伊拉克时，很多人劝过他："咱们在苏丹能干到现在这样，太不容易了，正是顺风顺水的时候，为什么非要去伊拉克？"他一笑，随后严肃地说："伊拉克项目刚启动，特别需要有经验的队伍，咱得带头上！"

一念之间，李新民的井场由苏丹转为伊拉克的哈法亚油田。伊拉克虽然石油丰富，但是地下含盐也高、地层压力较大，而且有很厚的石膏层，即使熟悉哈法亚的地质状况，要打好井也不容易。更何况，当时李新民能拿到的资料，完全是几十年前粗略勘探的地质资料，许多关键数据根本没有。也就是说，可以作为参考的数据资料几乎是零。

更糟糕的是，按照海外属地化的要求，只要有一个中方员工在此工作，就得雇用5个当地人。因此，队里仿佛在突然间就

图5-14　李新民作为全国人大代表接受采访

一下增加了50多个伊拉克人。这一切意味着，李新民的这支队伍要从头开始。

用大庆精神、铁人精神带队伍，在国内管用；但在国外就有点捉襟见肘——外国人可理解不了什么是铁人精神。

针对这种情况，李新民创新管理方式，提出"不分肤色、不分种族，把雇员都当兄弟"的管理理念。

当地员工不懂钻井技术，李新民就带头手把手地教，还把国内创建的"青工岗位技校"搬到苏丹，加强对当地雇员的技术培训，对表现突出的员工进行表彰，给他们戴大红花。苏丹与中国饮食习惯有天差地别，李新民就采取分餐制，一日三餐均分为中餐和苏丹人爱吃的西餐。对于甲方监督和苏丹雇员，每天给他们安排牛羊肉炖菜、阿拉伯饼，早餐配咖啡，午餐和晚餐配香蕉、葡萄等水果。对于爱吃中餐的当地员工，李新民就教他们用筷子。

外籍员工的生活需要关心，他们的文化习俗同样需要尊重。为此，李新民在中方员工中提出了"五不准"：不准说带有侮辱性的语言，不准做带有挑衅性的手势，不准带有歧视性的表情，不准逗引雇员说脏话，不准谈论有敏感性的话题。苏丹雇员都信奉伊斯兰教，每天都要做祈祷。李新民专门为他们安排祈祷场所，每天专门给他们一定的祈祷时间。

井上开钻后，李新民就更忙了，除了白天盯现场，晚上还一直待在电脑前"干活"。队员问他，"队长又琢磨啥道道呢？"后来大家才知道，他在谋划一件目标长远的大事——制定规范。

每天晚上，李新民都把当天的资料整理出来，一条一条地列得清清楚楚。第二天，拿着这些"条条框框"去跟甲方监督交流。一开始，甲方监督不太相信他，但随着井越打越深，他所预料到的每一个情况都特别准确，想出的一些解决对策也都见效了，甲方监督才开始对他刮目相看，后来就直接主动地征求他的意见。一口3000多米的定向井，即使中间出现了4次复杂情况，李新民仍然带领他的队员提前19天就打完了。

李新民边打井、边研究，把掌握的第一手地质资料和施工经验，总结成了10个"不应该"、22条经验教训和16项施工标准，为当地雇员量身制定了一套培训规范，并得到了甲方的高度认同。甲方明确提出，以后在哈法亚，打井就按李新民队长总结的这套规范进行岗位培训。从那以后，这套打井规范就成了整个哈法亚的打井标准。

李新民带着他的大庆队员，一路走，一路证明着他自己常讲的那句话"'铁人'队，就是要把示范变成规范，把标杆变成标准！"他带领的队伍不是最早进入哈法亚的队伍，却是在哈法亚拥有最多订单的队伍。一位大庆队员曾自豪地说："在竞争激烈的伊拉克，在充满希望的哈法亚，新民队长带着我们，已经把'铁人'的根脉牢牢地扎下去了。"

新时代，新担当。习近平总书记在党的十九大报告中深刻指出："中国共产党人的初心和使命，就是为中国人民谋幸福，为中华民族谋复兴。这个初心和使命是激励中国共产党人不断前进的根本动力。"

大庆油田从诞生之日起就始终不忘初心、牢记使命，坚持党的领导、听从党的召唤、胸怀党的事业，与国家和民族的前途命运紧紧联系在一起，为确保国家石油战略安全作出了不懈努力和突出贡献。

60多年来，从王进喜、王启民到李新民，以这三代"铁人"为代表的大庆石油人，用热血、忠诚乃至生命，在不同历史时期生动诠释了"爱国、创业、求实、奉献"的时代内涵，凝聚起推进发展的强大力量。

第六章 06

对践行社会主义核心价值观的助力作用

　　社会主义核心价值观，是社会主义制度的内在精神和生命之魂。从一定意义上讲，一个社会的核心价值观，反映社会意识的本质，涵盖社会发展的指导思想、意识形态、价值取向，影响人们的思想观念、思维方式、行为规范，是引领社会前进的精神旗帜。"铁人"王进喜当年就曾说过："在我们生活的道路上经常有两只手左右拉我们：一只是无产阶级大手，它指引我们，拉着我们走向革命化；一只是从黑暗中伸出来的资产阶级黑手，它千方百计勾引、迷惑我们，让我们走入歧途。这就是阶级斗争。虽然无产阶级大手是强有力的，可是如果我们自己不加强思想改造，认清资产阶级阴谋，就可能不知不觉地被资产阶级拉过去。"可以说，"铁人"一生用自己的实际行动践行着社会主义核心价值观。

一、铁人精神是我党的政治优势所在

铁人精神是我们党建设社会主义的基本理论、基本路线同石油工业发展实践相结合的产物。20世纪50年代,新中国国民经济经历了三年恢复期后,国家建设开始执行第一个五年计划,进入有计划的社会主义建设阶段。1958年2月,余秋里同志临危受命,出任石油工业部部长。他抓的第一件事就是组织制定石油工业第二个五年计划期间的战略发展规划,要把石油地质储量搞到20亿吨,年产原油800万～1000万吨。按照党中央、国务院关于石油勘探战略重点东移的重大决策部署,成立松辽石油勘探局,加紧进行松辽盆地石油勘探工作。1959年,终于在松基3井取得决定性突破,随后组织开展了松辽石油大会战。正是这场气壮山河、波澜壮阔的石油大会战,开创了我国石油工业发展的新纪元,孕育了后来成为中华民族精神重要组成部分的铁人精神。

这个优势体现在石油大会战中广大职工所表现出的革命精神和英雄气概感天动地。

1959年9月26日,国庆10周年前夕,以松基3井喜喷工业油流为标志,宣告了大庆油田的诞生。1960年2月12日,石油工业部党组向中央呈送了《关于东北松辽地区石油勘探情况和今后工作部署问题的报告》。中央接到《报告》后,迅速于1960年2月20日下发中央文件,要求全国各有关方面给予支援。根据党中央、国务院的战略决策,在石油工业部党组和会战工委的领导下,在全国人民和解放军以及石油战线的大力支援下,开展了轰轰烈烈的石油大会战。

当时,正值国家三年严重困难时期,国外又对我国实施技术封锁。面对极端艰难困苦的生产生活条件,以"铁人"王进喜为代表的几万石油大军,以"有条件要上,没有条件创造条件也要上""宁肯少活二十年,拼命也要拿下大油田""誓把我国石油落后的帽子甩到太平洋里去"的豪迈气概,独立自主、自力更生,仅用三年时间就高速度高水平地拿下了大油田,并在大会战的实践中形成了艰苦创业的"六个传家宝",即:人拉肩扛精神、干打垒精神、五把铁锹闹革命精神、缝补厂精神、回收队精神、修旧利废精神。

与此同时,在会战队伍中培育形成了"两论"起家的优良传统;"三老四严""四个一样""严、细、准、狠",为革命负责一辈子的主人翁责任感和使命感;为了大会战的胜利,有也上、无也上,敢想、敢说、敢干,敢于让困难在我们面前发抖的革命英雄主义和忘我无私的工人阶级优秀品质;团结互助,把困难留给自己,把方便留给别人,一切都自己动手,不当伸手派,爱护集体荣誉的共产主义风格;说干就干,讲究速度,实现一个"快"字,雷厉风行的战斗作风,只当第一、不要第二的争先创优意识;质量第一、又红又专、精益求精,不合格就推倒重来,为子孙万代负责的科学求实的工作态度;把工作做到基层、做到井底,"一竿子插到底"的扎实作风等一系列好思想、好作风、好传统。这些会战作风的形成,是会战工委在平时工作中,事事讲作风、时时讲作风、处处讲作风、人人讲作风,反复提倡、长期坚持、精心培育的结果。会战作风是经过广大会战职工艰苦实践,用心血和汗水换取的宝贵精神财富。会战作风的发扬光大,是铁人精神不断发展的活水源头。

经过三年艰苦卓绝的石油会战,到1963年底,大庆油田产油439.34万吨,占全国647.78万吨的67.8%。1963年12月4日,周总理在全国人大二届四次会议上宣布中国石油基本自给。郭沫若还为此特地填了一篇激情澎湃的词章《满江红·颂石油自给》。词中写道:

> 一滴煤油,一珠血,人都知道。旧时代、因循苟且,叩头乞讨。命运全凭天摆布,咽喉一任人掐倒。玉门关、锁匙也因人,堪愤恼! 破迷信,碎镣铐。主奖励,抓领导。仅三年地底,潜龙飞跃。众志成城四第一,铁人如海全五好。颂今朝、解放地球军,强哉矫!

从中我们不难看出对铁人精神,对这种革命精神、英雄气概和卓越贡献给予的热情讴歌和高度赞扬。

这个优势体现在1964年中央发出的78号文件,首次向全国推出了大庆会战的九条基本经验。

1964年初,石油工业部部长余秋里、副部长康世恩在人民大会堂,向中央国家机关、北京市部分领导干部以及一些工矿公交企业职工,作了《关于大庆石油会战情况的报告》。鉴于各方面的强烈反响,2月5日,中共中央以"中发(64)78号文件"转发了这个报告。《报告》总结了大庆会战的9条经验:社会主义现代化企业,必须革命化;高度的革命精神与严格的科学态度相结合;现代化企业要认真搞群众运动;认真做好基础工作,狠抓基层建设;领导干部亲临前线,一切为了生产;积极培养和大胆提拔年轻干部;培养一个好作风;全面关心职工生活;认真地学习人民解放军的政治工作经验。同年4月20日,《人民日报》全文发表了由新华社记者袁木、范荣康采写的第一篇公开向全国报道大庆石油会战情况的长篇通讯《大庆精神大庆人》,并配发"编后话"指出,大庆精神,就是无产阶级的革命精神。大庆人,是特种材料制成的人,就是用无产阶级革命精神武装起来的人。这种精神、这种人,正是我们学习的崇高榜样。

1964年底,周总理在第三届全国人大第一次会议上所作的《政府工作报告》中,也精辟阐述了大庆的基本经验,指出:"这个油田的建设,是学习运用毛泽东思想的典范,用他们自己的话说,是'两论起家',就是通过大学《实践论》和《矛盾论》,用辩证唯物主义的观点,去分析、研究、解决建设工作中的一系列问题。这个油田的建设,也是大学解放军、具体运用解放军的政治工作经验的典范。这个油田的建设,自始至终地坚持了集中领导同群众运动相结合的原则,坚持了高度革命精神同严格科学态度相结合的原则,坚持了技术革命和勤俭建国的原则,全面体现了社会主义建设总路线多快好省的要求。"从此,铁人精神和大庆经验开始在全国叫响。

这个优势体现在1977年中央召开全国工业学大庆会议,再次把大庆经验推向全国。

虽然从1964年开始,一场学习大庆经验、创大庆式企业的运动就已经在全国兴起,但此后不久持续十年的"文革"开始后,林彪、江青一伙把矛头对准大庆,诬蔑大庆是"唯生产力论"的典型,大庆的基本经验是"修正主义"的东西,"三老四严"、"四个一样"、岗位责任制是套在工人脖子上的精神枷锁,叫喊要"火烧一切制度、彻底解放工人"。更为严重的是,他们竟鼓吹"不搞科研照样出油",造成了油田生产管理上的混乱。他们还不准宣传大庆,不许学大庆,反对召开全国工业学大庆会议,使工业学大庆运动受到严重干扰和破坏。直到粉碎"四人帮"后，全国工业学大庆会议才终于得以召开。

1977年4月20日，全国工业学大庆会议在大庆举行开幕式，来自全国各地的7000名代表参加会议。大会于5月13日在北京闭幕。在这次会议上，中央明确提出了大庆式企业的六条标准：一是认真学习马列主义、毛泽东思想，坚持党的基本路线，坚持企业的社会主义方向；二是有一个坚决执行党的路线和政策，密切联系群众，团结战斗，"老中青"三结合的党的领导核心；三是有一支能在三大革命运动中打硬仗，具有"三老四严"革命作风的职工队伍；四是坚持"两参一改三结合"的原则，有一套依靠群众、符合生产发展要求的科学的管理制度；五是在技术革新和技术革命方面不断有新的成果，全面完成国家计划，主要技术经济指标达到国内先进水平；六是坚持五七道路，以工为主、兼搞别样，在有条件的地方，像大庆油田那样搞好农林牧副渔业生产，在搞好生产的同时，安排好职工生活。特别是，这次大会重新肯定了大庆的成绩和经验，肯定了工业学大庆运动的作用和意义，并授予"全国大庆式企业""全国先进企业"称号2126个，授予"全国先进生产者"称号385人，再一次掀起了全国范围的工业学大庆运动。

这个优势体现在1981年中央发出47号文件，充分肯定了铁人精神及六条大庆基本经验。

1981年12月18日，中共中央以47号文件，转发了国家经委党组《关于工业学大庆问题的报告》。这个《报告》指出，大庆油田在生产建设实践中，创造了许多好的经验，其中最可贵的，是他们从油田的实际出发，认真学习和运用毛泽东思想，在实际斗争中培育出来的大庆精神、铁人精神：大庆职工面对苏联霸权主义的封锁，那种发愤图强、自力更生、以实际行动为中国人民争气的爱国主义精神和民族自豪感；在严重困难面前，那种无所畏惧、勇挑重担、靠自己双手艰苦创业的革命精神；在生产建设中，那种一丝不苟、认真负责、讲究科学、"三老四严"、踏踏实实做好本职工作的求实精神；在处理国家和个人关系上，那种胸怀全局、忘我劳动、为国家分担困难、不计较个人得失的献身精神。这些都是中国工人阶级优秀品质的表现，是需要大大提倡和发扬的。过去我们靠这种精神，甩掉了石油工业的落后帽子，今后还要靠这种精神，推进社会主义现代化建设。同时指出，大庆油田还在其他许多方面，为我国工业生产建设提供了丰富经验：一是坚持思想领先的原则，深入细致地做思想政治工作，不断加强领导班子和职工队伍建设的经验；二是坚持学习"铁人"王进喜，年年进行总结评比，选模范、树标兵，以一批先进个人和先进集体带动整个队伍革命化的经验；三是坚持科学态度，掌握第一性资料，加强基层建设、基础工作、基本功训练，建立以岗位责任制为中心的各项管理制度的经验；四是依靠职工管理企业，重视发挥工程技术人员的作用，发扬政治民主、技术民主、经济民主，坚持"两参一改三结合"的经验；五是提倡领导机关和后勤部门面向基层，为生产第一线服务的经验；六是在发展生产的基础上逐步改善职工生活，组织职工家属因地制宜地发展农副业生产和创办集体福利事业的经验。文件不仅是对大庆精神铁人精神、大庆经验的又一次总结，而且更主要的是，明确了大庆精神铁人精神、大庆经验在改革开放和社会主义现代化建设新时期的历史地位和现实意义。

破牛棚办缝补厂

1960年冬，在大庆会战最艰难的时刻，石油工人艰苦创业、大干快干，衣服破了顾不上补，脏了顾不得洗。后勤工人和家属同志们学习"铁人"和一线石油工人革命加拼命的精神，千方百计减轻国家负担，全心全意为大会战服务。在党委支持下，3名转业战士和5名家属白手起家，在两栋破牛棚里办起了缝补组。他们以"铁人"为榜样，积极创造条件开展工作。没有设备，就找来两口大锅——一口烧热水，一口煮油工服；没有洗衣盆，就用喂牛的木槽子代替；没有针线剪刀，就从家里拿；缺少补丁布，就背着麻袋去捡破烂……寒冬腊月，同志们的手被冻得裂出一道道血口子，又整天泡在碱水里洗衣服，钻心地疼；但是没有一人叫苦叫累。就凭着这股劲，第一年就拆洗缝补了1万多件劳保用品。

在增加简单修旧项目的同时，他们又承担了加工"两旧一新"棉工服的服务。他们把不能穿的旧工服收回来，拆洗干净，用旧布作里子，把旧棉花弹好后絮上，再配上新布面。这样，原来加工一套棉衣的新布就可以做两套棉衣，使有限的物资发挥了更大的作用。"新三年、旧三年，缝缝补补又三年"的节俭传统，就这样传承到了工业化生产上。工作中，大家提出了"伸手没出息，动手长志气""自力更生，装备自己"等口号，先是和大泥、脱土坯，把东倒西歪的牛棚改建成流水作业的生产车间。又捡来废砖头，盖起了简易的锅炉房和洗衣房，并用木板制作了土洗衣机和其他必需的生产工具，使缝补组焕发了生机，为会战时期改善职工的生活条件发挥了重要作用。对于这个新生事物，各级党政部门高度重视。经多方努力，陆续为缝补组增加了人员，还添置了几十台缝纫机，正式办起了缝补厂。从此，缝补厂的生产能力不断增强，从原来的缝缝补补发展到翻新补旧，制作新的工服、工帽、工鞋等17种劳保用品；为了方便高空作业的职工，还专门制作了皮大衣、皮背心、皮裤、皮护膝、猴式皮帽、垫肩等，使油田工人的劳保用品基本上达到了自给，被石油工业部誉为"勤俭办厂模范"。

一分钱掰两半花

从创业之初开始，缝补厂过的就是苦日子、穷日子、难日子。特别是经过党支部勤俭办厂的思想教育，全厂上下形成了以节约为荣的风气。

从拆旧工作开始，同志们不仅认真仔细地把布拆好、理好，还要把旧衣服上的纽扣和领、裤钩收集起来。拼旧里子和裁剪的同志们，本着"废材利用，缺材代用，小材大用，好材精用"的原则，把大块布用作棉里，小块用来补洞眼。乍一看加工车间，节约潜力不大，但机工们算细每一笔账，从小线头处着手，节约从点滴做起。至于修理工和几位老技工，名堂就更多了，除了坚持机器坏了自己修，配件断了自己焊，积极主动保生产外，还经常从"合理的消耗"中发现不合理的浪费。哪怕是仅值5厘钱的缝纫机皮带沟都不放过，修理工陈维汉放弃午休，捡来废钢丝，先后做了2000多个皮带沟。他们利用废旧材料，研究制造了简易扫棉机，一天就能扫下3两多棉花，功效也大大提高了。

由于全厂同志的艰苦努力，厂里的工作越来越主动，大批以修旧利废为主的劳保用品送上了生产前线，并受到了领导和工人们的好评。他们把外界的评价当作干好工作的动力，不断给自己找问题、找差距，加担子、加压力。大家说，缝补厂就是为会战职工服务的，他们打到哪里，我们就应该优质服务到哪里。截至1977年底，缝补厂共拆旧翻新工服等各种劳保用品40万件，累计节约棉布92万余米、棉花46万余千克、纽扣200余万个，折合人民币350余万元。

工厂办到前线上

既然是为会战服务,就应把厂子办到前线去。后来,厂里提出"三人工作两人干,抽出一人上前线"的办法,不定期组织人员抬上缝纫机,背上旧布和修鞋、洗衣工具,到附近的井队和施工现场去拆洗缝补。随着人员的增加,又专门成立了缝补小分队,定人、定车、定期到边远生产单位去服务。

1963年入冬的一天,多名同志顶着北风和雪花,一早就上路,大家背的背、扛的扛,赶到井队驻地时已是满身大汗了;可是女工和大嫂们顾不得休息,立即从各个帐篷中拿出脏被褥、脏衣服和破衣服等,洗的洗、缝的缝。为了不影响倒班工人休息,钉鞋和补衣服的同志把空着的一间帐篷让给洗衣服的同志,自己在外面摆开了摊子。有的人手脚冻麻木了,有的人手上被扎出了血……

随着油田开发面积的不断扩大,小分队的战线不断延伸。有时遇到特殊情况,同志们自觉揽麻烦、让方便,千方百计为前线工人排忧解难。缺少纽扣了,她们从自己身上剪;缺少布料了,就把自己衣服上的兜布撕下来当补丁。前线工人深受感动,反响十分强烈。有人写诗赞扬道:"天气变化微觉寒,党委派来缝补团。洗了被褥又添棉,修鞋补衣样样干。一心一意为会战,阶级情谊暖心间。我们一定加油干,早日拿下大油田。"

要永远艰苦奋斗

1966年5月4日,那是一个天蓝地绿、春光明媚的日子。周恩来总理乘坐一辆蓝色的普通大客车来到了缝补厂,详细听取了关于缝补厂5年多来发展历程的汇报,仔细观看了陈列的图片和实物,特别是荣获的每一面锦旗。

接着,周总理向各个修旧利废岗位走去。他首先走进又脏又累的拆旧班,屋内遍地是油井衣,满屋飘灰尘。正在紧张工作的家属们,发现日思夜想的周总理就站在面前,激动得说不出话。总理仔细打量着屋里的陈设,满意地点头,一面同大家握手,一面亲切地鼓励道:"你们这样做很好,要永远艰苦奋斗!"一名家属刚把手伸向总理,猛然想起手上沾满油污,就急忙抽手去擦,但是总理已紧紧握住了她的手。这个同志感动得流出了热泪。

周总理来到加工车间,见正在加工"两旧一新"棉工服,便停住脚步询问身边的家属同志:哪年来大庆的,家乡在哪里……当听说有个家属是邢台人时,总理十分关切地问道:"地震后家里损失大不大?有什么困难?"这名家属激动地回答:"损失不大。有党和政府的关怀,也没啥困难。"总理听后放心地笑了,又鼓励说:"要好好工作,你们的工作很光荣。"

总理走后,全厂干部群众立即进行座谈讨论。大家从总理穿的衣服上那洗得毛了边的领口、袖头,谈到他老人家那无限深情的鼓励和期望……大家深深感到,这不仅仅是一次幸福的会见,更是为今后工作指明了继续前进的方向。

此后,缝补厂不仅生产加工能力和技术设备水平迅速提高,而且修旧利废范围不断扩大。更重要的是,培养了一支革命化的职工和家属队伍,形成了一种以艰苦奋斗为荣、以勤俭节约为本,有远大理想,能吃苦耐劳,兢兢业业、埋头实干的厂风和职业道德。虽然缝补厂的员工几经流动,但厂风和职业道德始终得以不断传承和弘扬,后来被油田广大职工亲切地赞誉为"缝补厂精神"。

岗位责任制由来

1962年5月,北二注水站吸取兄弟单位因制度不健全、管理不完善,不幸被一把火烧得精光的教训,党支部围绕"一把火烧出来的问题"开展大讨论。

"这一把火烧在中一注水站,也烧在注水工的心上。过去认为注水工作就是那么一回事,按各自的经验去干工作,缺乏严密的组织和统一的制度……"指导员秦时栋首先谈了自己的感触。接着谈到事故原因,大家纷纷讨论开了。这个说:"还不是平时不注意,管理乱糟糟造成的!"那个说:"我看关键是没有严格的制度,谁干啥管啥都不清楚。"顿时,会场沸腾起来。

经过讨论,查出了中一注水站失火的原因和本站存在的许多问题。大家一致认为,制定合理的规章制度十分必要。可用什么措施制定什么样的规章制度?大家一时一筹莫展。

一天中午,太阳火辣辣的,站上的电工气喘吁吁地闯进值班室,冲着班长祝良云喊道:"一号泵停了!"祝良云腾地站起来问:"怎么停的?你慢慢说。"

"也不知道啥原因。我看仪表才发现的。"

他们迅速向队部汇报，在队长的指导下，经过一个多小时的检查，事故原因查出来了。原来，由于平时不注意维修和保养，致使螺丝松动，连杆折断，触坏滑板，迫使停泵。抢修了七八天，起码少注水1万多立方米，直接影响了采油。针对这次事故，党支部当天晚上召开全站职工事故分析会，围绕一号泵的事故，从中吸取教训。原来，这种泵功率大、排量大、震动也大，固定连杆的12个螺丝，每经过一段时间运转就会震松，若不及时拧紧，就会震断，掉连杆。如果事先人人都掌握这个规律，就应该对设备按时检查、保养。可是，这台泵运转了一个多月没人发现这个问题，也没有停下来检查保养。光叫马儿跑，不叫马儿吃草，怎么能不出问题？要把革命精神同科学态度相结合，扎扎实实地掌握工作中的规律，才能使生产达到预想的效果。

统一认识后，党支部发动群众进行大调查，从查物点数做起，把全站所有设备、闸门、螺丝、工具、仪表、图纸、记录等硬是摸得一清二楚。"家底"摸清了，怎么管理起来呢？他们借鉴张洪洲班的经验，把每样东西、每件事情，由谁管、负什么责任都落实到人头，使每个岗位工人明确职责，了解自己应该干什么、管什么、怎么管，达到什么程度和有什么权利。于是，他们将全站的工作按照生产工艺和工作量大小划分为5个区8个岗位，明确规定每个岗位的责任，做到人人有专责、事事有人管、办事有标准、工作有检查，总结出了一套规章制度，在全站各班推广执行。这就是最初的"岗位专责制"。

泵站工作有了分工，但工作交叉、业务繁杂，怎样才能管好呢？他们借鉴田发林班的经验，巡回检查设置一条合理路线，先干啥、后干啥，都一清二楚。将工作重点放在那些容易出问题的部位上，划分了一些检查点，制定出"巡回检查制"。

作为连续生产单位，怎样使上下班之间互相衔接、不误生产呢？他们学习苗安安班的经验，每次接班时都提前半小时上岗，摸清问明所有生产情况，做到少一件工具都不接班，创立了好的管理经验——"八不交接的交接班制度"。

吸取了一号泵连杆折断的教训，制定了"设备维修保养制度"；针对过去注水水质化验分析数据有时不全不准的情况，制定了"质量负责制"。在五大制度初步形成的时候，大庆会战指挥部副指挥兼生产办主任宋振明给予了充分肯定。同时，还把其他单位总结的"岗位练兵制""安全生产制""班组经济核算制"纳入一起,统称为"岗位责任制"。

这些制度把日常千头万绪的具体事情和广大职工大干社会主义的积极性很好地结合起来,使工人群众可以按照一套科学的办法甩开膀子大干。后来,这些成为油田一条重要的管理经验,有力地推进了生产运行和各项工作的有序开展。1964年周恩来总理视察油田时,对岗位责任制给予了充分肯定和高度评价。

二、铁人精神是企业的精神动力所在

铁人精神作为精神动力,使大庆油田成为我国工业战线的一面旗帜。1990年2月25日至27日,刚刚就任中共中央总书记、中央军委主席不久的江泽民同志,就来到大庆油田视察。在两天多的时间里,他先后深入油田井站、科研院所、施工现场,走访了20多个单位。当他看到年轻一代大庆人正在把老一辈的好传统接过来、学起来、做起来,朝气蓬勃地成长,呈现勃勃生机时非常高兴。这里如火如荼的工作场面,大庆队伍良好的精神面貌,给他留下了深刻的印象。他兴奋地说,这里到处洋溢着体现中国工人阶级风貌的大庆精神,这就是:为国争光、为民族争气的爱国主义精神,独立自主、自力更生的艰苦创业精神,讲究科学、"三老四严"的求实精神,胸怀全局、为国分忧的奉献精神。至此,大庆精神"爱国、创业、求实、奉献"的基本内涵被最终确定下来。

经常与大庆精神相提并论的是铁人精神。我们一说到大庆精神,往往就不能不提一下铁人精神。可以说,铁人精神是对王进喜同志崇高思想、优秀品德的高度概括,是我国石油工人精神风貌的集中体现,是大庆精神的具体化、人格化。这种人格他主要体现在"铁人"日常工作、学习和生活的方方面面。比如,在胸怀祖国方面,他说:"这困难、那困难,国家缺油是最大的困难;这矛盾、那矛盾,国家建设等油用是最大的矛盾。""我恨不得一拳头砸出一口井来,赶快拿下大油田,把石油落后的帽子甩到太平洋里去,给我们党争光,给中国人民争气。""要快速发展中国石油工业，争取早日实现全国原油产量上亿吨，在世界上排名前列。"在艰苦奋斗方面，他说："艰苦就是光荣，艰苦就是幸福。""上，我们多吃苦；不上，国家就更困难。""艰苦奋斗、自力更生是我们的传家宝，一万年不变。""几天几夜不睡觉算不了什么，流几身汗也算不了什么，只要把国家建设好，幸福在后头。"在苦干实干方面，他说："干，才是马列主义；不干，半点马列主义都没有。""说一千、道一万，社会主义要靠干。""干革命就得有干劲，没有干劲就不是革命。""我只有一身力气，你们献物我献工。"在攻坚克难方面，他说："对待困难，我们要承认它、认真对待它、想办法解决它。""有困难怎么办？这就像打仗一样，只能进、不能退，只能上、不能等！""干革命，就会遇到困难，有困难就要斗争。""石油工人一声吼，地球也要抖三抖。石油工人干劲大，天大困难也不怕。"在认真负责方面，他说："井无压力不出油，人无压力轻飘飘。""打井要高标准，盖房子也得高标准，干什么都要高标准。""我们打的是科学仗，一定得有个细劲儿。""办事情、干工作，不能光图表面，就是要'三老四严'，要里外一样才行。"在热爱学习方面，他说："没有文化，不识字，读不了毛主席的书，怎么带好队伍？""虽然书本很沉，笔杆很沉，我得拿书本、拿笔杆，这才能少干死活儿，少做笨事！""我学会一个字，就像搬掉一座山，我要翻山越岭去见毛主席。"在廉洁自律方面，他说："严格要求别人，首先要严格要求自己。""脱离劳动，就会脱离群众；脱离群众，就一定会犯错误。""我是个钻工，当了干部还是个钻工。""不能特殊，不能高人一头。""一切成绩和荣誉都是党和人民的，我的小本本上只能记差距。"1966年10月4日，王进喜应邀到人民艺术剧院看演出，演员李光复拿一本毛主席语录请他签字。他先签上了"大庆油田王进喜"和日期。李光复又请他写几句，他就在不太宽裕的天头处写下了著名的"五讲"（这成为铁人精神的点睛之笔），即：讲进步不要忘了党，讲本领不要忘了群众，讲成绩不要忘了大多数，讲缺点不要忘了自己，讲现在不要割断历史。

"小老虎"与"土专家"

在艰苦创业的道路上，1205钻井队闯过了一个又一个难关，登上了一个又一个高峰，被会战工委命名为"钢铁钻井队"。1964年，1205钻井队提出了"以'铁人'为榜样继续攀登钻井新高峰"的奋斗目标。他们坚持冬季整训，苦练基本功，在实际工作中练就过硬本领。

从此，队里掀起了苦练基本功、大搞技术革新的热潮。当时是数九寒天，户外滴水成冰。大家提出，地冻三尺雪成山，钻井工人无冬天。队长和党支部书记带领职工冒着严寒在驻地院内建起的练兵场，把几百斤重的大钳吊上，开展岗位练兵。有个叫"小老虎"的职工，大雪天穿着单衣练，一气能打几百次大钳，成功率在全队位居第一。柴油机司机苏顺国，一段时间曾吃饭睡觉都在琢磨柴油机革新问题。那时，队里用的柴油机在钻台附近，一是噪声震耳，浓烟呛人；二是春季风大，容易着火。苏顺国针对这些难题煞费苦心，同孙崇德一起反复琢磨，大胆实践，终于研制出柴油机"消声器"和"防火器"，被大家称为"土专家"。

1966年是1205钻井队顽强拼搏之年，也是决战之年。年初，同1202钻井队一起提出了年上5万米的奋斗目标。夺下5万米后，又听说美国有个"王牌"钻井队，一年打了90325米。1205钻井队与1202钻井队并肩作战，又把目标瞄准了10万米，并立下了"不上十万非好汉，不夺冠军心不甘"的战斗誓言。1205钻井队始终坚持"干劲要大、步子要稳、标准要高、基础要牢"的工作方针，对人员进行科学组合，采取多项具体作战办法，确定了"日上千、月上万"的具体指标，保证10万米总目标的实现。全队职工争分夺秒、苦干实干加巧干，在夺得首季开门红的基础上继续攀登，4、5、6月连战连胜，创出了月"10开10完"的纪录。

一个"秀才"的转变

1205钻井队有一名被称为"秀才"的工人，是1958年毕业的高中生，叫张秀志。刚到井队时，他在日记中写道："望草原唉声叹气，当钻工真没出息，论前途更成问题，理想不能实现到处扯皮。"曾一度产生厌战情绪和悲观思想。后来，通过一人一事的思想政治工作，在"铁人"和其他同志的模范行动感召下，他终于树立了干钻井、爱钻井、干好钻井的思想。他从《钢铁是怎样炼成的》一书中懂得了真正的革命人生观，他说理想和前途就是"奋斗"。因此，他在工作中表现很突出，被评为五好红旗手，还当了司钻。于是，又在日记中写道："望草原欢天喜地，当钻工真了不起，论前途远大无比，革命工作一生奋斗到底。"他在打10万米的战斗中带领全班猛打猛冲，克服蚊虫叮咬、高温酷暑等艰难困苦，连续一个多月没有倒班回家。他妻子和孩子感冒发烧，孩子甚至高烧到40℃，被"铁人"大队长硬拉到车上送回家。他到卫生所买了退烧药送回家，第二天上午便又匆忙赶回井队……他成为了响当当的生产骨干。

一封"特殊"的电报

就在打10万米进入关键时刻，共产党员马继瑞突然收到"父病故速回"的电报。队领导一再劝他回去处理家事，但他却悄悄擦去脸上的泪水，忍着内心的悲痛，只给年迈的母亲写了一封长信说明了情况。他向队长请求道："10万米的战斗很艰巨，我不能离开岗位，还是到年底再说吧。"他硬是一直坚持战斗在钻台上。一天，钻机轰鸣，泥浆奔流。几十双眼睛盯着飞旋的钻杆。马继瑞怀着丧父的悲痛心情，紧握刹把，直至顺利钻透5万米，甩掉了苏联"功勋"钻井队。"铁人"老队长从大队专程赶到钻台向新一代钻工祝贺，并激动地说，你们打得真漂亮！

这场打10万米的战斗受到了"文革"的干扰和冲击。北师大附中的4名女学生串联到队里，散布"全国都在轰轰烈烈搞'文化大革命'，队里光知道低头打井不知道抬头看路"，扬言要砸烂1205钻井队这块石油工业部的金字招牌；但是一看全队职工长年在野外拼命打井，没什么反可造，便产生了几分同情心理。可是到了秋天，油田上的和外来的红卫兵纷纷来到1205钻井队。造反派们提出"砍红旗、砸标杆、反'铁人'"的口号，动手毁掉了全队职工用心血和汗水换来的锦旗，还污蔑钻井工人是"只管打井，不管路线的老瞎牛"。尽管在造反派的煽动下1205钻井队曾出现了"骚动"，但拿下10万米的决心没有动摇。大家始终坚信：无论什么情况，社会主义等不来、买不来，只能靠双手干出来。大家硬是顶着压力、顽强拼搏，坚持生产分秒不停，向着10万米目标展开了决战。

在"铁人"的带领下，队里代表在中南海受到了党和国家领导人的亲切接见。在打10万米战斗的关键时刻，是党给全队职工以信心和力量。同年12月

26日，1205钻井队与1202钻井队双双实现了年钻10万米的宏伟目标，在我国石油钻井史上写下了光辉的一页。

三、铁人精神是员工的思想基础所在

铁人精神是马克思主义指导思想在石油战线的具体体现，是中国特色社会主义共同理想在石油战线的具体体现，是民族精神和时代精神在石油战线的具体体现。

1989年9月26日，中共中央顾问委员会常委康世恩在全国石油企事业单位领导干部会上的讲话中指出，大庆经验最可贵之处在于：一是无论在任何情况下，都坚持党的领导，加强思想政治工作，把队伍建设放在第一位；二是无论在任何情况下，都坚持马克思主义的唯物论、辩证法，在改造客观世界的同时，也改造人们的主观世界；三是无论在任何情况下，都全心全意依靠工人阶级，全面体现和保证工人当家作主的地位，充分发扬工人阶级的主人翁作用；四是无论在任何情况下，都重视科学技术的发展，充分发挥知识分子的智慧和作用，在独立自主、自力更生的方针下，攀登科学技术高峰；五是无论在任何情况下，都坚持艰苦创业、艰苦奋斗的革命精神，宁愿自己多吃点苦，也要为国家作出更多的贡献。概括地讲，大庆会战优良传统主要体现在：

一是加强党的领导和思想政治工作。

坚持"思想政治工作是经济工作和其他一切工作的生命线"地位，学习解放军"支部建在连上"的优良传统，全面加强"三基"工作。发挥领导干部在队伍建设中的表率示范作用，提出了"领导干部人人当政治部主任"的基本要求，形成了"要求群众做到的，领导要带头做到；要求群众不做的，领导坚决不做"的行为准则。思想政治工作坚持"两抓"基本指导思想，本着"四个为主"原则，通过"一把钥匙开一把锁"，增强思想政治工作的针对性、实效性，通过"抓典型、立标杆"在队伍中培养"三老四严""四个一样"的作风，营造了"有第一就争，见红旗就扛"的浓厚氛围。

如果追溯一下的话,"三老四严"作风最早是1962年初在石油工业部厂领导干部会议上正式提出的,1963年写入了《石油工业部工作条例》,主要内容和具体要求是:

"三老":一是当老实人。鼓足干劲,艰苦奋斗,不图安逸,不怕困难;埋头苦干,少说多做,一切从实际出发,尊重科学;有全局观点,向上级要东西不能越多越好、交东西不能越少越好,不闹分散主义;有团结协作精神,不能只图自己方便,不顾别人困难;对同志讲原则,以诚相待,有意见当面提,不当面一套、背后一套,不要手段。二是说老实话。向上反映情况,向下作报告,必须有什么说什么、有多少说多少,不夸大成绩、不缩小缺点、不隐蔽错误,更不能封锁、报喜不报忧、夸夸其谈、哗众取宠;凡做计划、要投资、要材料、要人员、做统计报表以及向上级报告,都必须实事求是,坚决反对弄虚作假、宽打窄用、打埋伏、藏一手。三是做老实事。提倡调查研究、实事求是,做"笨"事、做"傻"事;工作要越做越细、不怕麻烦、认真负责、讲求实效;要一件事一件事,一个问题一个问题,一点一滴去干,搞个水落石出;不做表面花花哨哨、内容空空洞洞的事;反对粗枝大叶、马马虎虎、道听途说、指手画脚的坏作风。

"四严":一是严格的要求。一切行动都严格按照党的政策和上级指示办事,各个方面的工作都有严格的标准,要做就要做彻底,绝不允许凑合、应付;产品质量不合国家规格,绝不允许出厂;工程质量没有达到设计要求,坚决返工重来;设备检修质量不合格,坚决不许开动。二是严密的组织。在生产建设的各个环节、每个岗位上,必须做到人人职责分明、事事都有人管;各个环节、各个岗位都要紧密协同配合,使上下左右都工作、生活在严密的组织之中;坚决反对责任不明、无人负责和互不协作的混乱现象,绝不允许自由散漫、各行其是、自搞一套。三是严肃的态度。对于党和国家的方针政策、上级指示,要做到严肃认真、雷厉风行、说干就干、干就干好;要抓紧、抓狠、抓到底,反对那种拖拖拉拉、疲疲沓沓的坏作风;对人对事必须坚持原则,划清正确与错误的界限,分清责任,自己有错误,必须诚恳进行自我批评,坚决改正;一切正确的东西都要坚持,一切错误的东西都要及时批评纠正,弘扬正气,批判歪风邪气,不能是非不分、马虎迁就。四是严明的纪律。在生产、建设各项工作中,必须实行集中统一领导,严格遵守各种规章制度、工艺纪律和劳动纪律。凡是遵守制度、积极工作的，就要表扬鼓励；违反制度的，就应按照不同情况及时严肃处理，不能迁就姑息；在执行纪律时，应坚持原则，以说服教育为主，防止惩办主义。

二是加强领导班子和领导机关建设。

注重以领导班子、领导干部为重点，坚持"两论"起家基本功，强化理论武装。对领导干部实行"约法三章"（坚持发扬党的艰苦奋斗的优良传统，保持艰苦朴素的生活作风，永不特殊化；坚决克服官僚主义，不能做官当老爷；坚持"三老四严"的作风，谦虚谨慎、兢兢业业，永不骄傲，永不说假话）和"四个公开"（思想公开，有问题摆到桌面上来，不隐瞒自己的观点，不搞背后议论；缺点公开，严于解剖自己，不护短、不怕丑，积极开展批评和自我批评；工作公开，及时向党委汇报工作，经常互通情况，有事共同商量，加强集体领导；生活公开，严格要求自己，不搞特殊化，不干见不得群众的事）。

在各级机关干部中倡导"三个面向"（面向生产、面向基层、面向群众）、"五到现场"（生产指挥到现场、思想政治工作到现场、材料供应到现场、科研设计到现场、生活服务到现场），以及努力做到干部与职工"五同"（同吃、同住、同劳动、同解决生产问题、同娱乐）。在培养形成"三老四严"好作风的过程中，会战工委经常强调的有"两句话、四点要求"。两句话是：严格要求，必须从大量的、细小的、常见的问题上抓起；真本领、硬功夫要在日常工作中不间断地勤学苦练。四点要求是：第一，关键是领导带头，以身作则；第二，从常见的、大量的、具体的"小事"抓起，小中见大；第三，好作风要在实际工作中磨炼，磨掉坏的、炼出好的；第四，思想领先、严字当头，做到耐心说服教育和严格要求相结合。特别强调，"干部以身作则、闻风而动，严格要求、一丝不苟，对搞好工作关系很大"，"严格要求，首先要从领导严起。"

会战期间形成了选拔任用干部的一种制度：干部来自工人，领导来自基层。形成了班子建设的一系列宝贵经验：好作风是领导干部带出来的，队伍好不好，关键在领导；班子行不行，先看前两名；工人身上有多少泥，干部身上也有多少泥；领导心里装着工人，工人心里装着企业。

在队伍中树立"严、细、准、狠"的科学态度和思想作风。余秋里部长曾经深刻地指出：严，就是我们讲的"四严"，就是在一切工作上不马虎、不凑合，严格要求；严，就是做事认真，干就干得漂亮，决不凑合应付；严，就是对工作卡得非常紧,一点也不迁就,遇到问题毫不含糊,不让它滑过去;严,就是一切工作都有一个高标准,不"降格以求",不满足已经达到的水平,有了差错决不原谅自己;严,领导自己首先要严,领导自己不严、糊里糊涂、得过且过不行;严,不是惩办主义,不是命令主义;严,是长期教育和锻炼的结果。细,就是工作要抓得细,做到精雕细刻,像绘画、绣花一样;我们领导干部,考虑一个问题抓一件工作,都要细、要具体、要周到,不能光讲原则,不能大而化之,不能粗枝大叶。准,就是要问题看得准、工作抓得准,这是我们正确决定问题、正确指挥生产的基础。看不准、抓不狠,就是犯主观主义,就要瞎指挥。要看得准、抓得狠,就要下苦功夫,做到深入细致地调查研究。搞调查研究最根本的一条,就是要领导深入前线、深入基层、深入实际、深入群众。狠,就是雷厉风行,说干就干、干就干好,抓就抓死、一抓到底,一定要搞出结果来。解放军的哨兵守则,"三大纪律八项注意",搞了几十年,现在还是经常抓。我们的岗位责任制也是丝毫不能放松,要天天抓、时时抓、年年抓,老子死了儿子还抓,要狠抓到底。

三是全心全意依靠工人阶级。

坚持实行政治、技术、经济"三大民主","领导心里装着工人,工人心里装着企业",人人自觉遵守岗位责任制,按照"五条要求","好字当头、严细成风",以主人翁责任感做好工作,"宁要一个过得硬,不要九十九个过得去","干工作经得起子孙万代检查",以及岗位责任制(岗位专责制、巡回检查制、交接班制、设备维修保养制、质量负责制、班组经济核算制、岗位练兵制、安全生产制)和五条要求(人人出手过得硬,事事做到规格化,项项工程质量全优,台台在用设备完好,处处注意勤俭节约)等。

四是重视发挥科学技术和知识分子的作用。

树立"石油工作者的岗位在地下,斗争的对象是油层"的科学思想,坚持"全党抓地质、人人办地质",大搞"办地宫""游地宫"活动,在干部职工中普及石油地质与工程技术知识。

狠抓第一性资料,坚持"实践第一""一切经过试验",每年召开"五级三结合"(小队、中队、大队、指挥部、会战指挥部五级,干部、技术人员、工人三结合)技术座谈会。对知识分子明确提出"政治上充分信任,工作中放手使用,思想上严格要求,生活上热情关心"的工作方针,靠科技进步把"大油田、好油田"开发建设好。

五是正确对待国家利益、集体利益和个人利益。

在极其艰苦的形势下,广大会战职工坚持"三要十不"("三要"——要甩掉我国石油落后的帽子;要高速度、高水平拿下大油田;要赶超世界先进水平,为国争光,为民族争气。"十不"——不怕苦、不怕死、不为名、不为利、不讲工作条件好坏、不讲工作时间长短、不计报酬多少、不分职务高低、不分分内分外、不分前线后方,一心为会战的胜利);自觉提出,在全局与局部的关系上"要先全局,后局部",在国家与个人的关系上"要先国家,后个人",在生产与生活的关系上"要先生产,后生活"。

"三老四严"的由来

大家都知道,"宁可少活二十年,拼命也要拿下大油田""有条件要上,没有条件创造条件也要上"的铁人精神,激励着一代代石油人为油拼搏。那么,由此衍生而来的"三老四严"作风,又是怎样形成的呢?

1962年8月,采油三矿四队日夜奋战了60多天,终于使12口油井全部投产,每口井都达到规格化。

投产后的一天,队长辛玉和到西六排2号井检查。途中他发现,新来的徒工小孙手里拎着一个崭新的刮蜡片,急匆匆地往井上赶。辛队长心里纳闷:"小孙井上的刮蜡片刚领几天,怎么又坏啦?"于是,他走向材料库,向材料员了解情况。材料员拿出变了形的刮蜡片说:"小孙今早清完蜡,也没注意检查刮蜡片是否起到井口就去关清蜡阀门,结果把刮蜡片挤扁了,还让我替他保密呢。"

走出库房,辛队长思潮起伏。这一段时间,队里只忙着新井投产,放松了抓队伍思想建设,才造成小孙隐瞒事故,缺乏一个石油工人起码的老实态度。想到这儿,辛队长加快脚步,急奔西六排2号井。

辛队长走进值班房,见小孙刚换完刮蜡片。他开门见山地问:"小孙,你刚刚为啥又领了新的刮蜡片?"小孙支吾道:"原来的不好用,就换掉了。"他启发道:"小孙哪,要干好工作,没有一个老实态度是不行的,对任何事情,钉是钉、铆是铆,对就是对、错就是错。对待革命事业要忠诚老实……"小孙低下了头，诚恳地承认了错误，并表示要把那个变了形的刮蜡片挂在自己的油井上，引以为戒。队里员工提出：应该把那只变了形的刮蜡片挂在队上，让全队人天天看到、时时想到，要说老实话、办老实事、做老实人，要严格要求自己，对每一件事都要有一种严肃的态度，这样才能管好油井。

1962年，全队职工对所管的油水井、站进行大检查。老工人李广志在西七排3井检查闸门池时，发现了回压闸门下的油珠。他顺着油珠痕迹逐段检查，经过4小时的紧张奋战，终于查出了油珠来历，排除了事故隐患。以后，全队就形成了严细的作风。

石油工业部在召开第一次政治工作会议上，将这个队在实践中摸索并创造的一些经验，概括为"三老四严"的革命作风，即：对待革命事业，要当老实人、说老实话、办老实事；干革命工作，要有严格的要求、严密的组织、严肃的态度、严明的纪律。从此，"三老四严"的作风在大庆油田蔚然成风。

"四个一样"的形成

黑天和白天干工作一个样，坏天气和好天气干工作一个样，领导不在场和领导在场干工作一个样，没有人检查和有人检查干工作一个样。这"四个一样"作为会战的优良传统，是大庆油田广大石油工人自觉坚持标准、严细成风的真实写照。那么，它是怎样形成的呢？

1961年7月，采油二矿五队成立了5-65井组。井组人员来自五湖四海：有的是摸枪杆子出身，有的是捋锄杠子出身，还有的是捏笔杆子出身的。除了李天照是技校毕业、在玉门油田干了5年的"老石油"，其他人都没搞过石油。针对这种情况，会战工委发出了"从大量的、常见的、细小的工作入手，全面管好生产"号召，全油田开始建立和健全岗位责任制。"四个一样"就是在这种情况下产生的。

1963年7月的一天，瓢泼大雨倾泻而下，雨水没过了脚脖子。每小时一次的检查时间到了，但学徒工小刘想等雨停了再去检查。井长李天照斩钉截铁地说："不行！"说着，操起工具，冒雨冲出了值班房。他逐点逐项地检查了采油树、分离器，最后沿着干线堤去检查加热炉。他几次跌倒，又几次爬起来。李井长走到加热炉跟前一看，发现加热炉底部已经进水了，火苗挟着黑烟"呼呼"地从炉口往外喷,眼看就要呛灭了。他拿起铁锹,挖了3条小沟排出积水,重新调好合封。回到值班室,李井长一面脱下湿透的上衣拧干,一面对小刘说:"越是坏天气,越容易出问题,以后可要注意啊!"小刘惭愧地低下了头,掏出钢笔把井长的话一字一句记在工作本上。

一天夜晚,副井长杨正培和队长白荣岗暗中检查交接班。只见交接班人员在分离器房停下来,接班人员用手摸了摸量油玻璃管,摇摇头说:"不行!上边有油渍,你擦干净了我才能接班。"交班的工人二话没说,拿起一片毛毡把玻璃管擦得亮晶晶的。

白队长为他们的认真精神所感动,在第二天的安全讲话会上表扬了他们的做法。他们表示,"咱干活,夜班和白班一个样。"

就这样,"四个一样"成了井组的好传统、好作风,后来在石油系统广泛推广。

第七章 07

对我党革命文化、红色文化传承的促进作用

习近平总书记指出，文化是一个国家、一个民族的灵魂。文化兴国运兴，文化强民族强。没有高度的文化自信，没有文化的繁荣兴盛，就没有中华民族伟大复兴。党的十九大以来，在习近平新时代中国特色社会主义思想和以习近平同志为核心的党中央治国理政的实践中，文化的地位和作用被提到一个前所未有的高度，更加明确了文化自信在"四个自信"中的地位和本质。坚持培育和践行社会主义核心价值观，坚定文化自信，更好构筑中国精神、中国价值、中国力量，成为新时代文化建设的鲜明主题和重要使命。革命文化和红色文化是中国共产党人、人民军队、先进分子和广大人民在长期斗争中形成的，进而催生了我们党领导人民在长期革命、建设和改革中形成的一系列优良传统。它继承了中国传统文化中的积极因素，扬弃传统文化中的消极成分，并以马克思主义作为根本指导形成了崭新的文化。它既是对中国传统文化的继承，又是创新发展和升华。我们党在革命建设实践中培育了井冈山精神、长征精神、延安精神、红岩精神、西柏坡精神、红旗渠精神、创业

精神、九八抗洪精神、抗击非典精神、青藏铁路精神，等等。这些革命精神都已转化为中华民族共同的精神财富，丰富了我们的民族精神，对于夺取革命、改革和建设的胜利起到了重要作用，也构成了我们全面建成小康社会、实现中华民族伟大复兴中国梦的精神动力。

　　作为中央企业的先进精神，铁人精神与井冈山精神、长征精神、延安精神、红岩精神、西柏坡精神、红旗渠精神、创业精神、九八抗洪精神、抗击非典精神、青藏铁路精神等在本质上是相通的、同质的、整体的。它既是上述精神在当时国家遇到严重困难的情况下，中国人民决心改变贫穷落后面貌，独立自主、自力更生、奋发图强、艰苦奋斗精神的集中体现；还是"铁人"王进喜等老一辈石油工人以"石油工人一声吼，地球也要抖三抖"的豪迈气概，胸怀祖国、顽强拼搏、为油奉献的集中体现。铁人精神在基本内涵、核心要义上都体现了中华民族伟大的民族精神，体现了中国共产党人的精神，体现了长期以来国有企业广大干部职工胸怀全局、产业报国的信念追求。它与我党的革命文化、红色文化具有一脉相承、相融共促、思想感召、价值引领等基本特征。

一、铁人精神与我党革命文化、红色基因一脉相承

铁人精神，在中国石油工业发展中孕育形成，有着石油行业独特的精神品质，又秉承了中华民族吃苦耐劳、艰苦朴素、勤劳勇敢、自强不息的优秀品格。它不仅是以"铁人"王进喜为代表的广大石油工人的实践创造，而且反映了中国工人阶级的先进思想和崇高风范，反映了我们党的优良传统与顽强作风，反映了中华民族的优秀品质及不屈性格；不仅是全体石油职工的共同精神支柱，而且成为中华民族精神的重要组成部分。对于大庆石油人和新时代的广大青年来说，铁人精神是必须代代相传的精神之火、思想根脉和文化基因。无论过去、现在还是将来，它都是我们取之不尽、用之不竭的精神宝藏，是我们攻坚克难、振兴发展、奋勇前进的制胜法宝。

铁人精神在价值操守方面与我党的革命文化、红色文化一脉相承。

铁人精神是中国工人阶级崇高理想信念、优秀政治品格、高尚道德追求、良好精神风貌的结晶，其核心是爱国，本质是"我为祖国献石油"，精髓是艰苦奋斗，基本要求是"三老四严""四个一样"，从根本上回答了石油职工为谁工作、为谁产油和怎样工作、怎样产油的重大问题，与我党的革命文化、红色文化的内在要求一脉相承、高度统一。

习近平总书记指出："坚定理想信念，坚守共产党人精神追求，始终是共产党人安身立命的根本。""一个国家、一个民族、一个政党，任何时候任何情况下都必须树立和坚持明确的理想信念。如果没有或丧失理想信念，就会迷失奋斗目标和前进方向，就会像一盘散沙而形不成凝聚力，就会失去精神支柱而自我瓦解。"中国共产党的历史就是一部信仰史。中国共产党能够历经风雨磨难而依然坚韧，其原因是中国共产党从成立之日开始，就在马克思主义世界观指导下把在中国实现社会主义、共产主义确立为自己的远大理想和奋斗目标，并为之不懈奋斗。

光荣加入党组织

1954年,王进喜从贝乌六队调到贝乌五队当司钻。他深深感到自己肩上的担子很重,所以格外地负责任。他不仅带头干,而且严要求,成了有名的"严司钻"。老工人们说:"王进喜是个重感情又讲原则的人。他平时在下面爱护你、关心你、照顾你,甚至怎么闹都行;但到了钻台上就翻脸不认人,不好好工作任谁都不行。"当时工人们管他叫"严大哥,亲兄弟"。

他很注意从小事抓起。有一次,小伙子们从车上"咣当咣当"地往地上扔配件,他见了大发雷霆。他说:"你们别看这些是铁疙瘩,但娇贵得很,摔坏哪件都是犯罪。"他上车做示范,要求大家轻拿轻放,有人递、有人接。从此,"轻拿轻放,人递人接"成为一条不成文的制度。

对钻井速度慢,王进喜一直耿耿于怀。他组织大家摸索着快速钻井的办法,他们班经常创造新纪录。有一次,罗马尼亚专家上井发现他们打得快,不高兴地叫王进喜停钻。王进喜不仅不停,还差点把专家推到钻台下边去。他说:"刹把在我手里,我知道怎么打。"专家骂他是"土包子"。经过一段时间,这位专家承认了自己的不对,认为工人快打是对的。这位专家离开中国时,特意到王进喜这个队去告别,两人结下了深厚的友谊。

钻井是个艰苦活儿;但王进喜在戈壁荒滩上长期干钻井,既勤快又负责。

图7-1　王进喜与外国专家交流

这引起了大队甚至钻井公司的注意。上下都说他是一个好苗子,大家都喜欢他这么几条:

一是思想品德好。用老工人的话说,就是"旧社会的坏习气他不沾,公家的东西他不沾"。

二是能吃苦耐劳。王进喜能长时间连续工作,多少人都比不了他。他整天在井上,经常是"人是黑的,牙是白的,眼是红的"。

三是组织能力强。事情让他干,叫人放心。他能团结人,会调动大家的积极性,工作认真负责任。他能"干今天,想明天;干这个班,想下个班"。

四是不甘落后,知道着急。他有一股不服输的劲头,看见别的班干得好,自己就要干得更好,千方百计赶上去。

1953年"一五"计划开始实施,玉门油矿开发被列入全国156项重点工程,除了从苏联进口乌德3200米大钻机和贝乌1200米中型钻机外,还从罗马尼亚进口了一批钻机。到1955年,钻井队已从新中国成立之初的4个队增至37个。井队发展这样快,干部从哪里来?从石油师转业干部中补充一批;但还不够,还要从优秀的工人中去选拔。

王进喜当上了队长,头一年就打了翻身仗。

王进喜的进步和突出表现,引起了钻井队党支部的重视。党支部决定由副队长王家训、机械工长田振风作为介绍人,培养王进喜入党。"老王,你想入党吗?"王家训问。

"想。咋不想呢?我早就想入了。共产党是我的救命恩人,是咱工人自己的先锋队组织,我早就想成为一名党员。"停了一下,王进喜又接着说,"不过我是个大老粗,没文化,水平不高,咋办呢?"

"入党可不是一件小事,得有一个脱胎换骨的变化……你优点很多,但是毛病也不少。文化低可以学,不过大老粗的毛病可得好好改改。"

"行、行,我一定好好改,听队长的话。"

"不是听我的话,是听党的话。"副队长说。

"咳,是我说错了。"王进喜有点不好意思了。

"以后党组织和党员要严格要求你,认真地帮助你,你得虚心听大家的意见。"

"好!"大队党总支书记满应科听党支部万书记介绍王进喜的情况后郑重地

说,"王进喜是块好钢啊。优点很突出,但听说毛病也很严重。嗯,好钢要放炉里炼,响鼓还要用重锤敲,你们要好好帮助他克服缺点。"

过了几天,满应科来到贝乌五队,找到王进喜。他一把将王进喜拉到值班房的凳子上,说:"入党就要下决心跟党走。像你,就是要干好钻井工作。简单点说,就要像战场上的解放军战士一样,把脑袋瓜子别在裤腰带上,不怕死,为人民利益豁出命来干。你老王敢不敢?"

"敢!我有决心,能做得到。"

"好!那你对井队当前的工作有什么看法?"

"我就是对'干长工活'有意见。"说到这里他激动了,"呼"的一下子站起来,右手猛地向前挥了一下,"那是旧社会对付地主工头的办法,咋能带到新社会来呢?现在我们是国家的主人了,是在给自己干活!"

"那你说说,当主人应该怎么干活。"

"我说,一到井场就应该把柴油机的油门轰得大大的,转盘转得快快的,狠狠地打。我一看到有些人磨磨蹭蹭地干活,就着急,就生气。"

"这才是先进工人的主流,对王进喜要抓紧时间重点培养。"满应科书记指示。

经过组织考察,为王进喜查实了几个问题:一是查清了新中国成立前他家的经济状况和家庭成分问题。到新中国成立时,他家里仅剩祖坟地3亩、毛驴1头,是个地地道道的贫农。可是,大地主张武寅耍花招,一看土改势头不对,就放风说把侵吞王家的16亩地归还王家,弄虚作假欺骗穷人。二是王进喜有股倔劲,总说"我就不信斗不过地主",宁可撂荒也不卖地,实际上他也无地可卖。三是再次澄清了"加入国民党"问题。1947—1948年,赤金的国民党地痞刘治典、王定基等为创造"成绩",拉大网式地搞所谓"集体加入国民党"事件。他们背着本人,把一大批工人的名字填在加入国民党人的花名册上,王进喜的名字也在其中。新中国成立前,刘治典找王进喜要照片时才向他道出了实情,王进喜说坚决不干。1950年在青草湾钻井大队,王进喜曾向时任党支部书记万鹏飞讲得清清楚楚,组织上做过结论:由于被欺骗以团体形式参加国民党,本人不知实情,既未参加任何活动,又未担任任何职务,予以澄清。

1956年春季,王进喜在入党志愿书中这样写道:

我没学习过马列书籍，（但）在报纸上看过党章、党纲，在大队听过党课，使我了解了党的纲领、章程。经过队长和党员同志们多次对我进行思想教育，对我思想影响很大。我感到，过去受苦挨打受骂，每月拿的工资还买不上一斗麦子；解放后拿的工资能养活几口人。父亲死了，上级马上派车送我回家，还给我钱，让我回家安葬父亲。妻子生小孩儿，上级还给我红布报喜，家属本人有病还给叫医生到家去治疗。这样对我的影响（教育）最大，感到只有党才能解放受苦的人类，只有共产党才能使农民、工人过上幸福的生活。因而，为了给人民给祖国贡献出更大的力量，我自愿要求加入光荣的中国共产党。希望组织上经常对我帮助教育，多给我指出缺点，使我能当一名人民的忠实勤务员①。

图7-2　王进喜的入党志愿书

这篇入党志愿书语言朴素、直白，倾诉了他对党的一腔真情，道出了一个西北硬汉、钢铁钻工的豪迈誓言。这就是他后来成为"铁人"，成为党的优秀战士的思想基础。

1956年4月29日，王进喜加入了中国共产党，介绍人是王家训、田振风。

1956年11月27日，1205钻井队党支部召开党员大会，讨论并通过王进喜按期转为中共正式党员。12月17日，大队党总支批准王进喜为中共正式党员。这个旧社会的放牛娃、黑油娃，经过7年戈壁大漠上钻井生产的艰苦磨炼，光荣地成为中国工人阶级的一名先锋战士。

入党后，王进喜的思想观念不断进步。面对"青天一顶，荒原一片"，他发出了"有也上、无也上，天大困难也要上"的豪迈誓言，并以此鼓舞职工士

---

① 大庆铁人传写作组：《铁人传》，石油工业出版社，2000，第44页。

气；实现了"3天上千，5天打完一口井"的目标，创造了全国新纪录，打响了迎接大会战的第一炮。

在以后的日子里，王进喜多次谈到入党前后的思想变化。一是不仅跟党走，还要像革命前辈那样豁出命来干；二是光知道报恩只对了一半，还得彻底革命，为老百姓多办事，为解放受苦的人类而奋斗；三是光自己干好、一个班干好不行，得发动大家干、全队干，学会把自己的思想变成大家的思想；四是光想干好还不行，得知道自己的不足，改造自己的思想。自己的缺点和错误很多，比如这个"简单粗暴，不讲方法"的老毛病不断地改，也不断地犯，真得改造一辈子……

铁人精神在担当作为方面与我党的革命文化、红色文化一脉相承。

敢于担当，既是党和人民事业的要求，也是共产党人应该具备的精神状态。担当是中国共产党人的本色，是中国共产党人先进性和纯洁性的体现。习近平总书记指出，正是因为中国共产党人具有担当情怀，才能在筚路蓝缕中冲锋陷阵、敢为人先、牺牲奉献。因此，他在许多场合专门谈及好干部标准，即：忠诚干净担当。他强调，"是否具有担当精神，是否能够忠诚履责、尽心尽责、勇于担责，这是检验每一个领导干部身上是否真正体现了共产党人先进性和纯洁性的重要方面。"在实际工作中，锐意进取的担当精神就是一种激情、一种信念、一种状态，原则性强、对群众感情深，一身正气、敢抓敢管，在工作中有思路、有激情、有韧劲、有实绩。在"铁人"身上就很好地体现了这种担当精神。

难忘的"四一九"

1961年正是钻井生产大干快上时期。3月14日，为了发挥钻井火车头的作用，钻井指挥部提出了一个"三四五出六"的口号，要求井队在冰天雪地的3、4月份打上"三开三完""五开五完"甚至"六开六完"。这种不切实际的高指标，使一些井队和后勤单位只追求速度，不顾及质量。结果，连续发生井斜超过标准，固井串槽、替空，射孔射错层位等事故。就连1205钻井队这样的标杆儿也把井打斜，还有人满不在乎地说："差这么一点点有啥了不起，睁只眼闭只眼不就过去了！"

会战总指挥康世恩知道后，大发雷霆。他说："质量是油田的生命。谁不讲质量，我就和他拼命。"

1961年4月19日，在大庆会战历史上是个极为重要的日子，人们称它为"难忘的四一九"。

这一天，在文化村油建指挥部礼堂召开了1000余人参加的大会，集中解决钻井质量问题。礼堂内挤满了来开会的各单位领导、大队和基层干部、采油工人、钻井工人，木凳上坐满了人，地上坐满了人，就连过道和墙边都挤满了人，气氛严肃而热烈。

会议开始后，康世恩叫采油的代表从生产的角度揭露钻井问题。采油的同志们本着对油田负责任的态度，一一指出了问题所在。康世恩越听越激动，便点名叫钻井党委书记李云，指挥李敬，副指挥、总工程师王炳诚到主席台上亮相，接受批评。康世恩指着他们说："你们提出'三四五出六'，脱离实际搞高指标，是急躁情绪假干劲，是没有办法的表现。你不想想，3、4月大冷天有多少具体的琐碎工作要做，水电土方有多少具体问题要解决。不顾这些光提高指标，那就是鼓虚劲。"

台上正在接受批评，大队长王进喜来了。这一天，"铁人"有事来晚了。他一进门，1205钻井队的工人叫他躲起来。他问为什么。工人说，上面正挨批评呢。弄清楚原因，王进喜说："披红戴花时，你们推着我往头里走。这回挨批评了，就叫我悄悄趴下当狗熊。咱不能这样！"他挺直腰杆进了礼堂，走上台站在三位领导身边陪着挨批评。

康世恩见"铁人"来了，就当众批评他工作太粗心。康世恩说："我讲过，谁不讲质量我就和谁拼命。你王进喜工作没做好也要批评你。让人痛心的是，我们的钢铁钻井队在先进的时候就埋藏下垮台的因素，首先从质量上要垮台了！王进喜呀，工作不能光有张飞的猛劲，人家张飞还粗中有细呢，该细的时候就得细！"①

王进喜弯下腰、低下头，检查着自己的差距。白布砂样袋始终没有拿出来，还在他的腰带上当啷着……

康世恩的命令，一级一级传到井队。

---

① 大庆铁人传写作组：《铁人传》，石油工业出版社，2000，第237页。

50多条汉子蹲在斜井边，一个个捧着脸嘤嘤啜泣。那个年月，人们的感情特丰富。

水泥都浇上了，再拔出来谈何容易啊！"拔！"队长大吼一声，冲上了钻台。

整个战区，这天显得特别沉郁，人人心情凝重，似乎都感觉到了那拔套管的钻机，好似绞痛着自己的心脏。

看谁还敢马马虎虎打斜井！

在中国近代史上，"埋葬旧社会，缔造新中国"是20世纪40年代发生在世界东方神州大地上的一件天翻地覆、永载史册的"国"字号历史性大事。解放了的中国人民，以极大的革命干劲，在旧中国这个乱摊子上迅速地改变着面貌。但是，因为多种复杂的原因，在新中国社会主义建设和发展的同时，还遗留下了许多问题。用王进喜同志的话说，"这是历史遗留下来的废洞。我每当想起这些废洞心就颤抖，心就流血……"

王进喜认识到，在自己的工作中也出现了废洞。

这时他又想起了，在大庆油田会战中，有多次推倒了不合格工程。因质量不合格，把已经建好的房子推倒重建，坚持高标准、严要求，严把质量关，认清了只有保证质量才有真正的高速度的道理。

自己打的井，又要自己去填死，怎么能不心痛?！但是，发现了不合格井，如果不立即纠正，那会给油田以后的建设带来更大的损失。所以，遇到不合格井，就坚决推倒重来，这事决不能含糊。

有位工人难过地对王进喜说："填了这口井，就意味着给标杆队的队史上写下了耻辱的一页。"王进喜说："是啊，没有这一页，队史就是不完整的。这一页不仅写在队史上，还要铭记在我们每个人的心里。要让后人都知道，我们填掉的不只是一口废井，还填掉了报喜不报忧、弄虚作假、以假乱真的老毛病和坏作风！"

难忘的"四一九"，震撼着钻井职工的心。"工程质量不合格，必须坚决推倒重来，决不马虎凑合！"这句话在大家的心上打下了深深的烙印。

从此以后，王进喜对全队工人说："只有时时处处事事都想着质量，井才能打直。我们打井的，讲干劲，要猛如老虎；讲细致，要细如绣花。不打出个笔直的井来，死都合不上眼！"

1205钻井队就这样,从大处着眼,对油田负责一辈子;从小处着手,不放过任何一个影响质量的"低老坏"。同时,对所有队,王进喜都一样严格要求、不留情面。

铁人精神在艰苦奋斗方面与我党的革命文化、红色文化一脉相承。

艰苦奋斗是中国共产党的优良传统,是中国革命的传家宝,也是中华民族精神的集中体现之一,是在极其艰难困苦的情况下吃苦耐劳、迎难而上的精神。任何事情都不是一帆风顺的,革命事业也是如此。习近平指出:"我们党在革命、建设、改革各个历史时期都遇到了种种艰难险阻,我们的事业成功都是经过艰辛探索、艰苦奋斗取得的。"在主持回收队工作期间,有一次"铁人"看着回收来的钢铁感慨地说:"我们收回来的是破烂吗?不是!是艰苦奋斗、勤俭建国的好思想、好作风。我们收回来的是国家的财产、人民的血汗,我们要让油田上每一滴油、每一寸钢铁、每一样东西都为社会主义建设作出贡献。"

"铁人"练就的"绝活"

大庆的雨季蚊虫多。每逢雨后,蚊子就成群结队地到处飞。一次,哈尔滨京剧院著名演员云燕铭来油田慰问演出,在井场清唱时,一张口就有三四只蚊子飞进嘴里。

萨尔图的蚊子个头大、"心眼"多,认准目标叮住就不松口,直到把肚皮撑破为止。一次,齐齐哈尔杂技团前来慰问演出。一位女演员表演蹬缸时,双腿上不一会儿就落满了一层黑乎乎的蚊虫。它们死叮不放,令人痛痒难耐。女演员强忍着完成了演出。

为防蚊虫,井队购置了大量蚊帽让工人戴。钻井工人们嫌它碍事很少戴,就在脸上、身上涂抹一层泥浆或原油。而"铁人"却用顽强的意志战蚊虫,蚊帽不戴、泥、油不涂。在广场作报告时,因灯光聚拢,大量的蚊虫围绕着他,头上一落就是一片;但是王进喜照讲不误,一下都不打。

不仅大庭广众下不打蚊虫,就是在井场上劳动时也不打。

一次,在井架上检查天车时,工人们拿蚊帽给他。他甩在一边说:"戴个蚊帽捂住耳朵遮住脸,多不安全。"王进喜任由蚊虫叮咬,像没事儿人一样,使在场的工人们很受感动。

还有一次修柴油机,王进喜蹲在钻台上清洗链条时,头上脸上落满了蚊子,但他一下都不打。实习生段功武看了实在心疼,就帮他轰赶,王进喜不让。他说:"你没看人家杂技女演员都不怕蚊子咬,咱钻井工人还怕它!"段功武说:"那是演出时没办法打。现在能打,何必叫它咬。"王进喜说:"咳,你学大方点,叫它吃饱了不就不咬了嘛!"一句玩笑话,说得在场的人都哈哈大笑起来。

这不怕蚊子咬,也是"铁人"的一绝。

当然,"铁人"也不是铁打的,他也是有血有肉的人,被蚊子咬了照样疼。他是用意志和毅力在和困难作斗争。

二、铁人精神与我党革命文化、红色基因相融共促

习近平总书记心系中国石油发展,2008年以来先后9次视察中国石油企业,4次作出重要讲话和指示批示,22次见签重大项目。在建党95周年前夕,他审时度势、高屋建瓴,专门就弘扬石油精神作出重要批示。这既是对石油工业的高度重视和亲切关怀,更是从全党全国大局出发,着眼于实现"两个一百年"奋斗目标,着眼于进行伟大斗争、建设伟大工程、推进伟大事业、实现伟大梦想,在新时代对石油工业和百万石油人的殷切期望与鼓励鞭策。多年来,弘扬优良传统、传承铁人精神、争做"铁人"传人,已经成为百万石油人的政治自觉和使命担当。

铁人精神在"在党为党"方面与我党的革命文化、红色文化相融共促。

"铁人"经常用一个小本子记着世界各国石油工业发展情况。他经常分析研究,自觉地给自己加压力。他常说:"井没有压力不出油,人没有压力就轻飘飘。我们要抢挑重担,自觉加压力,为世界人民为党多作贡献。""我是一个钻工,不打井哪儿来油呢?国家没有油又怎么搞建设呢?钻台是我工作的地方,也是我为祖国建设贡献力量的地方。当我把自己的工作和伟大的事业联系

起来时,就感到自己责任重大,干起活来浑身是劲,任何困难也挡不住。"说到铁人精神的"在党为党",说到铁人精神与我党的革命文化、红色文化相融共促,有这样一则故事。

初次来到萨55井

1960年3月,一声令下,来自四面八方的会战队伍汇集到大庆油田。当年,千里草原上瑞雪纷飞,朔风怒号。成千上万的人们,组成长长的"人拉肩扛"的队伍,伸向遥远的天际。在一片白茫茫的原野上,人们像一个个小黑点在移动着。

王进喜和周正荣在材料员李国保带领下,踏着没膝深的大雪来到一个小土堆前。土堆上立着一块木桩,木桩上用红油漆写着"萨55井"。王进喜三步并作两步奔过去,一下子扑跪在地上,用双手捧起一些浮土,站起来对大家说:"同志们,你们看,这就是松辽!上面有肥肥的黑土,可以种大豆、高粱;下面是富饶的油田啊……"

"萨尔图"是蒙古语,意思是"多风的地方"或"月亮升起的地方"。这里地广人稀,人迹罕至。近代以来,清朝曾规定,"肇兴之地",不准开发;沙俄在这里修了东清铁路;日本侵占这里十九年;国民党也曾进兵统治这里。但是,萨尔图却一直没有发展起来。是共产党、毛主席领导人民建立了新中国,邓小平指示勘探重点战略转移,科学家们打破了"陆相不生油"的禁锢,才使"沉睡万年"的大油田被发现。

各路会战大军齐集松辽荒原。英雄的1205钻井队已找到了自己的井位。王进喜高兴啊。他问大家:"我没有见过海。同志们,你们说说,究竟是海大,还是油田大?"大家发怔,不知队长问的是什么意思。王进喜接着说:"你们要说海大,咱们就掉进大油海里了。你们要说油田大,咱们就掉进大油田里了!"

王进喜这"油海"之说,倒是与中世纪白垩纪的松辽大湖盆相吻合。王进喜来了情致,接着说:"你们算算,我们在玉门搞了多少年的石油,玉门有多少平方公里不知道,只知道一会儿就能从这边走到那个边了。后来我们才知道,1958年大战白杨河,那白杨河才一平方公里多。多可怜啊!今天到了大庆了，大庆有几千平方公里。玉门是个山沟沟，平一个井场就需要用两三个月，憋得人难受。今天，这里平展展，到处可以整拖。同志们，我们掉到大油海里了，甩开膀子大干吧！"

王进喜叫马万福把锦旗抱过来，对大家说："我们从一个'豆腐队'变成了先进队，完全是党培养的结果。"他指着锦旗箱说："这些荣誉都是党给的，我们要爱护自己的荣誉，发扬玉门油矿的好传统，苦干、实干、巧干、拼命干，创出好成绩，早日拿下大油田。同志们，谁英雄、谁好汉，白馍馍蒸出来看。记得出发时谁说来着，传统是咱的无价宝，要把更高的标杆立在松辽。从今天起，锦旗就收起来，咱们要从头做起，创新的纪录，争新的红旗！"①如今，千军万马会师荒原，就要唤醒沉睡了亿万年的油龙。

王进喜有一个特点，凡是到一个新地方，他都要虚心地向别人请教。今天，他带着郭继贤几个人在雪地里走了六七里，来到了2149钻井队。他们刚打完一口探井萨66井，正在往新井位搬家；但看到王队长，韩队长还是热情地接待了远道而来的玉门客人。

韩队长拿出萨66井的地质设计图，细致地介绍了地下情况。"这个地方，上部300～400米处有一个浅气层，很活跃，一定要把泥浆管好，要注意防喷。往下是一大段泥岩，要防止泥包钻头。打开油层前有几米厚的页岩，比较硬。油层和油层的结构似楼房型，中间还有钙质夹层，坚硬，要防止掉牙轮。"

王进喜一边用心记，一边让郭继贤做好记录。对于不清楚的地方，又问了韩队长几遍。韩队长把这里的地质情况、钻井施工中的钻压参数和相关的技术处理措施，毫无保留地讲给王进喜听。最后，韩

图7-3 三点定乾坤的首钻井萨66井

---

① 大庆铁人传写作组：《铁人传》，石油工业出版社，2000，第112页。

队长说:"你们可要做好吃大苦的准备呀。会战队伍上来这么多,后勤跟不上,得自己多想办法。"他边说,边把王进喜领到一个挖了斜坡的大坑前,"我告诉你一个窍门,这个大坑是个卸车台,到时候准有用!"接着,他把怎么挖和怎么使用也详细地讲给王进喜听。王进喜非常感激。离开井场前,韩队长说:"你是我们学习的英雄,来一趟不容易。我给你表演表演喷油。"

韩队长走到采油树旁边,把闸门手轮打开,只见黑褐色的原油像一条粗大的油龙从喷油管中奔腾而出,吼叫着向土油池喷去。

王进喜惊呆了。在油田工作这么多年,他还没见过这么大、压力这么强的油柱,便问:"这口井一天的产量有多少?"

"用9到14毫米的油嘴试油,初产量能达到148吨,平均日产量要稳定在50多吨。"

"哎呀,这可是一个高产的大油田啊!"王进喜从心里由衷地感慨道。空气中弥漫着诱人的油香,王进喜贪婪地大口吮吸着,浑身升腾起一股战斗的豪情。

铁人精神在"经受考验"方面与我党的革命文化、红色文化相融共促。

"铁人"曾说:"彻底的唯物主义者是无所畏惧的。应该我干的,我都要干,我要斗争一辈子,斗到底。为了党,为了革命,我有什么可怕的!""铁人"一生相信真理,在原则问题上毫不含糊、绝不妥协。只要听到不利于党的话,看到不利于党的事,不管什么地方,不管你是谁,他都要进行斗争,从不考虑个人得失。1205队的钻工们说:"无私才能无畏,你就是砸碎了'铁人'的骨头,也找不出半点私字。"

"铁人"是个真英雄

在那特殊的年代,在"文化大革命"的冲击下,国家和人民群众陷入了严重灾难之中。

大庆油田的生产失去了正常的指挥,受到了严重的破坏。"文化大革命"的"左"倾错误与反革命的干扰破坏交织在一起,使"文化大革命"乱得不可收拾。王进喜被批斗、被污蔑、被迫害,这种打击太大了。"铁人"能挺得住吗?

1967年秋天，1261钻井队打的五区3排37井发生井喷。王进喜闻讯后立即赶到井场，参与现场指挥，组织突击组抢装封井装置压井喷。当时天然气夹着油水喷向几十米的高空，发出刺耳的尖叫声。井口附近稀泥没膝，污水横流，天然气弥漫，呛得人窒息。井口随时都有爆炸起火的危险。王进喜将个人安危置之度外，一会上井口，一会到外围指挥战斗。

高子佩同志来到井场，想冲向井口去帮着安装封井器。正当他往前冲时，有人在侧面往右拽了他一把。这时"轰"的一声巨响，井口爆炸燃起大火，高子佩被抛到一个土坑里。当他清醒过来时，觉得有一个人压在他身上，他一看是王进喜。在血与火的考验面前，他看到了"铁人"的英雄气概，看到了"铁人"王进喜在用生命保护他。

历经种种磨难，"铁人"受了伤害无怨无悔，依然冲在钻井第一线，冲向最危险的地方，还在乎什么荣誉和委屈吗？"铁人"是真英雄！

铁人精神在"永不懈怠"方面与我党的革命文化、红色文化相融共促。

"铁人"说，要革命就不能停步。我们一定要好好学习毛主席著作，学深学透、边学边用，在"用"字上狠下功夫。干一辈子革命就要学一辈子毛主席著作，学一辈子毛主席著作就要在"用"字上下一辈子功夫。学好用好毛主席著作，就没有克服不了的困难。我们还要学习解放军，把思想、技术、作风锻炼得更加过硬，在任何情况下都能打硬仗、不怕苦、不怕死，为了党和人民的利益，上刀山、跳火海我们都干，我们一定坚持打好井、快打井。说到铁人精神的"永不懈怠"，说到铁人精神与我党的革命文化、红色文化相融共促，有这样一则故事。

"庆功会"变"批判会"

1966年底，油田各级党组织已基本无法工作，到处是"造反""打倒"的声音。1202钻井队、1205钻井队于1966年12月26日双双超过美国"王牌队"，打了10万米，别说上哪儿去报喜，在油田上连个庆功会都开不起来。

主管生产的工委副书记、副指挥宋振明已被列为第一号"走资派"而被打倒，他偷偷找到王进喜，在打虎庄原钻井指挥部调度室召开了钻井系统上百个群众组织头头参加的联席会。会上，王进喜苦口婆心地说明两条：一是两个队

"上十万"是大事,是周总理关心、鼓励的,是给毛主席报过喜的,不管怎么说要开一个像样的庆功会;二是油田这样乱下去不得了,应当有人管生产。他这人有点敢冒天下之大不韪,建议让宋振明、陈烈民主管生产,躲开"文革"的是非。对于第一条,虽有不少人反对,但最后还是形成决议,由群众组织主持开个庆功大会;第二条几乎遭到所有人反对,有人当场就讥笑他不识相,有人干脆骂他"铁杆保皇"。笑也好、骂也罢,王进喜不在乎。他十分认真地与大家商量,怎样把庆功会开好。他千叮咛、万嘱咐,一定要坚持不揪斗、不批判,好好庆功。他还决定给1202钻井队、1205钻井队各奖励一头大肥猪。

大会一开起来,别说王进喜,就是钻井那些参加筹备的"勤务员"谁也控制不了局势。造反派不仅把油田和钻井的当权派们揪上台,还给他们戴高帽、挂牌子,剃了鬼头。见此情景,王进喜又气愤、又难受,他首先讲话,再次大声疾呼:"1202钻井队、1205钻井队打上10万米是扬眉吐气的事情,立了大功,我们就要奖励。大庆油田生产是保证全国人民对石油的需要,一点也不能'伤风感冒'。我们一定要坚持抓革命、促生产,保证油田生产正常进行。相信广大群众有这个觉悟,红小兵小将更有这个觉悟!"他的讲话不时被打断[①]。

结果,庆功会开成了批判会、点火会。王进喜被揪到钻井指挥部大礼堂批斗。批斗结束后,造反派给王进喜披上了用赤卫队袖标缝制的一件长袍开始游斗,从八百垧到红岗、到张铁匠,从红岗到解放村,又到萨尔图,再转到让胡路全程游街。

王进喜心里不好受,他反反复复地想:这可怎么办呢?

面对动乱的局势,经过快速思索,或者说凭着本能,王进喜确认问题的本质在于"踢开党委闹革命",解决问题就得找党。下定决心之后,"铁人"开始多方与上级党组织取得联系。最后,在周总理的亲自过问下,大庆油田恢复"两论"起家优良传统,各项工作很快步入正轨。大庆所产的石油有力地支撑了国家建设。"铁人"对党一片忠诚、永不懈怠的韧劲儿,给广大石油人留下了深刻的印象。

---

① 大庆铁人传写作组:《铁人传》,石油工业出版社,2000,第349页。

三、铁人精神与我党革命文化、红色基因与时俱进

铁人精神,以及由此衍生出的好汉坡精神、塔里木会战精神、柴达木精神、海外创业精神等,在过去不同的历史时期,为我国石油工业的持续发展提供了源源不断的精神动力。它们都是石油精神的活水源头、构成元素和文化基因,都是石油精神的具体化、典型化与人格化。

铁人精神在"永葆本色"方面与我党的革命文化、红色文化共同成为新时代的精神高地、思想感召和价值引领。

1205钻井队的钻工回忆起"铁人"时说,像"铁人"这样的人、这样的领导,不会当官做老爷。他一到现场,耳朵听的是机器轰响,眼睛看的是工人们的操作,手里碰着啥活就干啥活。我们看他那么大岁数了,又是领导,还这么干,真心疼,就劝他少干点。他听了就说我们一顿,"我们国家还'一穷二白',世界上还有三分之二人民受压迫,咱们得把这些压力压在自己头上,准备艰苦一辈子!"

"铁人"穿上新衣服

"王进喜这个人特别能干,只要他的队上在打井,他就白天黑夜顶在井上,一年到头见不到他休息一天,也没见他穿过一次干净的新衣服。他是干部与工人实行'三同'(同吃、同住、同劳动)的光辉典范,他是石油工业部的标兵,他带领的贝乌五队是石油工业部的钢铁标杆钻井队。"这是当年庞班长对他的介绍。当时,实习生王振亚被选为团支部宣传员,经常和"铁人"王进喜一起参加大队和公司召开的干部大会,"铁人"总能聚精会神地听讲,认真做记录。他向"铁人"了解工作中的好人好事,"铁人"总是说别人、不说自己。遇到机关干部帮忙搬家安装,"铁人"和队里工人总是抢搬重物,安排机关干部搬拿轻物。到了中午,大队食堂送饭到井场,"铁人"总是对该队职工

说:"1259队的同志等一等,让机关干部先吃。"而后是"铁人"队上职工吃,最后才是"铁人"自己吃,多剩多吃,少剩少吃,不剩就忍着,也不声张,下午同样精神抖擞地指挥全体搬家人员干活。井上没事,"铁人"也不休息,一定在库房修工具和钢丝绳,或者搞技术革新,研究钻头什么的。"铁人"是一名不知疲倦闲不住的人,一年四季穿着满是油污的单棉工作服,谁也没见"铁人"休息过一天,穿过一次干净的新衣服。

1959年9月下旬,王振亚走出大队办公室东门,前往左侧大队保养场,调查了解他们多项技术革新反复试验成功的经验。就在此时,与"铁人"不期而遇。"铁人"出人意料地头戴浅灰色新卡其布前进帽,身着深蓝色新卡其布中山装,脚穿一双新黑皮鞋,很不自然地迎面走过来。王振亚好奇地问:"王队长,你今天穿一身新衣服去哪儿?参加谁的婚礼呀?"

"铁人"诙谐地回答:"去北坪商店,买牙刷、牙膏、香皂、肥皂和洗脸毛巾,留作去北京往返途中和开会期间使用。"因为两人均有事待办,就没有多聊。事隔两小时,"铁人"王进喜到大队办事,他们俩又相遇了。这时"铁人"穿的不是一身新卡其布中山装,而是他平时穿的单工作服。王振亚心想:"他今天不上班,做行前准备工作,怎么只穿两小时新衣服,就换穿工作服呢?"于是,他问道:"王队长,你穿新衣服不是挺好看吗?怎么脱了呢?""铁人"歉意地说:"我穿工作服习惯了,穿新衣服不自在,好像脱离群众似的,没有穿工作服舒服而又随便。"

事后,听大队长秘书韩正伦介绍,玉门石油管理局党委书记刘长亮、局长焦力人,召集将要赴京出席全国劳动模范大会的1259钻井队队长王进喜、3219钻井队队长孙德福、老君庙采油队队长薛国邦、油建管工班班长李生福等人召开行前准备工作会议。为了劳模们往返行程和开会期间一切顺利、万无一失、凯旋而归,对他们提出了希望、要求及注意事项,对他们的准备工作进行了逐一询问。当刘长亮书记发现"铁人"王进喜参加准备工作会议还穿着一身带有油污的单工作服时,

图7-4 王进喜在认真学习

便问:"王进喜同志,你穿什么衣服去北京开会呀?"

"铁人"爽朗地回答道:"就穿身上这套衣服!"

刘书记非常感慨地说:"那怎么能行呢?"

"铁人"真诚地对刘书记说:"这么多年,我穿工作服习惯了。"

刘书记开导"铁人"说:"那是在矿里上班,你穿工作服。可这次你是带着玉门石油管理局全体职工的嘱托,去北京出席全国劳动模范大会。你们的言行和衣着,反映着我们石油职工在人民政府的英明正确领导下,物质生活得到了充分的改善和提高,所以要穿好一点儿的新衣服,去北京参加全国劳模大会。"并焦急地对焦局长说:"再过两天,他们就要登程前往北京开会,穿的衣服还没有准备就绪?"

焦局长说:"他们为了党的事业,辛辛苦苦地工作。我的意见是由局里出钱给他们统一定做中山装。"刘书记赞同焦局长的意见:"就这样做吧。"可是用何种布料呢?书记、局长反复思考,用呢毛料不够大众化,不符合劳动模范的劳动本色,最后商定:用当时上海生产的比较时兴的卡其布,给几位劳动模范连夜赶制每人一套蓝卡其布中山装,分别给每人购置一顶帽子和一双黑皮鞋。这就是故事开头王振亚第一次惊奇地看到的那一幕。而从这里,我们也看到了"铁人"淳朴的本色、劳动的本色。

铁人精神在"公而忘私"方面与我党的革命文化、红色文化共同成为新时代的精神高地、思想感召和价值引领。

"铁人"经常说:"是毛主席把我从奴隶变成主人,是马列主义、毛泽东思想把我从放牛娃变成革命战士。共产党、毛主席的恩情比天高、比海深,子孙万代报答不尽。""铁人"在自己的人生字典里没有"私",他把自己的一切都献给了他钟爱的石油事业,献给了党。他只有奉献,没有索取,他要一生一世报党恩。

多年叔侄情至深

王月明是"铁人"的亲侄子,赤金镇和平村农民。他给我们讲了这样一件事:那是1962年夏天,也就是"铁人"和他的战友们赴大庆参加石油大会战的第三个年头,他和一位亲戚离开玉门登上了北去的列车,专程到大庆去看望叔父王进喜一家。到大庆后，叔父一家对他十分热情，几个堂弟堂妹每天都带他到这里游、那里转。老人则是变着法儿顿顿给他做好吃的，让他切身体会到了久别重逢后的手足深情。

然而，一连等了三天，王月明却一直没见到叔父的身影。他问二婶王兰英，"咋总也不见叔父回来？"二婶笑着说："怎么，着急啦？"王月明说："是有点着急，我来的时候只向生产队请了半个月假。再说，家里的农活也挺忙……"二婶理解侄子的心情，便安慰他说："电话已经打上了，你叔父已经知道你来了大庆；但他工作非常忙，大概这一两天很快就会回来的……"

没想到叔父当晚就回来了。见到离别多年的亲侄子，王进喜心里特别高兴。他还特意把弟弟王进邦叫来，叔侄三人畅谈了半夜。

"铁人"王进喜对侄子王月明的感情很深。这不仅是因为他们的家族血统关系，而更多的是因为大哥（王月明的父亲）去世早，留下了这个苦孩子。为此，王进喜经常对家人说，小时候大哥曾百般关心、呵护我们，他对我们有恩。大哥去世后留下这个孩子，我们要好好看待他。当年在玉门油矿工作时，王进喜每次抽空回赤金老家看望老人时，总是不忘给侄子王月明带些衣物和学习用品之类。他常常告诫侄子，要好好读书、诚实做人，将来做个对社会有用的人。

但是，王月明此番前来的目的并不仅仅是看望叔父，而是想让叔父为他说情，让他在大庆当个石油工人。按说，这也不是什么不应该的事情。可是，当王月明婉转地提出这个要求，请求叔父帮忙解决这个问题时，王进喜沉着脸好半天没有说话。

看着叔父非常严肃的表情，王月明心里"咚咚"直跳。好半天，他嗫嚅着低声说："叔父，是不是我不应该提这个要求，惹您生气啦？"王进喜抬起头，表情复杂地看了他一眼，轻轻拍了拍他的肩头说："叔父没有生气，你提的这个要求也不过分。按说呢，让我王进喜办这么个小事，也不会太费劲。可是，我要问你：你为什么会有这个想法？"

王月明便把心中的想法一股脑儿对叔父讲了。原来，20世纪60年代初经济困难时期，好多地方连发旱灾，粮食产量下降甚至绝收，农民的生活很苦。不少农村青年都去外地谋生，或是进城应招，希望以此改变生活状况。此外，那时很多人都认为当农民太苦，没出息，还是进城当工人风光。正是出于这种考虑，王月明才想当工人。

听侄子如此一说，王进喜笑了。他语重心长地对侄子说："月明啊，你把这事情想得有点简单了。当然，当工人固然好，每月多少有几个工资，起码的生活有保障。可是，你想过没有，当工人就不吃苦吗？就会比当农民清闲吗？不是。就拿我们石油工人来说，所吃过的那些苦，一点都不比农民少。但这是革命的分工不同，三百六十行，行行都得有人干。如果我王进喜十来岁的时候不是为躲兵灾苦役，不是被地主、反动派逼得活不下去而逃生到玉门油矿当小工，也许后来我还当不上这个石油工人……"

听叔父说到这里，王月明有点脸红了。他后悔不该向叔父提这个要求，便很内疚地说："叔父，我只不过就那么说说而已，办成办不成都没啥……""这不是办成办不成的问题。大道理我也不必给你多说，你如今已是十七八岁的大小伙子了，好多事情你自己可以动脑子去想。现在我们好几万人从玉门到大庆搞石油大会战，已经两三年了。但是以后把大庆油田建设好，我们还能不能再回到玉门，这要国家说了才算。我说的意思你应该明白。我和你三叔及家人全都来了大庆，老家唯一的后人就是你了。依我说，你王月明不但不要去当什么工人，而且要安下心扎下根就在老家当农民，一辈子都当农民。我看农民并没有什么不好。现在农村条件那么优越，国家又对农村那么重视，还图什么呢？再说了，我们都在距玉门数千里之远的大庆，王家的祖坟也得有人看护呀。每年到了清明寒食的节气，总得有人到先祖坟头焚炷香、烧个纸吧？谁来代我行这个孝道呢？只有你了……守土有责。要我说，你王月明的责任重大啊……"

叔父的一席话，让王月明茅塞顿开。后来，王月明再也不提当工人的事了，而是安心在家乡当了一辈子农民。回首往事，王月明不无感慨地说："叔父当年的教诲，让我一生都铭记在心。这辈子当农民，我无怨无悔！"

铁人精神在"自强不息"方面与我党的革命文化、红色文化共同成为新时代的精神高地、思想感召和价值引领。

"铁人"经常跟工人们讲："一个人想什么，也得有个规格。有些事情是不能想的，例如住鸳鸯楼这样的脏想法就是。有些事情是可以开阔地想的。要想，就要想怎样拿下大油田，想这么多困难怎么克服，想我们给全国每个人多少石油，想社会主义革命和社会主义建设，想用好用活毛泽东思想。"可以说，"铁人"在各方面对自我的要求十分严格，特别是在学习文化知识方面，始终有一种自强不息的精神状态。

以能为师重学习

"小卢,咱们订个师徒合同吧。你给我当个师傅,咋样?"王进喜很认真地拜师道。

"您是老师傅了,我有什么资格给您当师傅。"新调来大队机关工作的小卢紧张地说。

"能者为师,你教我文化,咱们一起学习'毛选'咋样?"

平时大家对"铁人"大队长很尊重,小卢一看他的态度那么诚恳就不客气地答应了。

从此,几乎每天晚上他们都要坚持学一段儿,内容是《毛泽东选集》。方法是学"毛选"与学文化相结合、读与议相结合,即碰到不认识的字,先把它搞清楚,然后再往下读。读一段,议一段。

学习中,"铁人"有一股子"钻"劲。由于他的工作特别忙,经常半夜才回来,因此若头天学不成,就第二天补上。在办公室静不下来,他们就到草原上和院外僻静的地方去学。一天晚上,"铁人"从井队回来晚了,见小卢已经入睡,就自己看了起来。小卢醒来时看见他正一字一句地抄写《矛盾论》的原文,而且已经抄完了一页纸。他见小卢起来了,就念起了原文,让小卢校对他抄写的那段文字。

王进喜刻苦学习的精神是非常可贵的。在工作中遇到一些字(如"钻杆""钻头""帐篷"等)不会写,就在笔记本上画了个图来表示。为了适应工作需要,尽快克服眼前工作上的最大障碍,他决心学习"愚公",搬掉这座"山",闯过文化关。他常诚恳地对小卢说:"小卢,你不要客气,我让你做先生,你就得把我看成学生。我错了,你得指

图7-5 队友指导王进喜学习

正。"他还说:"你别看牛走得慢,它有后劲。我要学老黄牛的苦干精神,你也要憋足劲头儿把我教好。"

一次,他们学习《愚公移山》。当读到"他的家门南面有两座大山挡住他家的出路,一座叫做太行山,一座叫做王屋山"时,小卢按自己的体会解释起来,说这两座山都在山西省,一座在西,一座在东。王进喜听了,感到解释得不理想。下来后,他又和别人探讨请教,回来又和小卢说:"你的解释与故事中的不同。这两座大山,原在河北通往中原的路上,七百多里,是愚公感动了上帝才把它们搬走的。"

在学习期间,为了提高自己的实际动笔能力,王进喜常用写信的方式自我练习。1964年冬天,他给正在山东东营胜利油田指挥会战的领导焦力人写信。小卢看他写得很吃力,想帮他写,他说:"我写完你再给我改吧。"改后他又抄,抄完后不满意又重新抄,一连抄了十几遍。有的同志看他认真费力的样子也想帮他抄,他说:"我这是为了练练字,要学会独立写信、写稿子的本领。"

在"铁人"王进喜顽强的努力下,很快就能熟练地阅读文件、写简单的发言提纲,还会写短文、诗歌,这为他以后走上更重要的岗位奠定了扎实的基础。

工作是干出来的

王进喜具有永不停步、登山不止的精神。从20世纪50年代至60年代初,他带领钻井队攀登了一个又一个钻井高峰。担任大队长后,仍然在不停地奋斗。平时他常爱说三句话:一是,"白馍馍是蒸出来的";二是,"天上掉馅饼你得用手去接,不然就被别人捡去了";三是,"干,才是马列主义"。三句话的意思都是让人们用实际行动去干事业争排头、打先锋,"不然就是馅饼掉在你的眼前,也是吃不到的。"

1961年大队成立不久,指挥部安排二大队重点在高压区打高压井。当时人们议论纷纷摆起困难来。有的说,1960年倒霉的事故井都在这一带,让我们打高压井,非得喷个一塌糊涂不可;有的劝大队长给上级摆摆困难,把打高压井的时间往后再推一推,等防喷设备齐全时再上。王进喜不同意这些观点,他在动员会上说:"原油是靠地层压力喷出来的,压力越高越能多出油。我们石油工人不是就盼着打自喷的井吗?为什么怕打高压井?"他还从哲学的角度分析当时的有利条件,鼓励大家克服困难。他说:"气老虎也是纸老虎,就看我们能否掌握它。摸住了气老虎的脾气,就能驯服它,它就成了豆腐老虎。"

为了不断摸索高压区钻井经验,王进喜和大队其他领导首先在1205队进行打高压井的生产实验。他几乎天天住在井上,和工程技术人员一起研究防喷措施,改进钻井液(泥浆)配方,很快摸索出一套经验。接着,在其他队推广。起初,每个队一个月只能打一口半井,以后发展到打两口井,再往后实现了"三开三完"。

在一段时间里,"铁人"王进喜不顾自己患有严重的关节炎,谢绝了同志们的劝阻,带着行李来到井场吃住。第一口冰上生产实验井,仅用7天就顺利地打完了进尺。接着,又在这口井上进行了射孔、试油、采油等方面的实验,为以后在冰湖上大批钻井和采油作业探索了较丰富的经验。

在总结这口井工作时,"铁人"王进喜高兴地说:"白馍馍是蒸出来的,工作是干出来的。再难再苦的工作,只要尊重科学,多想多研究,又肯踏踏实实地干,就没有闯不过去的难关。"

第八章 08

对践行文化自信、凝聚民族精神的巨大作用

伟大的事业需要并产生伟大的精神，伟大的精神支撑和推动着伟大的事业。文化是民族血脉中生生不息地流淌着的血液，始终是民族生存繁衍和国家繁荣发展取之不尽、用之不竭的生命之源。历史和现实都表明，构建具有强大感召力的思想基础、精神支柱、道德规范和价值引领，关系社会和谐稳定，关系国家长治久安。新中国成立初期，毛泽东在《论十大关系》中曾说："我们一为'穷'，二为'白'。'穷'就是没有多

少工业,农业也不发达。'白'就是一张白纸,文化水平、科学水平都不高。"要建设一个经济强国、军事强国,还要建设一个文化强国,这是几代中国人的强国梦。当前,我国改革开放和社会主义现代化建设成就辉煌,举世瞩目;但也面临不少新情况、新问题。在新情况新问题面前,如何保持社会的和谐稳定、治理和秩序?如何同心同德、同向同行,朝着"两个一百年"奋斗目标前进?面对这样的新要求,基于对历史与现实的考察,习近平总书记明确提出,把培育和弘扬社会主义核心价值观作为凝魂聚气、强基固本的基础工程,不断夯实中国特色社会主义的思想道德基础。可以说,在新时代践行文化自信、弘扬铁人精神,能培固民族精神之"根";在新时代践行文化自信、弘扬铁人精神,能熔铸理想信念之"魂";在新时代践行文化自信、弘扬铁人精神,能涵养核心价值之"源";在新时代践行文化自信、弘扬铁人精神,能共筑伟大复兴之"梦"。

"铁人"的一生就是不断实现"中国梦"的一生,铁人精神就是不断实现"中国梦"的精神。"铁人"把自己的梦想与祖国石油事业的发展紧紧连在一起,成为他终生报效国家的不懈精神动力。

一、铁人精神承载着"四个自信"特别是文化自信的责任担当

精神传承与文化建设是党和国家事业的重要组成部分。在当前百年未有之大变局中,要想赢得主动、振兴发展,必须积极占据文化发展的制高点。2016年5月17日,习近平总书记在全国哲学社会科学工作座谈会讲话时着重指出:"我们说要坚定中国特色社会主义道路自信、理论自信、制度自信,说到底就是坚定文化自信。文化自信是更基本、更深沉、更持久的力量。""四个自信"特别是文化自信与铁人精神,都是基于历史的选择、民族的凝聚、实践的考验应运而生的,体现了中国共产党对民族命运的理性思考,对我国国情的深刻把握,对人民福祉的责任担当。在践行文化自信、凝聚民族精神的进程中,铁人精神无论从本质属性还是时代先锋的视角来考量,都始终使命在肩、责无旁贷。

"要听党话跟党走"

"永远听党话、跟党走",这是激励"铁人"为国拼搏、为油奋发的动力源泉,是"铁人"一生的坚定信念。

王进喜出生于贫苦家庭,幼年时期正处在半殖民地半封建社会的旧中国,"三座大山"重压之下的劳动人民生活困苦。生活的艰难并没有把这个出生时就有10斤重的少年吓倒。他9岁起便开始帮家里分担,给地主放过牛、采过煤,经常挨打受骂。苦难磨炼意志,哪里有压迫,哪里就有反抗。王进喜在与恶势力的抗争中变得机智、勇敢、坚强了。

1938年,抗日战争的炮火烧到了我国沿海地区,半壁河山被日寇侵占。已经迁都重庆的国民党政府被断了"洋油"补给,油荒蔓延全国。在这种形势下,一些爱国人士提议开发玉门石油。为了躲避地主的迫害,1937年,年仅

14岁的王进喜来到了玉门老君庙，从此便和石油结下了不解之缘。

新中国成立前的玉门油矿被人称作"鬼门关"。王进喜在这里做了10年的长工，出苦力干最重的活，可是却过着非人的生活。条件差不说，还到处充满了压迫和剥削。1947年9月，玉门解放。9月25日，矿上的工人、家属、孩子们冲出了以往戒备森严的检查站。这是王进喜第一次自由出入检查站，是中国共产党领导的解放军把"鬼门关"变成了"解放门"，使劳动人民从此获得自由和新生。

此时的王进喜，对于共产党是什么还不甚了解。他在接受《人民日报》采访时，回忆起玉门即将解放时自己的想法："国民党说共产党是'匪'，郭孟和（王进喜崇拜的师傅）说共产党是为人民的。我不知道哪个对，就等着看他们的表现了。"①

新中国成立后，按照中央对于没收官僚资本所作出的指示，对玉门油矿原来的机构采取了"原薪、原职、原制度"，要求原机构要有新思想、新作风，在中国共产党领导下做好工作。此时，玉门油矿的工人们生活上得到了改善，还能看演出、扭秧歌，这可让爱唱秦腔的王进喜有了大展歌喉的机会。可要说使王进喜从此坚定了"永远听党话、跟党走"的决心，还要从共产党对"四五事件"的处理说起。

"四五事件"发生在新中国成立前的玉门油矿。当时国民党统治区进行"货币改革"，发行金圆券。可是这种"改革"无法抑制通货膨胀，金圆券贬值特别快。1949年5月4日，矿里发3月份工资时，把银元牌价从13000元金圆券兑换一个提高到21000元兑换一个，从而造成工人的工资严重损失。富有斗争精神的炼油厂工人为了维护自身利益，提出恢复银元牌价的合理诉求；但是当时的油矿代协理一意孤行，拒绝工人的合理要求，致使事态扩大。国民党玉门油矿负责人于是策划镇压工人，整个矿区笼罩着白色恐怖。带头抗议的32名工人被驻矿的军警或逮捕或开除或遣散，并有4名工人被判刑。

玉门解放后，玉门油矿的军事总代表康世恩来到矿上重点了解油矿阶级斗争形势。在弄清"四五事件"始末后，果断决定要回4名被监押的工人，召回被开除、遣散的工人，肯定了他们的行动是坚持合理要求的正义斗争，并开展

---

① 大庆铁人传写作组：《铁人传》，石油工业出版社，2000，第39页。

了诉苦和忆苦思甜运动,让工人们说理出气,同时宣传党的接收政策,鼓励大家坚持生产、多产石油,支援解放大西北。

对"四五事件"的正确处理,让工人们看清了中国共产党是代表人民利益的,共产党是救命恩人,是向着工人、为老百姓说话办事的。王进喜从此就下定决心,跟着共产党走,死也不回头。

王进喜由旧社会的奴隶,翻身成为社会主义国家的主人。在党的培养教育下,他学知识、长本领,成长为一名优秀的石油工人。在其后的奋斗岁月中他从未迷航,坚信党的领导一切为了人民,坚信中国工人阶级是最有力量的。

"要使石油流成河"

新中国成立初期,帝国主义国家对中国实行封锁,国外有人炮制"中国贫油论"。王进喜听后非常气愤,他说:"有些外国人,他是看不起我们中国人。我就不相信石油只埋在外国的地底下,我们国家就没有油?"

带着为民族为国家争口气的志向,为了让埋在我国地下的石油奔涌而出,王进喜日夜思虑着,奔波着,战斗着。他要为这样的信心找到科学依据,化为中国石油行业的底气。他经常在身边带着一个小本子,每次上级机关组织开会,他都到技术部门细心地搜集世界各国石油发展情况的资料,详细地摘录:

图8-1 出席全国工交群英会石油系统先进经验交流会的王进喜

各产油国总产量是多少,按人口平均数是多少,以及打井、采油的新纪录、新技术,等等。他仔细研究这些情况,一心想着怎样更快地把我国石油工业发展上去。他对人说:"井没有压力喷不出油来,人要没有压力就干不出好的工作来。"他曾反复地设想过,应当组织多少个勘探队、多少个钻井队,要在多长时间内把我国一切可能含油的地方统统普查一遍。"我们就好好干,我们凭什么赶不上外国人?我们肯定能超过他们!"他豪迈地说:"总有一天,要使我国石油流成河!"

"铁人"的力量来自于相信,来自于对党、对国家、对人民的信任。这种力量凝聚成铁人精神,成为中华民族、中国共产党宝贵的精神品格,在新时代培育了中国人民的崇高价值追求,今天依然是我们推进改革开放和社会主义现代化建设的强大精神力量。

二、铁人精神积淀着中华民族最深层的精神追求和文化标识

文化自信是实现中国特色社会主义发展进步的内在精神动力和根本支撑力量。在五千多年文明发展中孕育形成的中华优秀传统文化,特别是在党领导人民进行伟大斗争中孕育的革命文化和铁人精神,积淀着中华民族最深层的精神追求,代表着中华民族独特的精神标识。中华民族历经磨难而浴火重生,我们党领导各族人民创造一个又一个发展奇迹,文化自信是动力之源。目标越崇高、越伟大,越需要文化自信,越需要铁人精神。

以身许国只为"油"

作为一个管理者,"铁人"历来重视效率和实绩。无论何时,他都强调理论和实践的结合,注重用毛泽东思想的立场、观点和方法解决工作中的实际问题。他对自己的要求是当人民大众的老黄牛,把一切都献给石油事业。对所领

导的各单位,学用结合的标准就是:打井的要多打井,打好井;盖房的要多盖房,盖好房;种地的要种好地,多打粮;机关干部要为基层服务好,帮助大家出成果。

20世纪50年代,王进喜率领钻井队大战祁连山,7年间钻井进尺7万多米,等于1907—1949年这42年间全国钻井进尺的总和。20世纪60年代,王进喜奋不顾身投入大庆石油会战,为甩掉我国石油工业落后帽子建立了功勋。他说:"现在,革命需要油,人民需要油,我们国家有十个八个大庆油田才行。我这一辈子,就是要为国家办好一件事:快快发展我国的石油工业。"

图8-2　1205钻井队(当时称1262队)到达萨尔图火车站

王进喜从不吹嘘自己,但十分珍惜集体的荣誉。在到达大庆火车站时,他把锦旗收进箱里,对全队工人说:"这就是我们蒸下的白馍馍,到大庆拼命干,再蒸它两箱子。"

在会战的过程中,"铁人"的队伍抢前抓早,克服重重困难就是要加快为祖国献石油的步伐。这既是"铁人"的目标,也是他的方法论。"铁人"曾经说:"我们有许许多多的困难,这些困难再大,也没有国家缺油的困难大。我们是为自己干,是为党增光、为民族争气,是为了多打井、多出油,快快把咱们国家建设强大。"

"每人每年半吨油"

"铁人"一生苦干、实干、巧干的工作作风，离不开他为自己订立的一个又一个目标。在勇攀高峰的过程中，实现了一次又一次飞跃。从"钻透祁连山，战胜戈壁滩，快马加鞭进军吐鲁番，玉门关上立标杆"的豪情，实现月钻井进尺5009米的全国纪录；到大庆以后，他领导的井队首创"大三一"井，突破年钻井进尺12万米的世界纪录。当时，国家的贫油现状更是催生了他直到临终前都念念不忘的"实现全国每人每年半吨油"的大目标。

1965年7月，在石油工业部政工会上，王进喜做了一个长篇发言，引起了巨大的反响。在这个发言的结束部分他讲了这样一段话：

"我感觉要把我国石油落后的帽子彻底拿掉，得干。要多打井、多找油，要打生产一千吨的、八百吨的（高产）井，打四千、五千公尺的深井。总想要在我们国家每一个省里边找出油田来……将来我们国家的石油啊，按我们国家六亿五千万人口算，一个人搞上半吨石油我想就可以。报上说'基本自给'了，就是说还缺一点儿，还没有全部过关。我看我们国家六亿五千万人口每人搞上半吨石油，有可能。可能不可能啊，我也是冒说的。我想有我们党，有毛主席，有我们部党委，有我们全体职工，我看有可能性。"[1]

如果说此时这句话还仅仅是一个口号的话，那么一次出国经历，让铁人的目标更加明确，信心更加坚定了。

1966年春，应阿尔巴尼亚工矿部的邀请，中国派一个石油代表团去帮助阿尔巴尼亚搞巴托斯、钻林两个新油田设计。王进喜和大庆另一名代表陶冰华也随团去访问。

这是王进喜第一次也是唯一一次出国。这位43岁的西北汉子，第一次坐上飞机升上万里高空，"背负青天朝下看"，用更广的视角看世界，站在世界看祖国，思想上开出了一片新天地。

在莫斯科待机时，他们参观了红场，瞻仰了列宁墓。在布达佩斯待机时，他们参观了"世界万国博览会"。博览会上，我国展厅虽以轻纺工业产品为

---

[1] 大庆铁人传写作组：《铁人传》，石油工业出版社，2000，第169页。

主，但也同那些欧美国家展厅一样，展品琳琅满目，观众络绎不绝，一片拥挤和热闹。王进喜见此情景非常高兴，感到自豪。他说："我们中国就是伟大，在共产党、毛主席领导下发展的就是快。瞧，咱们的产品，外国人都争着看！"①

在阿尔巴尼亚期间，王进喜的任务是介绍大庆会战的情况。他每讲一次，都赢得阵阵欢呼和如雷般的掌声。

阿尔巴尼亚工矿部部长陪同他们参观。在介绍情况时，说到阿尔巴尼亚180万人口，生产石油近百万吨，"平均每人每年半吨油"。王进喜听完被震惊了。了解这个信息以后，王进喜陷入了久久的沉思和自责：我们此行担负着帮助阿尔巴尼亚发展石油工业的任务，可他们都做到了"平均每人每年半吨油"。我们国家虽然这几年石油工业有了大发展，基本上实现自给，可平均到每个人手里就少得可怜。从此，这"半吨油"如同那"煤气包"一样，重重地压在了王进喜的心头。他说："咱们还不行，就算有了个大庆，平均每人才几两油哇！比富比不过英美，连阿尔巴尼亚都比不过，还是个贫穷落后。咋办哪，没别的，回去后咱们还是需要拼命奋斗哇！"从甩掉"煤气包"到为实现"半吨油"而战，是这位有高度责任感和使命感的国家主人翁一次思想的飞跃。②

在1965年7月石油工业部政工会和1966年2月全国工交工作会议上，"铁人"提出了"要让国家省省有油田，管线连成网，全国每人每年平均半吨油"的奋斗目标。

三、铁人精神体现着新时代党对全体人民精神状态的新要求

"四个自信"体现为对新时代中华民族精神面貌的新要求。一个民族的精

---

① 大庆铁人传写作组：《铁人传》，石油工业出版社，2000，第173页。
② 同上书，第174页。

神状态如何，关乎民族的兴衰成败。民族精神的核心是先进的价值观，其主要内容是坚定的理想信念、先进的制度规范。铁人精神，首先表现为一种思想、一种观念，同时也是一种制度、一种操守。习近平总书记指出："一个国家的文化软实力，从根本上说，取决于其核心价值观的生命力、凝聚力、感召力。"铁人精神，在新时代仍然历久弥新、璀璨夺目，有着巨大的无可替代的影响力，有助于激发动力、凝聚共识，增强全党和全国各族人民的信心，从而更好地汇聚合力、众志成城、攻坚克难，夺取中国特色社会主义新胜利。

要"以人民为中心"

作为一名党员，作为井队队长，"铁人"在其所承担的一切社会责任面前，铁骨柔情、正气凛然。他千方百计解决职工群众生活问题，成为大家的知心朋友。"铁人"说："我是个普通工人，没啥本事，就是为国家打了几口井。一切成绩和荣誉，都是党和人民的，我自己的小本本上只能记差距。"

王进喜曾说过自己是三个母亲的不孝儿。这里有他自己的母亲，有房东赵大娘，还有一位是1205钻井队队员张启刚的母亲。

在一次偶然事故中，1205钻井队青年工人、爱唱秦腔的张启刚因为意外身亡了。这是1205钻井队建队以来唯一的一次伤亡事故。当时，王进喜已经升任大队长，听说这件事后，他无法控制自己的情绪，赶到井场发疯般地把当班司钻追打了三圈。处理完小张的后事，王进喜再一次来到1205钻井队，眼含热泪对大家说："启刚连婚都没结就'走'了。从今以后，他年近七十的双亲就是咱们的父母，我们要把两位老人供养到百年。"说完，他从口袋里掏出30元钱、20斤粮票交给党支部，嘱咐队里要每月给老人写一封信，定期寄钱和粮票；有回家探亲路过的一定要去看看，困难大了就向大队申请补助。

让人没有想到的是，半年以后，张启刚的母亲寄来了一封信。信里说："今年收成不好，生活无着落，希望领导帮助解决。"两页信纸间还夹了三根长长的白发。老母想儿，白发揪心。队里月月按时寄补助费，老人的生活怎么还会那么困难？通过调查才了解到，原来每月寄出去的钱都让另一个贪图钱财的人给领走了，两位老人根本就没有拿到过钱。在大队会上，王进喜手捧来信和三根白发哽咽着说："世上最悲哀的是白发人送黑发人。启刚'走'了，我们连张爸张妈都养不好，咋能对得起为石油牺牲的同志？"①王进喜又安排人重新核实了邮寄方法和收款人，以确保补助费能及时送到老人手里。从那以后，王进喜不仅经常过问大队邮寄补助费的情况，还多次托人给张妈妈捎钱带东西。就这样，他把张启刚的父母一直供养到老。

在大庆会战初期，正赶上三年自然灾害，钻井生产、生活特别是住房、吃粮面临严重困难。为了坚持会战，全面开发大油田，王进喜在这一时期采取"两条腿走路"的办法，利用工余时间带领职工和家属开荒种地，烧砖、割苇，盖"干打垒"住房，让工人和家属"吃

图8-3　王进喜在参加施肥劳动

饱肚子去会战"，"回来有个窝"。同时还解决了很多工人以及家属的生活问题，克服重重困难，建起了设施比较齐全的生活基地，保证了工人们的生活。

有一段时间，每到月底二大队的很多钻工就请假去买粮。因为粮店在离大队驻地七八千米外的萨尔图。由于路途远，又无交通车，去背一次粮食至少得耽误一两天时间。

为了解决这一问题，王进喜领着干部找到了地方粮食部门，联系建粮店。管事的人说，建粮店不是那么简单，一要有房，二要有人。王进喜说，房子我们解决，人以你们为主，请多帮忙。回来后，他让人把新盖的"干打垒"收拾出一栋，给粮店做仓库和门市。粮食部门来人看了之后说，土房又潮又有老鼠，等两年再说吧。王进喜说，办事情不能等。他立马选一地方向上级请求盖了一栋砖房，连商店也考虑进去。人家来看了之后又说，房子可以，但地面不行，要打上水泥防老鼠。王进喜又安排人把地面用高标号水泥打得厚厚的，四

---

① 大庆铁人传写作组：《铁人传》，石油工业出版社，2000，第119页。

周都堵严，让老鼠钻不进去。

粮食部门看到王进喜雷厉风行、锲而不舍地为工人解决问题很受感动，于是很快派人在二大队把粮店办了起来，职工家属们再也不用到萨尔图去背粮了。与此同时，为了钻井工人和群众的利益，王进喜不怕麻烦、不怕跑腿，不怕给人家说好话，与有关部门联系、协商，先后把商店、邮局、储蓄所等都建立起来。同时，还自办了托儿所、幼儿园、理发室、修鞋铺等，使二大队成为一个应有尽有的小镇。

十年动乱期间，大庆的石油一天也没有停产，而且在动乱结束时，原油生产还突破了年产五千万吨的大关，为支撑我国国民经济作出了重大贡献。"铁人"在这一过程中，成为了这支过硬队伍的杰出代表。在各级组织瘫痪的极端艰难形势下，他坚持为党工作，坚持为职工、家属办事，铁骨铮铮、坚贞不屈，发挥了党的先锋战士的作用。

1967年冬天，1268钻井队在45井家属基地附近打井。王进喜到这个队了解生产动态，同时也到家属基地去看看那里的情况，结果被家属们围住斗了一番。队长黄元贵听说后十分气愤，准备领几个工人去和她们评理。可是"铁人"回到队上对挨斗的事只字不提，却让队友黄元贵给弄些毛毡、木条和钉子。

黄元贵问："要这干啥？"

王进喜说："那里的水井房冻了，家属没地方打水，咱们去给他们收拾收拾。"

黄元贵气不过，说："她们斗了你，还没算账呢，还要给她们修水房？"

"你去看看，那水房房顶破损，四处漏风，水管线冻了。她们都是我们的阶级姐妹，吃不上水，咱们不管谁管？"王进喜说，"我挨批算不了什么，她们慢慢会理解的。她们的爱人都到四川去会战了，照顾好她们，就是支援四川会战。"

黄元贵说："我说我的老师傅，你就别费那个心了。现在到处有人要批你斗你，你哪也不要去了。我们队人心齐，你就住在我这里，洗脸水我给你打，饭我叫人给你送，你的安全大家负责，给我们当个参谋，也好好养养身子有多好。"

"铁人"说："那也行，但得先把这件事办完。你去找东西！"

黄元贵看劝了半天不管用,有些急了:"让她们吃上水斗你更有劲?不管,我说不管就不管。我不管,你也别管。"

"铁人"也急了:"她们是谁?是我们的阶级姐妹。我们不管谁管?你不办拉倒,我到别的队要去。"说完就要走。①

黄元贵见劝也没用了,就安排人去弄东西。拉来以后,王进喜和几名工人一起用油毡纸把房顶盖好,用毛毡把门窗封好,点火把水管线和闸门烧通,再用毛毡包起来,晚上就通了水。这个基地的职工大部分都到四川去会战了,加上"文革"动乱,这里成了"三不管"地区。家属们看到刚刚被批斗完的"铁人"不怕天寒地冻,爬上爬下为她们修水房,别提有多感动了。当她们打开刚烧通的水闸门,清水"哗哗"流出时,止不住眼泪也往下流。

"铁人"是以干实活、办实事、讲信用、讲实效著称的。1969年,在采油四厂和钻井指挥部就流传着一个"两个月没办成的事,'铁人'三天给解决了"的佳话。

1969年暑期一过,3名大学生来到大庆报到,被分配在钻井一个基建队,先按工人安排,进行劳动锻炼。其中,赵振林、张显忠两人是回民,整天和大家一起吃饭,感到不方便,提出要找回民灶。这时有人说,哪儿来那么多毛病?大肉都不想吃,想吃什么?对此不予理会。两个青年人憋了一肚子气,找了两个多月没个结果。一天,他们三人在路上走,碰见一位老师傅。听人介绍说是"铁人",他们就抱着试试看的想法,同"铁人"说了。"铁人"听后非常着急,帮助到处找回民灶。第二天,终于在刚刚成立不久的采油四部找到了。这三名大学生没想到,两个多月没办成的事,铁人三天就给办成了。他们深受感动。

图8-4 王进喜与学生们在一起

---

① 大庆铁人传写作组:《铁人传》,石油工业出版社,2000,第216页。

心系人民、关心人民，"铁人"不仅是钢筋铁骨的石油战士，更是满腹柔肠的人民公仆。脚踏实地为民实干，千方百计为民解忧，成了他在党和人民的事业上默默耕耘、辛勤工作的方向标。正如"铁人"常说的那样，"我从小放牛，懂得牛的性子。牛索取极少，奉献很多。我们都应做勤勤恳恳为人民服务的'老黄牛'。"

"打铁必须自身硬"

马克思说："在科学上没有平坦的大道，只有不畏劳苦沿着陡峭山路攀登的人，才有希望达到光辉的顶点。""铁人"就是这样，他知道要想摘掉压在他心头的那顶祖国贫油的"帽子"，只能靠不断学习，才能不断提高，实现不断超越。"铁人"珍惜每一次学习的机会，并能学以致用，最终练就了一身真本领，创造了一个个钻井奇迹，高产高效地为祖国献石油。

在玉门老矿流传着一句话："钻井的老虎，炼油的狼，总务后勤是小绵羊"。刚到玉门油矿的王进喜，曾一段时期都在驮运队当"油水工"。堂堂西北汉子怎能甘当"小绵羊"！他向往成为那雄赳赳的"老虎"，想像一个钻井工人、司钻、领班那样痛痛快快地干，挺直了腰杆子活。

解放前的玉门油矿，绝大部分工人只是个苦劳力，没有机会学文化学技术。王进喜曾有过学技术的机会，但这个年轻的西北汉子性格倔，用他自己的话说，"君子命穷不怨天，穷要有个穷骨气"。他不愿阿谀奉承，所以没干着技术活，什么也学不到；但他没有放弃，总在寻找机会。王进喜与懂得勘测、钻井、采油的工人交上了朋友，每次见面都问一些有关的知识。有个老乡搞采油，王进喜就常常找他闲聊，了解井口的一些问题等。后来王进喜开始给钻井场送料，接触钻井作业的机会就多了起来。每次上井，不管是在车上还是在井场边休息，他都忘情地观赏那高高的井架，想着自己能有一天在钻台上大干一番。

抗战胜利后，王进喜有了更多机会认识一些钻井工人，也可以去井场里转一转，甚至可以上钻台看一看。

有一次，钻井井场上的工人们响应号召罢工、抗议，正在消极怠工：架子工坐在二层平台上瞭望；扶刹把的眼望蓝天，把钻具吊起来不加压，转盘飞转就是没进尺；钻工们则散坐在四处聊天。正好王进喜送料来了，一位师傅对他说："来，歇会儿。看把你瘦成甚样子啦！"另一位师傅说："小鬼，你不是想看钻井吗？正好今天工头不在，咱们叫你看。"就这样，师傅们领他上钻台、进机房、下钻台、上泵房，看了打钻的全过程。这是一部美制30型钻机。王进喜看到了高高的井架，飞转的转盘，轰响着的柴油机，运行中的泥浆泵。这是他平生第一次上钻台，心中感到莫大的满足。

王进喜刚看完，二层平台上传来了警报声：是钻井一号井场场长"卢疯子"来了。师傅们叫王进喜赶快离开。这时王进喜还沉浸在这些机器运转的兴奋中，被"卢疯子"发现。他厉声问："你在这里干什么？"扬起青铜棍子就打了过来，王进喜赶快逃跑了。

玉门老矿的工人有光荣的斗争传统，罢工、抗议不断。特别是玉门即将解放时，打工头、砸宪警的事情经常发生。"卢疯子"心狠手辣，经常殴打工人。于是，王进喜同几个工人设计把"卢疯子"教训了一番。后来，"卢疯子"发现是王进喜干的，就把王进喜抓来，在地上划个圈，让他站到圈里，狠狠地抽了一顿鞭子说："我不喊'解放'不准出来！"

在那阴冷的黑夜里，王进喜直着腰板站在那无形的地牢里盼着天明，盼着解放，盼着成为一名钻井工，盼着成为国家建设的主人。

王进喜的愿望终于实现了。玉门油矿解放后，他成了一名钻井工人。共产党在油矿成立了工会，组织工人们在扫盲班学习，王进喜学文化学技术的劲头

图8-5 在克拉玛依现场会上，王进喜（前排左一）在准备发言

更足了。这期间，军代表给王进喜介绍了梁文德、杨崇义、郭孟和等几位师傅。有几位师傅的帮助，加上王进喜自己十分勤奋，样样在行，他很快就干出了名声，成长为一名钻井队长。

1958年，石油工业部在甘肃玉门和新疆发动的以"高速优质钻井"为中心的群众运动取得了丰硕成果，极大地促进和推动了钻井事业的发展。同年10月6日，石油工业部在新疆克拉玛依油田召开现场会，王进喜作为玉门代表团的代表参加了会议。

这是王进喜头一次出远门，头一次参加这样的大型会议，心情激动得无以言表。玉门代表团100多人乘三辆大客车从玉门山沟里出发，过安西，走柳园，越走越开阔。特别是过了星星峡，来到新疆那无垠的土地上时，王进喜感叹道：咱们国家真大呀！

大会组织参观时，王进喜可来了兴致，首先来到张云清的井场。在玉门时王进喜与他就相识，如今"西出阳关有故人"，别有一番亲密的感情。张云清向王进喜等甘肃玉门、四川、青海的先进队代表介绍本队情况，讲经验，从起下钻到调配泥浆，从搬家到快速钻进，谈得精彩而又实在。

王进喜这位"学习从来不空手"的队长开始单独行动。他看见正在起钻的一班人干活卖劲儿麻利，动作协调敏捷，配合得非常好，心想可真得好好学一学。他尽情地走这看那，边观察边揣摩。他钻到钻台底下扒开泥浆，发现人家"死绳"固定的地方同玉门不一样，觉得更合理；在泵房里，他看到人家泥浆泵的泵身和底座焊在一起，眼前一亮：对呀，在钻井队搬家中，"对泵"（指校正泵的位置）是最难的事儿，这样一焊就省了对泵的时间嘛。当他看到水龙带进入井架的位置，又是眼前一亮，感到非常恰当[①]，不会造成起下钻的不便……就这样，眼睛看着，心里记着。王进喜打心眼里佩服张云清，他真的不愧为先进青年钻井队队长。

这期间召开的表彰会上，石油工业部部长余秋里亲自把一面"钻井卫星"红旗授予了王进喜。已经是先进队队长的王进喜继续虚心学习，要创造更高的纪录。回到玉门后，他传达了克拉玛依现场会精神，与队友们共同分享了从张云清等队学来的先进经验。大家更是干劲倍增。1958年底，王进喜队打井

---

① 大庆铁人传写作组：《铁人传》，石油工业出版社，2000，第113页。

21464.60米,上了"双万",双倍地实现了7月份提出的"月上千,年上万,祁连山上立标杆"的奋斗目标,创造了班进268米、日进554米、月进5009米3个全国纪录。其月进尺超过了当时苏联一个钻井队创造的4700米纪录。为慎重起见,只说是"当时世界少有的好成绩"①。年底,贝乌五队被玉门矿务局命名为"钢铁钻井队",王进喜被誉为"钻井闯将"。

王进喜及其井队在以解决"技术落后与速度缓慢"为目标的"钻井大战"中领先,发挥了带头作用。他的精神鼓舞了全国的石油工人,他的行动带动了钻井工业的发展。1958年,全国钻井队月进尺上千的有76个队,上双千的9个队,上三千的3个队,上四千的4个队。上千的钻井队中甘肃玉门有22个,新疆45个②。

图8-6　出席甘肃劳模会时的王进喜

1959年,在甘肃省劳模会上,王进喜被推举为国庆观礼代表,同时被推选为出席"全国工交群英会"代表。出发进京之前,矿务局领导要为他做一身新衣,他说不用。领导说,你代表石油工人去观礼,见毛主席,这不是你一个人的事。最终给他定做了一身中山装,还做了一顶他最喜欢的前进帽。这是王进喜平生第一次穿新衣服。第二次出远门的王进喜这次东进嘉峪关,必将受到更大更深刻的教育。10月1日,庆祝新中国成立十周年大典在天安门广场隆重举行。王进喜同来自祖国各地的代表一起在观礼台上观礼。他见到了日思夜想的救命恩人毛主席。

10月26日,"全国工业、交通运输、基本建设、财贸战线社会主义建设先进集体和先进生产者代表大会"在北京隆重开幕。朱德副主席代表中共中央致祝词,李富春副总理作了《高举党的总路线红旗,为社会主义建设事业继续跃进而奋斗》的报告,薄一波、谭震林、李先念、陆定一、胡耀邦等出席大会并

---

① 大庆铁人传写作组:《铁人传》,石油工业出版社,2000,第115—116页。

② 同上书,第116页。

讲话。①坐在金碧辉煌的人民大会堂里,听着国家领导人的讲话,王进喜心里翻腾起一股股热浪。他字写不全,记不好笔记,就认真听,使劲往心里记。

会议期间,王进喜与"钢铁钻井队"代表、3219钻井队队长孙德福一起应邀到清华大学、北京石油学院、北京地质学院等高校作报告。王进喜从昔日的一个放牛娃、穷工人到如今受人尊敬的工人代表,这种巨大变化让他百感交集、备受鼓舞。此时的王进喜铆足了干劲,准备回去后好好干。他想到队里还在起钻、搬家,还在流汗的队友们,想到自己不能享安逸,于是开始了如饥似渴的学习。他听发言,边听边联系自己。听了徐学惠同匪徒搏斗、保护国家财产的事迹时,他想到建设社会主义有时还真得不怕流血牺牲,敢于拼命。听了时传祥天天按时掏大粪的事迹,他想到干活就得有一股扎扎实实的耐心劲。在人民大会堂听了李瑞环、张百发突击队抢时间、创高速的事迹后,他又想:干工作就是不能等,得抓得紧紧地,拼命往前抢……他还利用休息时间向代表和同行们逐个请教,学习人家改进工作、提高钻井技术的经验,总共学了50多条,自己还提了一项"防止电缆被卡"的合理化建议。

图8-7　王进喜(前排左二)与其他劳模在一起

会上还发了两种奖品:一是三卷本《毛泽东选集》,从那时起,王进喜有了自己的书,开始学习毛主席著作;二是一支英雄牌金笔。王进喜心想:"我不大会写字,看来组织上是在鼓励我,我得学会写字才是。"

从此,无论工作多忙,王进喜每天都要挤时间学习,学钻井知识,学领导讲话精神,学《毛泽东选集》。他说:"我学会一个字,就像搬掉一座山。我要翻山越岭去见毛主席。"就是凭着"识字搬山"的刻苦精神,经过两年多的努

---

① 大庆铁人传写作组:《铁人传》,石油工业出版社,2000,第122页。

力,王进喜不仅能独立看报、读文件和学《毛泽东选集》,还能写信、记笔记和写简单的发言提纲了。他说:"我写一封信浑身疼。再疼也得写,笔杆再沉也得拿。只有勤学苦练才能脑子聪明心眼灵,痛痛快快打好井。"

在群英会上,王进喜了解到祖国缺油的困难,同时也得知我国东北发现了大油田。于是,他带领贝乌五队投入了松嫩平原上这场轰轰烈烈的石油会战中。在这片土地上,他继续开动脑筋、虚心学习,不断创造新的钻井神话。

在大庆石油会战中,石油工业部党组提出了六大号召,"五面红旗"之一的段兴枝带领1247钻井队大搞技术革新,"实现了钻机自走"轰动了全油田,这给从不服输的王进喜增加了不小的压力。他觉得自己的队伍在这方面也不能落后,所以就从生产需要出发,揭矛盾、找问题、搞革新。在宋振明的指导和工作组的帮助下,王进喜发动全队搞"技术民主",叫大家结合实际学"两论",揭露矛盾找差距,联系实际提建议,想办法打好打快来到大庆后的第二口井。工人们热情很高,不仅会上说、会下议,而且把建议用大纸写出来贴在墙上。几天中他们就揭出问题400多个,提出建议166条。[①]王进喜看到这形势非常高兴,开动他那智慧的头脑,归纳和集中大家的意见,最后决定在搬家、安装和钻进中采取三项大胆革新措施:去支架、改大绳、接单根不卸方钻杆。这三项在别的队看来可谓"惊人之举"。

图8-8 王进喜在井场和工人们研讨钻头问题

---

① 大庆铁人传写作组:《铁人传》,石油工业出版社,2000,第246页。

除了上述三项革新，1205钻井队还有许多小改革，在钻进中都发挥了不小的作用。就在这"转脑子"搞革新的过程中，加快了钻井速度，赢得了时间，节省了人力，提高了工作效率，为实现"铁人"又好又快打井的目标，为创造高纪录一点一滴地奠定了坚实的基础。

"铁人"之所以能为快快发展我国石油事业作出了巨大贡献，是与他刻苦练就的高超本领、丰富的实践经验和"识字搬山"的学习劲头密切相关的。"铁人"深知他的目标远大，所以他必须以万分的努力获得与目标相匹配的实力。他用强烈的求知欲、学以致用的好学风和"咬定青山不放松"的韧劲，翻越了"文化山"，拿下了大油田，在这场目标与实力的较量中取得了最后的胜利。

把一个国家的发展归结为文化的发展，可能过于片面；但是，文化发展对于一个国家成长、成就、成功是非常重要的。《国富国穷》一书中一个很重要的观点是，尽管气候、自然资源、地理、环境等因素都可以解释为什么有些国家可以从能源国跨越到工业国，从农业社会跃进到工业社会，而相当多的国家不能够实现这样的跨越，最关键的原因是不同的文化。特别是一个社会的勤劳、节俭、诚实、忍耐、坚韧等价值观和这些价值观深入人心的程度至关重要。所以，从一定意义上讲，铁人精神是我们的巨大动力和宝贵财富。铁人精神确实是一种美德、一种文化力。

第九章 09

铁人精神在新时代的新传承

铁人精神形成于20世纪60年代艰苦卓绝的大庆石油会战中，是中国石油的企业精神，是中华民族精神和中国共产党伟大精神的重要组成部分。新时代，必须充分发挥铁人精神的思想文化引领作用，从恪守信仰、坚定信念、增强信心、赢得信赖这"四信"入手，打造有理想守信念、懂技术会创新、敢担当讲奉献的"铁人"式职工队伍。多年来，大庆油田始终倍加珍惜这一宝贵财富，积极采取切实有力措施，坚持不懈抓好铁人精神弘扬传承，为当好标杆旗帜、推进振兴发展提供了不竭的动力支持。

始终注重思想认识深化。多年来，尽管油田的管理体制、工作条件和队伍结构发生很大变化，但是各级领导班子始终强化"三个认识"不变，即：铁人精神是党的政治优势，什么时候都不能削弱；是队伍的共同思想基础，什么时候都不能动摇；是发展的不竭动力，什么时候都不会过时。

始终注重教育基地建设。成立了铁人学院，开办了"铁人大讲堂"，建设了以"铁人"王进喜纪念馆、大庆油田历史陈列馆、大庆油田科技馆为核心的近百个企业精神教育基地。目前，这些遍布全油田的企业精神教育基地，涵盖了采油、钻井、基建、水、电、讯、暖等各行业、各领域。连接起来就是一部鲜活、生动的大庆会战史和铁人精神传承史，从而更好地起到了展示形象、提升境界、教育当代、激励后人的独特作用。

始终注重机制建设加强。多年来，陆续出台了《大庆精神铁人精神再学习再教育的决定》《关于弘扬"三超"精神、永续油田辉煌的决定》《新时期加强三基工作指导意见》等一系列文件，始终坚持铁人精神再学习再教育再实践的频道不换、主题不变、势头不减，做到主题鲜明、接力传承、持之以恒，做到政治本色不变、优良传统不丢、奋斗精神不减。

一、把传承铁人精神融入责任使命，筑牢理想信念

新时期，大庆油田所处的环境和条件发生了深刻变化，资源接替不足、开发难度增大、投资成本上升，可持续发展面临严峻挑战。同时，企业改革仍处于攻坚阶段，职工队伍思想比较活跃，一些深层次矛盾集中显现。但新时期大庆人始终牢记责任、不辱使命，矢志不渝把铁人精神传承下去，让大庆红旗永远高高飘扬。开展不间断的优良传统教育，全身投入"当好标杆旗帜、建设百年油田"伟大实践。在此基础上，通过编发传统教育教材，请"四老"忆传统，组织参观"铁人"王进喜纪念馆、大庆油田历史陈列馆等优良传统教育基地，集中开展"石油魂——大庆精神铁人精神"巡回宣讲，坚持不懈地搞好优良传统教育灌输。对各级领导班子、领导干部提出"三老四严、德勤绩廉"和"五讲五重"等作风要求，促进干部队伍自觉当好持续发展带头人、大庆精神传承人、职工群众贴心人。油田上下不断坚定了当好标杆旗帜、建设百年油田的信念与决心。这些年，大庆油田每到履新上岗之际，第一站必须来到"铁人"王进喜纪念馆，宣读誓词，重温传统。站在"铁人"像前，广大干部职工深有感触地说："作为大庆人，不了解大庆优良传统，不传承铁人精神，就不是一个真正的大庆人；丢掉了大庆优良传统，丢掉了铁人精神，就不是一个合格的大庆人。"

"艰苦奋斗创新业

在万里长城西部的天下第一雄关——嘉峪关——与终年积雪的祁连山之间的戈壁滩上，在西气东输工程第7标段182.15千米的漫长战线上，大庆油田建设集团管道工程公司的职工们正在艰苦奋战。这里平均海拔2300米，干旱少雨，日照强烈，昼夜温差大，风沙天气多，社会依托差。由于海拔较高，很多

职工刚上来时出现了高原反应：吃不下饭，睡不着觉，还流鼻血。加上紫外线照射强烈，职工们脸上都掉过几层皮。夏季最热的时候，地表温度高达55℃，穿着工靴还烫脚。因任务繁忙，为节省时间，大家每天在工地上吃两顿饭。这里被称为"百里风口"，戈壁滩上说起风就起风，大风一起飞沙走石，对面都看不清人，刮得满碗都是沙子……面对这些困难，管道公司的职工们没有退却，而是迎难而上，用辛勤的汗水换来了令业主满意的工程质量和工程进度。他们踩在脚下的是重重困难，树立起的是铁人精神的大旗。

同样是进行管道施工，在忠武输气管道工程第7标段，管道工程公司职工们的处境又与西气东输7A、7B标段及24标段不同。忠武输气管道被公认是我国管道建设史上施工难度最大的一条管道，而该管道的第7标段又是全线14个标段中最难的一个。该标段的管道几乎全在山坡及沟谷敷设，管沟所到之处多是岩石，不爆破根本无法开挖。这里地形起伏大，河流及山间冲沟发育，有的陡坡坡度达到80°。人要走上这样的陡坡都费劲，而要在这里开管沟、把施工设备和直径711mm的钢管运到位并焊接好，几乎是不可能的。然而，管道公司忠武项目部的全体职工想方设法，硬是用近乎"人拉肩扛"的办法坚持施工。可以说，每一米进尺都是像啃骨头一样硬啃下来的。

在当年郑和下西洋出海的地方——江苏省太仓市，大庆油田建设集团油建二公司的职工们发扬铁人精神，奋力在市场经济的海洋中搏击。正是靠着这样一种精神，2003年以来，他们在江苏长江石油化工有限公司的储罐建设市场上逐步战胜了其他对手而独领风骚。在江苏扬州，路桥公司职工克服非典疫情以及京杭大运河洪灾带来的巨大不利影响，在扬州西北绕城高速公路第22标段施工中艰苦鏖战，连创佳绩。

大庆是中国工业战线的旗帜，出过新老三代"铁人"的队伍所到之处备受瞩目。而在他们身上体现出的铁人精神，则以其强大的生命力、感召力和震撼力，赢得了油田内外、社会各界的高度评价。

危难时刻显身手

西气东输工程是轰动世界的重点工程，其投资规模不亚于三峡工程，管道直径1016毫米，全程4000多千米，宛若一条钢铁巨龙，从新疆的塔里木盆地起步，跨过莽莽戈壁，浩瀚沙海，巍巍太行、太岳、吕梁三座大山和黄土高原，逢山劈路、遇水遁地，最终到达位于长江三角洲的上海。龙脉未动，便引来了群雄争锋。竞标中，大庆人屡投屡中，先后拿下了5个标段400多千米，几乎占全线的十分之一。为什么"铁人"队伍能受到评委青睐？时任管道工程公司副经理的宫沐音同志给我们讲了这样一个故事。

西气东输第14标段西起陕西靖边县小河乡，东至子长县阳道峁隧道，全长48.461千米。施工区域属于黄土峁梁沟壑亚区、黄土梁涧亚区及河谷川台区。主要地貌特征为梁峁起伏，沟壑交错，极易滑坡崩塌，而且落水洞、漏斗等发育。区段内有冲沟31处、峁26座、连续峁8座，管线走向最大坡度超过70°，峁梁相对切割高度150～200米，要穿越河流27次，是西气东输线路中最艰难的一段。望着这犹如鬼门关般的险阻，中标单位放弃了。业主找到大庆油建公司，希望他们能够承担下来。在全体参战职工的努力下，这道"鬼门关"被如期闯过，不仅业主给予了高度评价，友邻单位也多次派人参观学习。有人望着这近乎垂直的管线，惊异地问："这活儿你们是咋干成的？"

不畏艰险、攻坚啃硬、特别能战斗的精神，"三老四严""四个一样"的作风，使大庆的施工、"铁人"的队伍让甲方信得过。

西气东输第24标段位于江苏省境内，是首批施工的试验段之一。施工区域内水网、鱼塘、农田密布，管道需要穿越31条河流、109处水塘和3条铁路，还要从江底过长江，要在水网地带建成4座分输站和3座线路截断阀室。这是西气东输全线场站设施最多的一个标段，而长江穿越更是整个工程的控制点之一。江苏省人多地少，征地工作困难重重。业主放心地把这艰难的任务交给了大庆人。长期在平原施工的"铁人"队伍在水网地带施工可谓是困难重重、难上加难；但是他们千方百计、群策群力，开展小革新，自制土设备攻克水网施工难关，在4个试验标段的施工中走在了前列。2003年，在场站施工中，先是非典疫情影响业主的设备到货，接着又是洪水和历史上罕见的高温天气。为抢回被耽误两个多月的工期，职工们冒着高温在泥水中施工。地面热得像蒸笼，虽然项目部领导采取了许多防暑降温措施，但还是不断有人中暑晕倒在施工现场，最多时一天就超过10人。晕倒一个就送到医院一个，轻的到空调车上降降温。外雇的民工都跑了，但大庆人——这支"铁人"的队伍——一直坚持干，硬是闯过了虎穴龙潭。如果具体说难到什么程度，龙池分输站的站内外联头可见一斑。这个联头点原本是个5米见方、2米深的一个点，由于洪水浸泡和连续降雨，塌成了50米见方、3米深的一个泥塘。施工时一边清除淤泥一边抽水，仅清理出的土方量就达7500立方米。在龙潭分输站联头时，正赶上下大雨，4个人扯着雨布在上面遮雨，电焊工在泥水中焊了两天两夜。

钻井二公司2201钻井队是全国唯一一支能打斜直井的队伍。因为河南南阳有人口1000多万，村屯密布，南阳油田不得不选择打斜直井上产。2002年3月的一天，在附近施工的甲方钻井队突然发生了井喷。由于备用的铁矿粉有限，形势十分危急。时任钻井二公司南阳项目部经理宋晓东认为此时不能再分分内分外，立即决定停止施工，迅速组织人员连接管线，转运高比重泥浆，带领全队职工不顾生命危险帮助甲方钻井队压井。经过3小时的奋战，他们无偿支援对方40多吨铁矿粉，终于制服井喷，赢得了甲方的高度赞誉。后来，不仅2201队的工作量越来越饱满，而且逢年过节，甲方领导都要带队到2201队慰问，"铁人"新一代的传人们在中原大地上高扬起了铁人精神的旗帜。

二、把传承铁人精神融入发展实践，凝聚奋进力量

铁人精神，是在油田开发建设的火热实践中逐步培育形成的，也必须在推进油田新时期新发展中得以不断传承和发展。在把传承铁人精神同振兴发展实践有机结合的过程中，大庆石油人始终高唱"我为祖国献石油"的主旋律，在油田进入特高含水、特高采出程度的"双特高"开采阶段，妥善处理规模与效益、投资与成本、开发与节约、当前与长远的关系，努力追求稳产投入最低、经济效益最好、产量结构最优、持续有效发展。

把井打到美国去

美国是公认的石油工业大国，石油行业许多标准来自美国。美国对钻井生产工艺、操作都十分严格，市场准入要求极高。业内人士共知：达到了美国钻

井标准，在一定程度上就等于达到了国际标准；进入了美国市场，才算真正进入国际高端市场。

初到美国，GW85钻井队原定11月中旬到达休斯敦的钻井设备，却在海运途中遇到麻烦，比预计时间晚到近40天；但全队人员不等不靠，通过深入学习和理解合同条款，与甲方就双方责任、美国工作惯例、雇员待遇等三方面16个问题进行商谈，进一步熟知和掌握了合同和美国石油行业惯例，明确了甲乙双方责任，为项目顺利实施打下了基础。同时，他们还前往距离休斯敦600多千米的新奥尔良市。在2004年夏天受飓风袭击，100千米范围内没有人烟一片废墟的施工现场进行了勘查，确定了进井场路线、井场建设和后勤保障措施，为尽早开钻又争取了主动。此外，他们还加紧了雇员培训。为了让22名雇员能熟练地操作与美国钻井队设备有很大区别的中国式钻机，由队里中方人员用英语对美国雇员进行了传授，使雇员全部掌握了新钻机的操作知识。

经过40天的漫长等待，2005年12月14日，钻井设备终于到港。全队兵分两路，密切运输衔接，一路在港口清关装车，仔细对照清单一件件清点货物，按照设备安装的顺序装车发运；另一路到施工现场安扎营地，卸货安装，不分昼夜一边卸车一边安装。在钻井物资供应商、运输服务商因圣诞节、元旦休假5天的情况下，全体队员奋发大干、攻坚克难，克服700多千米长途运输、73车货物装卸量大、施工现场蚊虫叮咬、井场周围遗留废墟垃圾气味难闻、饮食生活习惯不适应等困难，每天工作14小时以上，完成以最严格的要求、最高质量的标准，仅用28天就一次性通过了甲方的检查验收，胜利开钻，创出了该公司海外钻井项目钻前准备最快的纪录。接着，GW85钻井队一鼓作气，完成3300米井深的第一口井钻井仅用27天，第二口井17天。神话般的钻井速度和过硬的质量节余了甲方大量成本，受到了甲方的高度认可。

在提高施工速度和质量的同时，他们还十分注意提高服务水平。GW85钻井队在施工中发现，由于井场面积小，有些钻具摆放不下，而且搬家次数多，产生了数额较大的运输费用。面对这种情况，项目组人员多次与检测公司、搬家公司商量能否为他们转运、储存钻具。经过磋商，最后征得了他们的同意，仅此一项就可减少费用近1万美元。而搬家费用是甲方付费，因此，甲方对GW85钻井队细致为甲方考虑问题、维护甲方利益的做法十分满意，夸奖他们是最会工作的人。从此以后，GW85钻井队越打越顺、越打越好，以服务树形象，以质量创品牌，让铁人精神的旗帜在美国这一高端市场高高飘扬。

无私奉献铸辉煌

有人说，市场经济条件下不能再讲奉献了。实际上，闯市场更要有一种奉献精神。许多年轻人说，要不是为了大庆二次创业，为了百年油田建设，给多少钱我们也不愿抛家舍业。

管道公司经理李道远开拓外部市场10年，给企业承揽了18亿元工程，基本上常年在外，几乎每个春节都得在年三十才能返回家。他不仅跑项目，还到现场解决难题，在爱人患脑瘤、老父亲病重时都没能在身旁照料。多年来，他不仅为企业发展闯出一条新路，而且带出了副经理宫沐音、毛立平，经理助理王校东等一大批闯市场的年轻人才。他们常年在外，多则10年，少则七八年，很少能和亲人团聚。在他们的带领下，职工们长期外出施工已经习以为常。

西气东输24标段项目部副经理权力，2002年从四川转战到南京，扎根前线、埋头苦干，经常是一年都回不了一次家。14标段机组长王春杰的妹夫出车祸处于弥留之际，老母亲因受惊吓心脏病发作也住进了医院。接到家里的电报，王春杰考虑到施工正在紧要关头，他没有吱声，继续在前线工作。不久，他疝气发作，但是他依然咬牙坚持工作。后来，因走路困难被领导发现，才强制着将他送到医院进行了手术。

在整个施工前线，有太多这种为了"大家"利益而在"小家"利益上做出牺牲的感人事迹。有一些大龄青年，因长年在外，没有时间和条件谈恋爱，很多人还孑然一身，最大的已经32岁。有的结婚四五年，因长年在外施工，双方父母急得直蹦高也难享天伦之乐。有的亲人患病无法照料，有的子女高考无法陪伴……西气东输24标段的焊工组长杨昆是个26岁的油田子弟，结婚两年在家没待上20天。那年，爱人生小孩儿，领导让他回家看望，他来去仅用了一周时间，就马上回到了工作岗位。他虽然年轻，但是工作干得非常出色。他把"工作中的事再小也是大事"这句话当作座右铭。一次，在进行焊口拍片时，他发现一个焊道有阴影。在场的很多人凭经验认为是管道中有杂物，不是焊接质量问题。但是，杨昆为了对工程负责，硬是在管道中爬了100多米找到了那道焊口，并进行了清理。再次拍片检查时，阴影消失了。他冒着高温在管道中忙碌了 40 多分钟，为工程消除了一个隐患。当他从管道中出来时，全身都湿透了，从工靴里倒出的汗水足有半碗多。由于他技术过硬，责任心强，被大家称为"电焊小状元"。这就是战无不胜的"铁人"传人、大庆"铁军"，他们正沿着外部拓展之路坚定地走下去。几年来，大庆油田累计有 132 支队伍进入蒙古、苏丹、伊拉克等 23 个国家和地区，谱写了海外发展的创业新篇。

三、把传承铁人精神融入"三基"工作，夯实企业根基

长期以来，大庆油田始终坚持把工作的立足点放在基层，注重抓基层、打基础、强"三基"、筑堡垒。紧紧围绕实现"基层组织坚强有力、基础工作科学规范、基本素质整体优良、基层业绩显著提升"的目标，各基层单位坚持"有红旗就扛、有排头就站、有第一就争"，深入开展"千队示范工程"、"六个一"党支部和"五型"班组创建活动；广大职工坚持"项项工作高标准、人人出手过得硬"，自觉上标准岗、干标准活、交标准班；领导干部和机关部门坚持"三个面向、五到现场"，为推进企业发展发挥了重要作用。

说起大庆的"三基"工作，就让人想起军队，想起整齐划一等。特别是对于"90 后""00 后"来说，感觉比较陌生甚至有些刻板。其实，在新的历史时期如何有效传承"三基"优良传统，使之更接地气、更有温度，大庆油田也一直在不断探索。比如，大庆油田第二采油厂是一个建厂多年、人员众多、传承传统、勇创一流的老厂，在传承"三基"工作中，形成了一整套的方式方法，有力地打造了新时期"铁人"队伍。

群星璀璨创效益

【争创"五个一流"】 新时期他们把创建"五个一流"作为加强基层建设

的有效载体，引导基层在生产经营业绩上创一流、在党支部工作上创一流、在领导班子建设上创一流、在队伍素质上创一流、在生产生活环境上创一流。争创"五个一流"，促进了全厂基层单位努力在素质提升上下功夫、在精细管理上挖潜力、在发挥特色上有作为，基层建设健康发展，实现了三年全部达标的工作目标。同时，还培养了一大批"铁人"基层队和"双十佳"基层干部。

【"情感型"党支部】新时期如何以情感人、以情动人，把情感作为一种手段贯穿工作全过程？在这方面他们也进行了探索，闯出了新路。他们从创建"情感型"党支部入手，以"凝聚人心，稳定人心，奉献爱心，干群联心"为内容，实施"尊重人，理解人，关心人"的情感工程。引导教育员工"责任心要讲实，技术要讲精，资料要讲准和全，作风要讲严和细"，激励员工在生产实践中诠释理想、在无私奉献中诠释追求、在严格工作标准中诠释责任，使思想政治工作与生产经营有机融合，极大地调动了员工的积极性。

【"党员群星"工程】党员是一面旗，也是一颗星，怎样更好地发挥这种引领作用？多年来，他们一直坚持实施"党员群星"工程。通过自下而上、层层推荐，评选出30名党员管理明星、党员科技明星、党员操作明星，并将其事迹编入《群星璀璨》一书，通过电视专题片、宣传栏、宣传画等方式宣传他们的先进事迹，充分发挥优秀党员的榜样、辐射和带动作用，进一步激发全厂党员为党旗增辉、为企业增效的积极性、主动性和创造性。

【"岗位明星"创建活动】谁都想当"明星"，谁都想得到认可。当"岗位明星"更是一种无上的光荣。为有效调动一线各岗位人员工作积极性，提高工作质量和工作效能，他们在一线岗位人员中开展以"岗位技术精、服务质量优"为主题的岗位明星评选竞赛活动。按照"层层选拔、择优录用、大家评选"的原则，针对全年的岗位工作表现，采取个人申报与小队推荐相结合的方式，初定候选人，然后大队统一组织理论和实践考试，根据两次的成绩之和进行排名，分别选出地质师、工程师、地质技术员、工程技术员、仪器操作员等岗位的明星，对每名岗位明星每月奖励50元，并在大队通报表彰，极大地调动了一线岗位员工的工作积极性，营造了"比学赶帮超"的浓厚氛围。

【"三个"机制】怎样安定人心、稳定队伍，更好推进基层工作开展，是"三基"工作的基本要求。针对一个时期以来员工存在的危机感及恐慌、焦虑情绪，导致不安心工作的实际，为了稳定员工队伍，他们提出"只有踏实地工作，才能工作得踏实"，并建立了"三个机制"：建立竞争机制，增强员工的进取意识；建立学习机制，引导员工树立终身学习的观念；建立激励机制，引导员工树立靠贡献取酬的薪酬观念。这样就使尊重技术、尊重知识、尊重人才的理念深入人心，调动了员工的工作热情与干劲，员工技术素质得到大幅提高，工作作风得到有效改善。

【"星级互动"管理体系】俗话说，"上面千条线，下面一根针。"基层工作岗位从会战初期就呈现出极端的重要性。这不仅体现为自身的规范性，还体现为彼此的互动性。为了使员工牢固树立"岗位竞争靠本领，素质高低定岗位"的思想观念，从2004年开始，探索实施了"星级互动"管理体系。该体系打破干部和工人的身份界限，通过竞争实现能者上、庸者下，各尽所能、各得其所，在互动过程中找到适合自己的位置，选择自我发展的途径。通过多年的实践，"星级互动"体系充分发挥了激励机制鼓舞人、提升人的作用，先后有14名员工走上基层管理与技术岗位，有27名员工被评为作业区骨干员工和管理、技术、操作能手。

强化作风塑品牌

【"三个"工程】通过创建"先锋工程"，引导广大党员紧密结合本单位、本岗位的实际，在工作中做到"三先"，即党的方针政策率先学习、科学技术率先掌握、生产经营任务率先完成；通过创建"堡垒工程"，不断提高基层党组织的凝聚力和战斗力，使党支部政治核心作用得到有效发挥；通过创建"满意工程"，使群众满意、用户满意，党建工作的桥梁和纽带作用进一步发挥，在员工中形成了奋发向上、开拓进取、干事创业的良好局面。

【回归"好八连"】大庆人能否学习大庆之外的先进经验？"铁人"队伍能否把更多的好做法好传统融入自身实践？在油田推进发展、持续发展、高质量发展的实践中，他们面对改革开放和市场经济体制带来的冲击与挑战，拓宽宣教渠道，不断取长补短，学习南京路上好八连艰苦奋斗、拒腐防变、永葆本色的事迹，开展"解读八连，建设八连"活动。组织员工以书信、电话、参观学习等方式与好八连交流体会，以观看教育片、书写读后感等形式，引导员工在新时期进一步潜心学习"铁人"身上的闪光品质，为创建百年油田不断增添精神动力。

【"品牌"班组】 大庆本身就是一个品牌，但是每个班组能否成为一个过硬的品牌？在建设百年油田的实践中，他们认识到，在市场经济条件下，只有基层的班组过硬，大庆的品牌才能更加过硬。为此，他们提出打造技能强、管理精、安全好、革新广、节约多、和谐美的"品牌班组"，旨在通过创建"品牌班组"来激发员工的积极性和创造性，确保各项生产任务完成。在深入调研、广泛征求员工意见的基础上，制定了"品牌班组"建设活动方案、推进措施、评选标准和奖励办法，明确了班组作为基层建设最小单元所要担负的责任、发挥的作用。全厂所有基层班组发扬光荣传统，向勤俭节约要效益；坚持小改小革，向精细管理要效益；提高工作效率，向技术创新要效益。这有力地推动了基层建设水平，一批作风硬、技能精、思想素质好的员工脱颖而出。

【党员承包高产井】 家庭联产承包责任制，开启了我国改革开放的先河。能否发挥承包责任制的重大影响和独特作用，为油田新时期新发展出力加油？他们结合实际，创新思路，实施党员承包高产井的方法，作业区党员对5吨以上高产井的产量、沉没度、油套压、运行参数、热洗周期、检泵周期等指标进行承包。作业区成立领导小组，具体负责实施、监督和考核，对党员承包内容提出明确要求，并建立了监督考核机制，与党员业绩挂钩，作为评先选优的依据。党员承包高产井的举措，大大增强了党员干部的责任意识、增产意识和大局意识，充分发挥了全区党员的先锋模范作用，为生产任务完成争取了主动。

夯实根基铸灵魂

【岗位"责任心"大讨论】 "岗位责任制的灵魂是岗位责任心"这句耳熟能详的话，在油田一线岗位上常常体现在具体行动上。2003年8月，因一场突如其来的雷雨，第二采油厂第四作业区发生了事故。针对这起事故，领导带头在干部员工中开展岗位责任心大讨论活动。他们围绕"责任心就是忠诚"这一主题，在全区上下层层讨论，查摆不足，制定措施。以"四公四会"（公开、公平、公正、公心，会想、会干、会抓、会总结）为标准，突出干部队伍作风建设、能力建设、形象建设，打造务实、高效、公正的干部队伍；以"五项全能"（设备结构，一清二楚；生产流程，心中有数；日常生产，标准操作；处理事故，快准稳细；数据管理，齐全准确）为标准，增强员工主人翁意识，提升技能水平，打造"人讲称职，事争一流"的员工队伍，有力地促进了全区各项工作的整体开展。

【党员"353"岗位绩效管理】为使绩效管理与"三基"工作有效衔接，他们在第四作业区进行试点，按照"分层分类、重点突出、量化考核"的原则，实施党员"353"岗位绩效管理，建立党员教育管理长效机制，引导党员在岗位上亮出身份、干出样子、做出表率，充分发挥先锋模范作用。他们把全区党员岗位分为3个层面（机关管理岗、基层管理岗、生产操作岗）、实施5项考评（工作业绩、岗位技能、群众测评、否定指标、奖励指标）、评出3个类别（A、B、C三类），并将考评结果与"先、优、模"评选挂钩。此举激发了党员的责任感和使命感，增强了基层党组织的凝聚力和战斗力，促进了全区各项工作的扎实有效开展。

【只为成功想办法，不为失败找理由】怎样看待失败与成功？如何避免失败，取得成功？他们在第一作业区采油2-17队进行试点，积极培育"只为成功想办法，不为失败找理由"的理念，引导员工正确面对困难和问题，不把时间浪费在寻找借口上，不为自己寻找推脱失败的借口，事先做好计划，坚定不移朝着目标前进，全力以赴迎难而上、取得实效。坚持把改变员工惰性思想和树立积极健康的工作信念作为思想政治工作的一个主要内容，辅以相应的特色活动，以理想信念作为凝聚员工的一种无形武器，从本质上、根本上改变员工形象，激发员工工作热情。他们提出了"五精"目标，使思想政治工作进一步与生产经营紧密融合，即：通过精细管理，提升管理水平；通过精诚合作，构筑和谐的工作环境；通过精心操作，强化责任、锤炼作风，提高工作标准；通过精湛技艺，倡导学习、提高技能；通过精彩人生，塑造奋发进取的队伍风貌，使全队呈现出"人人尽责，天天精彩"的良好氛围，在各项工作中始终保持争先创优的强劲势头。

【开展"六员"活动】思想政治工作到底过没过时？新时期是否人人可以做思想政治工作？他们在实际工作中，充分发挥基层党组织宣传群众、动员群众、组织群众的基本功能，在基层干部党员中广泛开展争当"六员"活动。一是当好上级精神宣传员，要求党员干部对上级精神先学一步、学深一些，通过与群众的交流沟通，及时把上级精神宣传给所有员工。二是当好政策法规讲解员,对涉及企业发展、员工利益、社会福利、公民义务等有关政策法规,要求党员干部在深入研究的基础上当好讲解员,及时做好释疑解惑工作。三是当好技能培训辅导员,要求党员干部不仅加强自身训练,还要担负起对员工的专业培训、岗位练兵及其他拓展性训练的责任,帮助员工尽快提高素质。四是当好内部矛盾调解员,要求党员干部认真研究和掌握有关政策,特别关注群众中的焦点、热点、难点问题,深入做好对各种矛盾的排查、调处工作,将各种矛盾化解于萌芽状态。五是当好群众工作信息员,要求党员干部加强与群众的联系和沟通,及时捕捉反映群众诉求的信号,增强反映群众信息工作的责任感,确保群众工作信息的时效性、准确性和实用性。六是当好安全生产监督员,要求党员干部自觉把实现安全生产作为第一责任,认真履行监督管理义务,随时做好预防整改工作。随后,他们在取得良好成效的基础上开展了"抓五赛、争五手、评五星"(赛执行力,争当落实标准的硬手,评出严细认真的明星;赛创新力,争当小改小革的巧手,评出创新创效的明星;赛维护力,争当排除隐患的强手,评出安全保障的明星;赛学习力,争当岗位操作的能手,评出技术精湛的明星;赛协作力,争当化解矛盾的好手,评出团结协作的明星)活动,将员工的素质、创新、技能、作风四要素融入日常生产管理,实现思想教育与生产经营有机结合、队伍素质与生产管理同步提高,在全队形成了和谐、敬业、踏实、进取的良好风气。

【"三带一培养"】新时期怎样像当年的"铁人"那样选人育人,为企业持续发展培养后备人才?他们在第六作业区采油48队开展"三带一培养"活动,注重发挥党员在思想政治工作中的骨干作用。"三带"是指带头做好生产管理工作,帮助及时解决生产中遇到的难题;带头学政治、学技术、学文化,做好员工的思想教育工作,不断提高员工素质;带头参加环境建设,做好综合治理工作,创造良好的生产生活环境。"一培养"是指做好典型培养选树及推广工作。该活动的开展有力地促进了员工素质的提高。在此基础上,考虑到员工之间的差异性和多样性,对员工进行"个性化"培养,即个性化设计、个性化发展、个性化服务,使员工的个性在团队中受到充分的尊重和发挥。通过座谈会、调查问卷、个别谈话、考试评定等方式对员工的学习需求、技术水平、管理能力、发展方向进行综合调查,针对不同情况设计员工的不同发展目标;建立每名员工"两档一表一单",针对每名员工的特点、需求、技能水平制定其长短期培训目标及发展方向；通过采取专业技术课、管理经验交流、疑难问题讨论、实际操作演练等学习培训形式满足广大员工的不同需求，培养了一大批"一专多能"的多面手，有的已经成为技术骨干，有的走上了领导岗位，以员工个性化成长推动了队伍整体发展。

四、把传承铁人精神融入群众文化，营造浓厚氛围

精神作为企业文化的重要组成部分，其本身就具有激励、凝聚和辐射效应。把铁人精神寓于喜闻乐见、丰富多彩的群众文化活动，既有利于满足职工群众的精神文化需求，又可以达到传承传统、自我教育的目的。这些年，为繁荣发展文化艺术事业，大庆油田专门成立了文联组织和各级各类协会组织，现有作家协会、书法协会、音乐协会、舞蹈协会、戏剧协会等，发展会员上千人，并在基层厂矿建立了20多个创作基地。油田党委充分利用这些资源，广泛开展具有油田特色、体现传统精髓的文化创作活动，先后创作《铁人传》《铁人连环画》等文学作品，摄制《大庆魂》《铁人王进喜》等影视作品，既提升了职工的文化品位，又增强了传统教育的吸引力、教化力、感染力。与此同时，积极打造文化惠民"直通车"，以文艺小分队、艺术慰问团和流动图书箱等形式，推进文化进基层；在900多台通勤车上开设"通勤之声"，推进文化进车厢；从2003年开始，免费为18.4万户职工家庭提供《大庆油田报》，推进文化进家庭；以铁人广场、石油广场等五大广场为主要阵地，举办群众性广场文化活动，推进文化进社区，有力地促进了铁人精神的传承与弘扬。

独特文化常相随

【常年不衰的"文化夜市"】1994年5月，第二采油厂党委为了使企业文化更加吸引人、激励人、凝聚人，进而达到教育人的目的，因地制宜、创新途径、活化载体，策划举办了第一场萨南文化夜市，组织员工自编自演文艺节

目、自筹自办娱乐活动，有露天电影、大秧歌、卡拉ok演唱、时装表演、棋类比赛等。从此，每年5—10月，萨南文化夜市都开展得如火如荼。截至目前，萨南文化夜市举办了近千场，活动内容增加了书法、摄影等作品展，以及乒乓球和羽毛球等球类比赛，活动阵地从公园扩展到俱乐部、广场、体育馆和图书馆，使员工娱乐有场地、学习有场所，从而丰富了员工的文化生活，陶冶了情操，增强了企业的凝聚力。同时，还培养了百人合唱团、老年秧歌队、小乐队、篮球队等业余文化队伍。

【独具特色的"文化灯箱"】源自于储运销售分公司西油库党组织2001年开展的"今天我为油库做了什么"主题活动。针对油库员工大多从事计量、化验、锅炉等平凡工作，自身价值认识比较淡漠的现象，他们组织大家联系业绩贡献开展讨论，树立了"把平凡工作做到最好就是伟大业绩"的理念，并将其确立为油库管理理念，时刻激励员工把平凡工作做好，从而增强了员工的自信心和荣誉感。文化灯箱共有64幅，所反映的都是油库员工自己的人、自己的事、自己的话，是近年来油库先后开展的"我为油库做了什么"主题活动以及"最好工作标准""班组经济核算""岗位介绍""标准化交接班"等活动的真实记录，也是油库员工理想追求、行为规范、工作作风、管理理念的形象展示，对员工起到了很大的激励和鞭策作用，成为油库一道亮丽的风景线。

【深受欢迎的"通勤之声"】为了充分利用通勤时间丰富职工业余文化生活，及时向职工传达上级文件精神，2006年4月，第四采油厂在30多台通勤车上开办了"通勤之声"广播，栏目包括新闻、时政、安全知识、生活常识、文艺节目等内容。广播开办之后，职工精神面貌为之一新，大家开始关心时事政治、油田新闻，长时间乘车不再感到疲劳和辛苦，还能及时掌握有关信息和精神，学到了许多实用的知识。多年来，他们共制作录音节目180期、录音带2400余盘、光盘900余片，每期节目时长达1小时，深受员工的欢迎。

【常伴左右的"小视窗"】在第四采油厂第一油矿134座计量间和15座中转站的岗位上都贴着《小视窗》。这是一张8开纸大小的压膜图片，设计直观，内容直接，语言直白。《小视窗》明确指出企业发展与员工切身利益的关系，引导员工树立爱企敬业精神。每个岗位的工人面对《小视窗》时都会反思："及时、准确地录取各项资料了吗？""认认真真地对在用设备进行巡查了吗？发现问题及时整改和上报了吗？""今天你这儿有异常情况吗？及时上报了吗?""在今天的各项生产活动中,为了你、为了他、为了大家,提醒您一定要遵守安全操作规程、规定啊!""下班之前请再想一想,今天您该做的工作都做完了吗?"通过这种新鲜独特的教育方式,督促员工自我警醒、自我提高,取得了较好的教育效果。

党的关怀记心间

【"五个一"生日暖心窝】第四采油厂第二油矿五区三队每名员工过生日时,都会收到队里"赠一个蛋糕、送一束鲜花、献一首歌曲、道一声祝福、做一碗长寿面"的生日礼物。这是该队党支部做员工思想工作坚持"六清四必到"(家庭地址清、思想状态清、工作状况清、困难原因清、技能特长清、解决措施清,员工有婚丧必到、员工有住院必到、员工思想有包袱必到、员工生活有困难必到)的一个折射点。"五个一"生日礼物制度,进一步激发了员工的工作热情,增强了员工的归属感,提高了员工工作的积极性和创造性。

【"入党生日"的特殊礼物】测试技术服务分公司第八大队党总支为进一步加强基层党员教育管理、强化党员党性观念,开展了"三个一""入党生日"活动,即:送一份有意义的生日礼物,为过生日的党员制作生日贺卡,写下意味深长的话语,并赠送《钢铁是怎样炼成的》《雷锋日记》两本书;上一堂生动的教育课,在凝聚油田会战传统和铁人精神的"松基三井"等地重温入党誓词;开一次交心的恳谈会,过生日的党员谈在党组织教育培养下的成长历程和切身感受,与会党员真诚地指出其不足和今后努力方向。通过开展此项活动,进一步增强了广大党员的荣誉感和自豪感,收到了较好的效果。

冠名激励增干劲

【把名字"镶嵌"到成果里】为了鼓励员工,激发其岗位创新创效意识,第九采油厂敖古拉作业区党委积极开展创新创效竞赛活动,并以员工名字命名创新创效成果。实践中,他们为员工创新创效搭建平台,举办擂台赛,展示员工个人专长和创新成果。对于员工公认的、实用性强的项目,则用员工个人的名字予以冠名,使广大员工切身感受到了企业对个人劳动价值的尊重和认可,从而进一步激发了其投身创新创效竞赛活动的热情。例如，将维修工张少春发明的抽油机调平衡组合工具冠名为"少春扳手"，把采油班班长商士国创新的翻斗计量管理办法冠名为"商士国三定法"，等等。通过建立这种机制，员工自身价值得到了体现，创新创效的热情日益高涨。特别是近年来，全队共产生创新创效成果几十项，累计创造经济效益数百万元。

【以人名命名的班组】为培养员工的集体荣誉感和团队意识，促进管理水平提升，第九采油厂新站采油作业区党委在基层小队推行了班组冠名制。他们以班井长的名字对每个班组进行命名，例如：新站作业区新一队7号站、8号站，分别以班长的名字命名为国雄站、景信站。同时，按班组分配奖金，将奖金考核权下放到班组，由班长组织考评和分配班组人员的奖金。通过这种机制，班长的作用得到了充分发挥。大家认识到，用自己的名字命名，不仅是一种荣誉、一种信任、一种认可，更是一种压力、一种责任、一种动力。班长对工作投入更多了，抓管理更到位了。每个班组都成为一个利益共同体，从而加强了员工之间的协作，提升了班组的整体管理水平。

持续努力无终点

【向着既定目标持续努力】井下作业分公司地质大队党总支以解决科研人员的思想问题为突破口，以科研成果支撑企业发展为目标，建立了教育奉献机制、典型引领机制、成果激励机制，营造科研人员最受尊崇、待遇最好、发展最优的良好氛围，提升自主创新能力，突破技术"瓶颈"，为打造"四个井下"、建设百年油田贡献力量。

教育奉献机制：加强对科研人员的思想教育，增强建设百年油田的责任感、使命感。

典型引领机制：持续加大对张有才、张晓君等青年先进典型的宣传力度，倡导勇于创新、实事求是的科学态度和自强不息、坚韧不拔的探索精神，形成科研人才典型群体。

成果激励机制：实行科技成果重奖机制，对有突出贡献的科研人员给予10万元重奖，提高技术人员的薪酬待遇，推行主任工程师竞聘上岗制度，在职称晋升、效益工资发放、培训深造等方面向科技人员倾斜。建立起以"开放、流动、竞争、协作"为基础的技术人才培养、使用、激励和约束制度,让核心技术人才、科技创新成果竞相涌现,不断提升大队的核心竞争力。

【今天的努力就是明天的能力】榆树林公司研究所党组织为调动科研人员的积极性、主动性和创造性,结合队伍实际,致力于"创建学习型队伍,打造科技型员工",提出善于学习,不断汲取新知识,就能够不断进步,学习只有起点、没有终点的思想。他们在队伍中全面倡导并营造依靠组织规范学习、选树典型促进学习、结合岗位持续学习的风气,拓宽学习渠道、创造学习条件,在全员中持续强化终身学习的理念,使团队的学习能力、实践能力和创新能力不断提高,较好地适应了形势发展的需要。

【学习有起点,进步无终点】第二采油厂第一作业区聚南八联合站建站之初,员工素质参差不齐,思想观念和价值取向呈现多元化、多样化等倾向。针对这种情况,站党支部找准思想政治工作与企业文化的结合点,提出了"学习有起点,进步无终点"的文化理念。学习有起点,就是要让学习伴随员工终身,活到老、学到老,把学习当作人生的追求;进步无终点,就是要树立争先创优意识,工作积极进取,把今天的进步作为明天的起点。通过这一理念教育引导各岗位员工树立正确的人生观和价值观,激发学习兴趣,不断充实完善自我,使员工无论是业务能力、技能水平还是思想境界、人生追求等各方面都发生了可喜的变化。同时尊重员工、发挥潜能、提升素质,从而不断凝聚员工队伍,营造团结奋进的良好氛围,努力打造一支素质过硬、求实奋进、追求卓越的员工队伍。

岗位是家做奉献

【以队为家的温馨环境】第二采油厂第五作业区采油43队党支部坚持继承大庆优良传统,从思想政治工作"关心人、爱护人"的原则出发,结合"以人为本"的现代管理理念,提炼了"队以人为本,人以队为家"的文化理念,深入开展"家文化"建设工作。确定了"传家风,锤炼一流队伍;立家规,创造一流业绩;建家园,营造一流环境"文化建设思路,明确了"当好家、理好财、管好岗、练好兵、尽好责、读好书"文化建设目标。先后建起健身室、浴室、活动室等基础设施,不断丰富员工业余文化生活,形成"队爱人"的局面,实现以人为本;实施民主管理,做到队务公开,解决员工的各种问题,浓厚"人爱队"的氛围,实现以队为家;在员工中倡导团结互助之风,组织结师徒帮教对子,营造"人爱人"的氛围,实现相融共进,推进了基层建设水平的不断提档升级。

【营造家的温馨,创造佳的业绩】第十采油厂第三油矿朝二联合站党支部为把员工的情感维系到大家庭中,增强集体观念,提出了"营造家的温馨,创造佳的业绩"文化理念,用文化理念引领员工思想、凝聚基层队伍,逐步把朝二联合站党支部建成了凝聚人心的"吸铁石"、化解矛盾的"减压器"、拼搏奉献的"发动机",有力地促进了全队管理水平与队伍建设的同频共振、同步发展。

【"三园"建设凝心聚力】第十采油厂南江分公司结合单位地处偏远、员工24小时在矿区度过、业余文化生活比较单调的实际,实施了以打造南江特色文化为主线的"三园"(家园、菜园、心园)建设。"家园"建设:以实施环境整治工程和形象建设工程为主线,清理白色垃圾、制定《环境卫生管理制度》,确定月度环境卫生日,制作垃圾焚烧箱,在院内外栽种各种花草;推行文明用语、统一着装、挂牌上岗。"菜园"建设:清理闲置土地,种植各种蔬菜13种,所种蔬菜全施农家肥,让员工吃上放心的绿色蔬菜。"心园"建设:实施队务公开制度,让员工及时了解分公司各项规定和相关费用考核发放情况,真正参政议政、建言献策。在此基础上,实施"心灵家园工程",倡导民主作风,营造温馨舒畅的工作环境;实施"健康文化场所工程",建设篮球场、排球场、羽毛球场、乒乓球室、健身房,开放图书室,最大限度地丰富员工的业余文化生活;倡导健康理念,组织开展了健康文体娱乐活动,举行多种文艺体育比赛,切实增强了队伍的凝聚力和战斗力。

长期以来,大庆油田始终坚持党的基本路线,坚持全心全意依靠工人阶级的根本方针,在加强产业工人队伍建设方面,积淀形成了许多具有鲜明行业特色、工业特色、产业工人特色的政治文化优势;孕育形成的铁人精神,以及"两论"起家、"三老四严"、"四个一样"、"三基"工作、"岗位责任制"等优良传统,集中体现了新时代我国产业工人的价值追求、职业操守和精神面貌。以三代"铁人"为代表的一大批模范人物和先进集体,成为党领导开创中国特色社会主义伟大事业进程中工业领域的标志和示范。

正是在一场场艰苦卓绝的石油大会战中，在一次次开拓国内外市场的竞争中，石油人将不畏艰苦、勇于拼搏的革命英雄主义，同吃苦耐劳、埋头实干的作风相融合，将中华民族文化传统同伟大的社会主义实践相结合，在中国石油工业的起步和快速发展时期，脱胎于中国民族精神和中国石油文化的深厚土壤，形成了以大庆精神（铁人精神）为核心的中国石油企业文化。

五、铁人精神是激励我们奋进前行的不竭动力

王进喜同志的一生是短暂的；但是他的一生，是英雄的一生、战斗的一生、光辉的一生。从1950年初在玉门老君庙钻探大队当钻工，成为新中国第一代石油工人开始，他便把自己与祖国石油工业的前途和命运紧紧联结在一起。"石油""爱国""拼搏""奋进"八个字，几乎成了王进喜的代名词。他为石油事业坚韧不拔、矢志不渝、无私奉献，以对党和人民的无限忠诚，心系石油、心系国家、心系发展，直到生命的最后一刻。

王进喜同志是在艰难困苦中成长锻炼起来的共产主义战士。在新中国诞生不久的日子里，目睹列强的经济封锁，面对国家建设百废待兴、国民经济发展急需石油的严峻形势，以王进喜同志为代表的中国石油工人，立誓"早日把中国石油落后的帽子甩到太平洋里去"，以"宁肯少活二十年，拼命也要拿下大油田"的英雄气概，谱写了我国石油工业由小到大的光辉篇章。在王进喜同志20年的石油生涯中，他带领石油工人创出了"钻机整拖搬家"和钻井进尺"月上千、年上万"的纪录。他的"这困难、那困难，国家缺油是最大的困难；这矛盾、那矛盾，国家建设等油用是最大的矛盾"，以及"有条件要上，没有条件创造条件也要上"的至理名言和英雄壮举，是他践行共产党人远大政治理想的最好佐证。他在运用马克思主义和毛泽东思想改造客观世界的同时，始终重视对主观世界的改造，特别是注重用"两论"的立场、观点和方法分析矛盾、指导实践、改造自我，世界观和人生观发生了质的飞跃，由一个普通石油工人发展成为一名共产主义战士，成为党的优秀领导干部。1970年，王进

喜同志在病重期间，还牵挂着大庆油田的生产，反复述说着要为全国人民找到石油、贡献石油。

王进喜同志一生光明磊落，追求真理。无论遇到什么困难和挫折，他都对党的事业充满必胜信心。"文革"期间，王进喜同志受到冲击；但是他把个人的荣辱置之度外，带领石油职工全力以赴提高大庆原油产量，顶着压力恢复"两论"起家基本功，把"文革"冲击造成的损失降到最低限度。正是以王进喜同志为代表的中国石油工人，勇于向邪恶势力作斗争，排除各种干扰，坚定信念、坚持生产、坚守岗位，以持续增长的石油有力地支撑了当时几近崩溃的国民经济。

王进喜同志生前始终保持着普通劳动者和人民公仆的本色。从1961年开始，他相继担任钻井大队大队长、钻井指挥部副指挥及中共中央委员等职务，但是他始终恪守"当了干部还是钻工"的座右铭，位高不自傲、功高不自居、名显不自恃，始终谦虚谨慎、戒骄戒躁，艰苦朴素、严于律己，与工人们一起摸爬滚打，工人身上有多少泥，他身上就有多少泥，展现了一名优秀共产党员的高尚品质。

王进喜同志光辉的一生，给我们留下了铁人精神这一宝贵的精神财富。铁人精神，也是中华民族和中国共产党人自强不息、勇敢自立于世界民族之林伟大精神的真实写照，是党领导下的中国产业工人主人翁精神和主观能动性、创造力的升华，是艰苦奋斗精神的高度凝练以及人格化的大庆精神。

在铁人精神的鼓舞下，我国一代又一代石油工人奋力拼搏、无私奉献，坚持解放思想、实事求是，发扬"三老四严""四个一样"光荣传统，发现了一个又一个大油田，建设了一个又一个石油生产和供应基地，创造出了石油工业史上一个又一个奇迹，培养和造就了一批又一批新时代的"铁人"。

继续弘扬铁人精神，是始终坚定中国特色社会主义"四个自信"的必然要求。多年来，铁人精神之所以过得硬、叫得响，就是因为牢牢地打上了党领导企业、办好企业的鲜明印记。这种标志性特征在新的历史时期就是始终与党中央保持高度一致，始终坚持道路自信、理论自信、制度自信、文化自信，始终摆正企业的社会主义方向，始终发挥旗帜的引领作用。

继续弘扬铁人精神，是实现中华民族伟大复兴中国梦的必然要求。急国家之所急，保国家之所需，始终弘扬"我为祖国献石油"主旋律，争做高水平贡献，是铁人精神与生俱来的使命和担当。当前，实现中华民族伟大复兴的中国梦，确保国家石油战略安全，对我们这种使命和担当发出了有力而又迫切的召唤，铁人精神必须以昂扬奋进的姿态走在实现民族复兴的前列。

继续弘扬铁人精神，是在中国石油整体发展中站排头、立标杆的必然要求。铁人精神从某种意义上讲就是一种先进和标准的代名词。大庆作为中国石油的重要骨干企业，就是要在各个方面都立标杆、创品牌，争一流、上水平，特别是在建设世界水平的综合性国际能源公司进程中要始终坚持旗帜的标准、落实旗帜的要求、展现旗帜的品质。

继续弘扬铁人精神，是辐射带动区域经济共同发展的必然要求。发展共谋、责任共担，切实承担起共同发展的责任与使命，是以铁人精神为引领实现健康发展、可持续发展和高质量发展的基本要求。无论过去、现在还是将来，大庆红旗离不开党的亲切关怀，离不开地方的有力支援。这种脱胎龙江、携手共进的血脉传承和地缘关系，是铁人精神历久弥新的环境基础。

新时代弘扬铁人精神，就要胸怀全局、为国争气，把党和国家的利益放在第一位。在前进的道路上，无论遇到什么困难，我们都要像"铁人"那样坚定地维护党和国家的工作大局，坚定地与以习近平同志为核心的党中央保持高度一致，为实现中华民族伟大复兴的中国梦贡献力量。

新时代弘扬铁人精神，就要不畏艰险、迎难而上，在战胜困难中创造新的业绩。今天我们工作和生活的环境，与"铁人"时期相比发生了很大变化，但是艰苦奋斗精神不能丢。应当继续发扬艰苦创业的光荣传统，以不屈不挠、坚忍不拔的毅力，经受住激烈市场竞争的考验，化解来自各个方面的风险，在前进的道路上勇于付出艰辛、攻克难关，包括在改革上攻坚、在发展上用劲、在管理上碰硬、在稳定上负责，切实解决各种困难和矛盾，努力把国家的各项事业不断向前推进。

新时代弘扬铁人精神，就要崇尚文明，造就一支高素质的队伍。在信息和知识经济时代，企业在市场上的竞争，其实质是科技的竞争、人才的竞争。高水平科技和高素质人才，是企业立于不败之地的"法宝"。要以"铁人"为榜样，全面提升职工队伍的科学文化素质和业务技能，尊重知识、尊重人才、尊重创造，不断进行技术创新，在职工队伍中大兴学习之风，大兴崇尚科学、文明之风，加强专业技术、管理技能和操作技能培训，加快培养并建立以高级经营管理人才、高级工程技术人才和高级操作技能人才为骨干的职工队伍，真正把企业的发展建立在依靠科技进步和职工素质提高的基础之上。

新时代弘扬铁人精神，就要坚持与时俱进，在实践中不断赋予其新的时代内涵。 要紧紧贴近工作实际，紧密结合国家发展大势，在传承和弘扬铁人精神的过程中，使其不失真、不丢根，同时将先进的经营理念与之融合，把党中央的部署要求融入其中，把新一代产业工人、广大群众开拓创新、勇于探索的精神品质体现在其中，使铁人精神紧随时代前进的节拍不断发扬光大。

一旗高举万旗红。从"铁人"到"新时代铁人"，从"五面红旗"到"新五面红旗"，从"十大标兵"到"新十大标兵"，从"英模榜"到"新英模榜"……一个"铁人"走在前，千万个"铁人"跟上来。建设中国特色社会主义，必须坚定道路自信、理论自信、制度自信、文化自信，而文化自信是更基础、更广泛、更深厚的自信，是更基本、更深沉、更持久的力量。人无精神不立，国无精神不强。无论过去、现在还是将来，铁人精神永远是鼓舞和激励中国石油产业工人乃至亿万人民砥砺前行、再创辉煌的宝贵精神财富。

参考文献

[1]　中共中央宣传部. 习近平新时代中国特色社会主义思想三十讲[M]. 北京:学习出版社,2018.

[2]　中共中央宣传部. 习近平新时代中国特色社会主义思想学习纲要[M]. 北京:学习出版社,2019.

[3]　中共中央宣传部. 社会主义核心价值体系学习读本[M]. 北京:学习出版社,2009.

[4]　全国干部培训教材编审指导委员会. 社会主义文化强国建设[M]. 北京:人民出版社,2015.

[5]　全国干部培训教材编审指导委员会. 提高党的建设科学化水平[M]. 北京:人民出版社,2015.

[6]　编写组. 中国共产党与中国先进文化[M]. 北京:中共中央党校出版社,2001.

[7]　金钊,胡林辉. 弘扬和培育民族精神学习读本[M]. 北京:中国人事出版社,2003.

[8]　傅殿戈. 文化之光[M]. 哈尔滨:哈尔滨地图出版社,2005.

[9]　傅殿戈. 文化之势[M]. 哈尔滨:哈尔滨地图出版社,2007.

[10]　大庆铁人传写作组. 铁人传[M]. 北京:石油工业出版社,2000.

[11]　大庆油田铁人传写作组. 铁人传[M]. 北京:中央文献出版社,2009.

[12]　宋连生. 工业学大庆始末[M]. 武汉:湖北人民出版社,2005.

[13]　红旗大参考编写组. 建设社会主义核心价值体系大参考[M]. 北京:红旗出版社,2007.

[14]　大庆石油管理局党委宣传部. 康世恩与大庆油田[M]. 哈尔滨:黑龙江人民出版社,1995.

[15] 中共大庆市委党史研究室. 大庆石油会战史[M]. 北京:中共党史出版社,2008.

[16] 中共大庆市委党史研究室. 大庆油田史[M]. 北京:中共党史出版社,2009.

[17] 中共大庆市委党史研究室. 工业学大庆史[M]. 北京:中共党史出版社,2008.

[18] 中共中央宣传部. 奋力谱写共筑中国梦的新篇章:学习习近平总书记一系列重要讲话文章选[M]. 北京:学习出版社,2013.

[19] 《信仰如铁》编写组. 信仰如铁:大庆精神铁人精神固本强基[M]. 北京:石油工业出版社,2013.

[20] 尚勇. 中国信念:直面八个关注热点[M]. 北京:中共中央党校出版社,2011.

[21] 徐贵相. 信仰改变中国:以思想建党塑造民族精神[M]. 北京:北京联合出版公司,2011.

附录

附录一 丰富的大庆精神（铁人精神）

一、"两论"起家

1964年12月，周恩来总理在第三届全国人大第一次会议上所作的《政府工作报告》中指出，大庆油田的建设"是学习运用毛泽东思想的典范。用他们自己的话说，是'两论'起家，就是通过大学《实践论》和《矛盾论》，用辩证唯物主义的观点，去分析、研究、解决建设工作中的一系列问题"。石油工业部机关党委（大庆会战初期党的临时办事机构）在石油会战一开始，就旗帜鲜明地将"两论"作为指导油田开发建设的思想武器、理论指南。石油工业部机关党委在1960年4月10日作出的《关于学习毛泽东同志所著〈实践论〉和〈矛盾论〉的决定》中指出："在会战中，把别人的经验都学到手，但又不迷信别人的经验，不迷信书本，我们要勇于实践，发扬敢想、敢说、敢干的作风，创出自己的经验。同时，我们在实践中要不迷失方向，就要掌握马列主义的理论武器，把实践经验上升到理论，包括正确认识油田规律，使我们的实践具有更大的自觉性。""部机关党委决定立即组织全体共产党员、共青团员和干部学习毛泽东同志的《实践论》和《矛盾论》，并号召非党职工都来学习这两个文件，用这两个文件的立场、观点、方法来组织我们大会战的全部工作。""掌握武器，勇于实践，认识油田规律，这是我们学习的目的。"根据这一《决定》精神，广大会战职工认真学习"两论"，努力掌握马克思主义哲学这一认识世界、改造世界的强大思想武器，努力清除唯心论和形而上学的思想影响，逐步地认识大庆油田的具体实际和油田开发建设的规律，比较好地解决了会战工作中的一系列问题。

二、"两分法"前进

1964年初提出的"两分法"，是大庆人进取精神的基本体现。其主要内容是：第一，在任何时候，对任何事情，都要用"两分法"。成绩越大、形势越好，越要一分为二。只看成绩，只看好的一面，思想上骄傲自满，成绩就会变成包袱，大好形势也会向反面转化。第二，对待干劲也要用"两分法"。干劲一来，引导不好，就会只图速度、不顾质量，结果好心肠出不来好效果，反而会挫伤职工的积极性。第三，领导要及时提出新的、鲜明的、经过努力能够达到的高标准，引导职工始终向前看。第四，以"两分法"为武器，坚持抓好工作总结。走上步、看下步，走一步总结一步，步步有提高，方向始终明确。由于从1959年9月到1960年底只用一年多的时间就基本探明了油田面积，大体上算出了储量，到1963年，已经形成年产500万吨生产能力，累计生产1000多万吨原油，累计上缴财政10余亿元。特别是毛泽东同志和党中央、国务院表扬了大庆后，广大职工憋足一股劲，一心要搞大名堂，一股劲要猛打猛冲；有些领导干部头脑也发热了，看成绩多、看缺点少，看有利条件多、看不利条件少，盲目率领群众打冲锋，生产质量上出现了一些不好的苗头。会战工委敏锐地看到，"摆在我们面前一个突出的问题，就是在胜利的时候，在受到表扬的时候，能不能谦虚谨慎、继续前进，这是一个很大的考验。在这种情况下，如何引导职工走上正确的方向，是一个迫切需要解决的问题"。正在这时，毛泽东同志关于加强相互学习，克服故步自封、骄傲自满的指示传到了油田。会战工委首先组织各级领导干部认真学习，提高认识、联系实际，用"两分法"检查工作、检查自己。会战工委领导还到基层蹲点，用"两分法"逐个队进行分析。在《战报》上发表了《要学会用"两分法"看问题》的文章。同时，派出三个学习团到沈阳军区和解放军政治学院学习和取经。会战工委带头对照解放军和先进部门，找出18条差距，印发给油田职工讨论。油田上下开展了"从高标准着眼，从大量的、常见的低标准、老毛病入手"的大找差距活动。两个月中，全油田从人到物、从工作到思想作风、从施工质量到执行规章制度，找出了许多问题。面对这些问题，领导干部思想上产生很大的震动，进一步认识到骄傲自满、要求不严、工作不扎实的严重性和危害性。在此基础上，油田上下全面认真整改，收到了显著成效，从而形成了一套用"两分法"总结工作的制度和做法，如完井整训，阶段整训，单项工程总结，战役总结，年终的全面检查、总结、评比等。群众说："脑子里有了'两分法'，取得成绩喜不倒，有了困难吓不倒，碰了钉子弯不了。我们靠'两论'起家，又靠'两分法'前进。""两分法"使大庆人在油田开发建设中，不断经受成绩和挫折、顺境和逆境的考验，胜不骄、败不馁，锐意进取，促进了新工艺和新技术的发展，实现了企业的高度自动化和机械化。

三、"三老四严"

对待革命事业，要当老实人、说老实话、办老实事；对待工作，要有严格的要求、严密的组织、严肃的态度、严明的纪律。这是大庆石油职工在会战实践中形成的优良作风。"三老四严"的提法最早出现于1962年，到1963年就形成了完整的表述。

四、"四个一样"

对待革命工作要做到：黑天和白天一个样，坏天气和好天气一个样，领导不在场和领导在场一个样，没有人检查和有人检查一个样。"四个一样"于1963年由李天照任井长的采油一厂二矿五队5-65井组首创，是大庆油田广大职工自觉坚持标准、严细成风的真实写照。

五、岗位责任制的灵魂是岗位责任心

"岗位责任制的灵魂是岗位责任心"，这是大庆人的一句名言，出自西水源老工人马登嵩之口。意思是说，能否严格执行制度，关键在于人们的政治思想觉悟和主人翁责任感，这是执行制度的思想基础。大庆岗位责任制来自生产实践，来自群众，具有强大的生命力；但是一个新的制度贯彻执行，首先必须向旧的习惯势力作斗争，狠反老毛病、坏作风，为贯彻制度打好思想基础。大庆在贯彻岗位责任制的过程中，一抓思想教育，强化责任心，使人人都自觉地生活在制度之中；二抓作风建设，注意从日常的、细小的事情抓起，狠反"一粗、二松、三不狠""马虎、凑合、不在乎"的老毛病、坏作风，在生产实践中逐步培养起"三老四严""四个一样"的好作风，执行制度自觉从严、好字当头；三抓检查评比，表扬先进树模范，鞭策后进赶先进，激励广大职工认真执行岗位责任制度。大庆十几万名职工，分布面广、点多。尤其是采油工，经常单兵作战，基本上处于无人监督之下，付出多少劳动、作出多大牺牲、执行制度是否走样，起决定作用的正是高度的责任心。有了责任心，就能做到人人坚守岗位、埋头苦干，执行制度严肃认真、一丝不苟，出高标准、高质量、高水平；有了责任心，才能发挥制度的威力，使制度真正落到实处。

六、岗位责任制大讨论

这是大庆油田开发建设初期群众性思想教育的一个重要活动。1965年6月，油田以"两分法"为指导的树标兵、找差距活动进一步深入开展。井下作业指挥部工具车间封隔器班从查出的254个问题中发现，最突出的问题是封隔器下井后常返工。对此，班里形成两种意见：一种认为，症结在于没有严格执行岗位责任制；另一种认为，根源不在制度，没有岗位责任制一样干好工作。会战工委针对这一情况，及时组织全油田职工进行讨论。群众联系实际，总结出了执行岗位责任制的九大好处：人人有专责，事事、物物有人管；定时、定点，按规定线路巡回检查；方法科学，利于生产，方便职工；严格了交班制度，使班班衔接紧密；设备管理加强，施工质量提高；人人动手搞核算，有利于节约；科学技术资料录取更全、更准；坚持岗位练兵，操作水平有了提高；事事做到规范化，促进了安全生产。在此基础上，为使职工真正理解岗位责任制的作用和意义，会战工委通过一定形式积极引导，让职工明白：岗位责任制较好地解决了企业中依靠群众管理生产的问题，是党的群众路线在企业管理中的具体运用；工人有责任、有权利，油田主人翁地位得到保障；每次岗位责任制检查，既是对工人也是对领导的一次督促；岗位责任制的灵魂是岗位责任心，该制度执行过程实际上是培养"三老四严""四个一样"好作风的过程。

岗位责任制大讨论,是群众在实践中自己提出问题,经启发引导,进而解决问题的一个典型。通过讨论,职工的思想得到统一,岗位责任制进一步深入人心,对于在"文革"中排除干扰、保证油田正常生产具有重要意义。

七、"三个面向"

面向生产、面向基层、面向群众。

八、"五到现场"

生产指挥到现场,政治工作到现场,材料供应到现场,科研设计到现场,生活服务到现场。

九、蹲点包队

这是企业党政领导干部坚持深入基层蹲点调查,通过"解剖麻雀",以"点"带"面"解决问题的一种工作方法。从石油会战开始,各级领导干部和机关干部每年结合不同时期的工作任务,抽出一定时间蹲在基层单位,实行包队抓点。有的是一人包抓一个队(点);有的是两三人组成一个小组,抓一个队(点)。"点",有长期的和临时的两种。抓"点"的主要任务是:全面了解工人在做什么、想什么、要求什么,掌握第一手材料;了解基层思想政治工作、党的建设、生产技术管理、职工生活等方面的情况和问题,帮助解决;对重大问题、关键问题进行系统调查研究,科学分析论证,以便作出正确的决策;总结典型,帮助后进,做到先进经验不总结出来不出队、后进面貌不改变不出队、中间队不带起来不出队。领导和机关干部蹲点包队,有利于机关干部及时了解、准确把握职工思想动态,有针对性地开展思想政治工作,使思想政治工作任务进一步落实到基层;有利于及时发现和解决问题,将暂时无法解决的问题及时反馈给上级机关研究解决,从而减少了推诿扯皮,提高了机关工作效率;有利于及时沟通上下情况,发现典型、差距和工作失误,为调整、制定政策和工作计划、部署提供大量准确的信息和科学依据,减少领导机关工作失误和盲目性，增强预见性和科学性；有利于加强机关建设和基层建设，是调查研究解决问题、加强基层建设、管理好企业的一种有效方法。

十、约法三章

坚持发扬党的艰苦奋斗的优良传统，保持艰苦朴素的生活作风，永不搞特殊化。坚决克服官僚主义，不能做官当老爷。坚持"三老四严"的作风，谦虚谨慎、兢兢业业，永不骄傲，永不说假话。

十一、"四个公开"

思想公开，有问题摆到桌面上来，不隐瞒自己的观点，不搞背后议论；缺点公开，严于解剖自己，不护短、不怕丑，积极开展批评和自我批评；工作公开，及时向党委汇报工作，经常互通情况，有事共同商量，加强集体领导；生活公开，严格要求自己，不搞特殊化，不干见不得群众的事。

十二、"三要十不"

要甩掉我国石油落后的帽子，要高速度、高水平地拿下大油田，要赶超世界先进水平，为国争光。不怕苦，不怕死，不为名，不为利，不讲工作条件好坏，不讲工作时间长短，不讲报酬多少，不分职务高低，不分分内分外，不分前线后方，一心为会战的胜利。

十三、抓生产从思想入手，抓思想从生产出发

这是大庆人正确处理思想政治工作与经济工作关系的基本原则，也是大庆思想政治工作的一条基本经验。抓生产从思想入手，就是坚持思想领先，抓生产首先要抓人的思想政治教育，注重解决生产过程中遇到的各种思想问题，把思想工作做在前头。抓思想从生产出发，就是思想政治工作必须围绕经济建设这个中心进行，根据经济工作实际确定思想政治工作任务，将其贯穿于生产建

设全过程，保证生产建设任务完成和经济效益提高。1961年1月，在战区党支部书记会议上，采油二矿场二队党支部书记杨洪儒介绍经验时提出："领导好生产必须从思想工作入手，思想工作必须从生产实际出发。"油建二大队二中队张国均介绍经验时说："我们运用抓生产从思想着手、抓思想从生产出发的方法，树立了以搞油为业、以油田为家的长期会战思想。"1964年，石油工业部政治部在《关于加强基层建设，健全经常性政治工作的12条基本经验》中，将其概括为"抓生产从思想入手，抓思想从生产出发"。从1984年起，大庆普遍开展了创建"双文明"单位活动，从上到下建立了领导体系和评比办法，把思想政治工作和经济工作捆在一起抓，两套指标一起下，两个成果一起要，"抓生产从思想入手，抓思想从生产出发"有了新发展。

十四、干部来自工人，领导来自基层

这是大庆石油会战期间形成的选拔任用干部的一种制度。为了高速度、高水平地拿下大油田，会战工委强调各级干部一定要懂生产、会管理，并有一定的群众基础。因此，着重从各条战线的标兵、模范中，从有实践经验的优秀工人中培养、选拔和任用干部。对于选拔领导干部，强调要有基层工作实践，少数没有经过基层锻炼的干部，则给他们创造条件下基层补上这一"课"。其主要形式有：一是下基层代职半年或一年；二是去基层任职。大中专院校毕业生，同样要先到基层顶岗锻炼一段时间。实践证明，这是识别、培养和选拔干部的一个重要渠道。企业的先进模范人物，具有思想好、作风硬、干劲大等显著特点，具备了企业干部的基本条件，其中经过考验的优秀分子，可以作为选拔干部的后备队伍。企业先进单位中的干部，有指挥生产、带好队伍的实践经验，其中经过长期考验、批评不垮、表扬不倒的，可以选拔到上级领导班子中。这既符合干部成长规律，又能调动广大干部奋发进取的积极性。大庆企业各级领导干部来自工人、来自基层的，在各级领导班子中占70%左右。上级领导机关的负责干部，多数是从基层先进标杆单位干部中逐级选拔上来的。他们既有实践经验，又有群众基础，并能以身作则，带领群众为油大干。

十五、领导干部"五同"

领导干部要同职工同吃、同住、同劳动、同解决生产问题、同娱乐。

十六、领导干部决策过程中的"六靠"

一靠中央精神,二靠群众智慧,三靠专家论证,四靠基础工作,五靠现代化手段,六靠班子集体。

十七、充分发扬三大民主

三大民主,是指政治民主、生产技术民主、经济民主。

政治民主,主要是指保证每个职工有向一切违反党和国家的政策、法令的现象作斗争的权利,保证每个职工在一定的会议上有批评干部的权利。在大庆各种会议上或生活会上,工人都可以插话,对干部进行面对面的批评,意见正确的干部就立即接受,保证职工有充分的政治权利。生产技术民主,主要是指广泛吸收工人参加生产技术管理,把群众管理和专业管理结合起来;经常发动群众讨论生产作业计划,讨论规章制度,讨论生产技术重大问题,大搞技术革新。经济民主,主要是指工人参加经济核算的活动。既搞班组核算,又要管理食堂,就是要求食堂日清月结,分伙食尾子;每年还发布生活规划,讨论农副业生产分配方案。充分发扬政治民主、生产技术民主和经济民主,能够调动企业职工的积极性,使企业指挥高度集中,增强职工队伍的组织性、纪律性。

十八、"三超"精神

"三超"精神是大庆油田科技人员挑战三次采油禁区、勇攀高峰的生动写照,其具体内容是"超越权威、超越前人、超越自我"。20世纪80年代,正值国外三次采油纷纷下马之时,大庆油田科技人员顶住压力,坚持进行聚合物驱油技术研究,最终打破了外国专家长期以来认为聚合物驱只能比水驱提高采收率 2～5 个百分点、油田特高含水期不能注聚合物的传统说法，实现聚合物驱比水驱提高采收率 10 个百分点以上，取得了理论上的突破和实践上的飞跃。20 世纪 90 年代，面对三次采油主要配方之一表面活性剂需要进口、费用昂贵的实际，科研人员立下了"外国人能够做到的我们也能够做到，而且一定要做得更好"的誓言。经过 5600 余次反复实验，终于成功研制出国产化表面活性剂，彻底摆脱了大庆油田三次采油技术发展对国外的依赖。随后，又针对强碱表面活性剂在二类油层无法发挥威力这一难题，戮力攻关，成功研发出了弱碱化表面活性剂。"三超"精神，成为激励油田广大科研人员在三次采油领域中持续不断地取得新突破和进展的精神动力。2009 年 6 月 26 日，时任中共中央总书记、国家主席、中央军委主席胡锦涛在大庆油田勘探开发研究院采收率实验楼考察过程中高兴地说，你们提出的超越权威、超越前人、超越自我的口号很有气魄，要继续弘扬这种精神，瞄准更高目标，攻克更多难关，使大庆油田不断焕发新的生机，为确保我国能源安全发挥更大作用。

附录二 "铁人"语录

1. 井没压力不出油,人没压力轻飘飘。
2. 干,才是马列主义;不干,半点马列主义也没有。
3. 说一千、道一万,社会主义要靠干。
4. 有条件要上,没有条件创造条件也要上。
5. 人活一口气,拼死干到底。为了把贫油落后的帽子甩掉,宁肯少活二十年,拼命也要拿下大油田。
6. 石油工人一声吼,地球也要抖三抖。我们要把地球钻穿,让大油海翻个儿,把大金娃抱出来。
7. 服从祖国需要,走到哪,住到哪,干到哪,死到哪,埋在哪;服从党,服从组织,继续艰苦奋斗。
8. 我为党打井,为国家打井,也可以说为我自己打井。
9. 我没有看过海,究竟是海大还是田大。海大,这里就是大油海;田大,这里就是大油田。
10. 干革命就得有个干劲,没有干劲就不是干革命。
11. 我要好好学习毛主席著作,学深、学透,在"用"字上狠下功夫。干一辈子革命,就要学一辈子毛主席著作。学一辈子毛主席著作,就要在"用"字上下一辈子功夫。学好用好毛主席著作,就没有克服不了的困难。
12. 不怕苦、不怕死,为了党和人民的利益,就是上刀山、跳火海,也不怕掉进地球里去,也要坚持打井,必须时牺牲自己的生命。
13. 天冷冻的是懒汉,我们工人是劳动人民,天再冷、雪再大我们也不怕。
14. 我一定要永远为我国的石油工业建设贡献我的一切力量,像一棵松柏树一样,永远青翠、刚强。
15. 毛主席教导我们要当"孺子牛"。我小时候放过牛,最摸牛的脾气。

牛吃草，马吃料。牛享受得最少，出力最大，所以还是当一头老黄牛最好。我甘愿在石油战线上，为党、为人民当一辈子"老黄牛"。

16. 过去，我说我要继续艰苦奋斗二十年；可我今天觉得这不够，我才四十多岁，不能算老，我要艰苦奋斗直到停止呼吸。

17. 我不是为了活着而活着，而是为了党的事业我总觉得信心百倍，有使不完的劲。

18. 不管是谁，不管是什么事，谁走在头里，就跟谁学。

19. 几天几夜不睡觉算什么，流几身汗也算不了什么。只要把国家建设好，更大的幸福在后头。

20. 干活就要拿出劲头来。"我"字当头，一切就办不好。

21. 我现在真是越学越年轻，同时越钻越想钻，越钻越有劲。一定要把这块大地钻穿钻遍，让褐色石油源源喷出，把我国石油工业落后的帽子摘掉，抛到太平洋里去。

22. 成绩都是党领导的，都是大伙干出来的。光荣要归于党，我算不了啥。

23. 我的办法在什么地方啊，办法就在我们每个人的脑子里头。我去向他们学，我去向他们问，回来变成自己的东西，我再叫他们去执行。我哪儿有办法啊，我没有办法。

24. 党要我在哪里工作，我就在哪里工作。死到哪里就埋到哪里，我死都要死在石油工业上。

25. 解放军种地是为了打好仗，我们种地是为了打好井。我们虽然不是解放军，但都是毛主席带领下的队伍，得好好向解放军学习。干的事不一样，可理想是一个。

26. 批评得对也好，不对也好，我应该首先检查自己，严格要求自己。工作究竟干好了没有？干对了没有？不对，就要接受意见、坚决改正。

27. 我们工人阶级就是有志气，要给党争气，给中国人民争气，给全世界人民争气。

28. 我是个钻工，当了干部还是个钻工，要永远参加劳动。到井队，没有司钻，顶司钻；没有柴油机司机，顶司机；没有修理工，顶修理工……永远不能忘掉劳动。忘了劳动，就会忘掉了党，忘掉了阶级兄弟。我永远参加劳动，不劳动就算不了工人阶级。

29. 一辈子干下去，艰苦下去。搞生产要高标准，生活上要艰苦朴素。

30. 我们的矛盾是什么？就是集中一切力量把油田拿下来，把石油落后的帽子甩到太平洋里去。

31. 我要艰苦一辈子，苦到底，革命到底。

32. 党的指示，应该说的我就说，应该干的我就干。我要斗争一辈子，斗到底。为了党，为了革命，我什么也不怕。

33. 一个人每天要做工作，你要不负责任，就没有压力，你就轻飘飘地过去了。我们说的压力，不是哪个领导给的压力，是我们自觉自愿的压力。你要有责任心，对党负责，对国家负责，对自己负责，就应该有压力。

34. 我这个队伍，首先是要思想过硬，思想不过硬不行。思想过硬，就可以解决一切一切的问题，就不能松（松）垮垮，就是要干就干、要休息就休息、要走就走、要坐就坐。

35. 披红戴花的时候，叫我抢着往头里跑；人家批评我，叫我悄悄地趴下，当狗熊？我不当这个狗熊。

36. 我对下面的批评也是这样的。王孙公子带（戴）纱帽的，不管是谁，非干好不行。不严，不严就成了善人，当"唐僧"那不行。我当大队长，我有这个责任，要有个原则。

37. 一个队打得再好，拿不下大油田。只有所有队都打上去了，才能高速度、高水平开发大油田。我们争的是党和国家的大红旗，要的是集体冠军。

38. 我这一辈子，就是要为国家办好一件事情——快快发展我国的石油工业。

39. 一个人没有血液，心脏就会停止跳动。工业没有石油，天上飞的、地上跑的、海上行的都要瘫痪。没有石油国家有压力，我们要自觉地替国家分担这个压力。这是我们工人阶级的责任。

40. 连党中央所在地、毛主席居住的地方——首都北京——都没有油用了，我们还有什么脸当先进、开大会、受表扬？叫国家作这么大的难，是谁的责任？是我们的责任。

41. 千矛盾、万矛盾，国家缺油是最主要的矛盾；这困难、那困难，社会主义建设需要油而我们国家油不够用，是最大的困难。

42. 干,我们吃点苦;不干,国家更困难。

43. 月上五千米,钻透祁连山,是先人没有做过的事情。在困难和危险面前,我们不冲叫谁冲?慢打只能出慢打的经验,快打才能出快打的经验,放开手脚干吧。

44. 只有共产党才能解放受苦的人,只有共产党才能让工人、农民过上好日子。我入党就是为了给祖国、给人民贡献更大的力量,当一个忠实的人民勤务员。

45. 主人不能干长工活。我们是主人了,主人是给国家干活儿、给自己干活儿,怎么能用对付地主、资本家的办法对付自己呢?

46. 要干,就要像钻井工人那样叮叮当当地干;要活,就要像钻井工人那样挺直了腰杆子活。我要当钻井"老虎",痛痛快快地干它一辈子。

附录三　相关文献资料

一、会战时期的五大标兵

创业的年代，是英雄的年代。石油会战的胜利，是以王进喜为代表的无数创业者心血、智慧和汗水的结晶。"有条件要上，没有条件创造条件也要上"，英雄的大庆人以实际行动诠释着人生的价值，擎起了石油工业的钢铁脊梁，展示着石油骄子的时代风采。"五面红旗"喻指大庆石油会战初期涌现的先进榜样王进喜、马德仁、段兴枝、薛国邦、朱洪昌。1960年7月28日，大庆石油会战初期党的临时办事机构——石油工业部机关党委——在《关于开展学习"王、马、段、薛、朱"运动的决定》中，称赞他们是全战区的"五面红旗"，是全体职工学习的榜样。当时工人们曾写诗赞颂道："一面红旗红一点，五面红旗红一片。百面红旗迎风飘，红遍松辽大油田。""英雄铁人打头阵，马段薛朱紧相跟。比学赶帮争上游，铁人头上出钢人。"后来亦称王、马、段、薛、朱为大庆石油会战初期的"五大标兵"。

王进喜

王进喜，全国著名劳动模范，大庆石油会战初期被誉为"铁人"，系"五面红旗"之一。他是大庆人的杰出代表，中国工人阶级的先锋战士。1923年9月，王进喜出生于甘肃省玉门县赤金村一个贫农家庭。他6岁时给地主放牛，曾拉着双目失明的父亲去乞讨。15岁时到玉门油矿当童工。新中国成立后，王进喜当上了国营甘肃玉门石油管理局勘探公司三大队石油工人、副司钻，1956年升任1259钻井队队长，同年加入了中国共产党。当时，中国的钻井技术还很落后，王进喜提出了"月上千，年上万，钻透祁连山，玉门关上立标杆"的口号。1958年，他领导钻井队创造了月进尺5000米的全国纪录，成为中国中型钻机最高标杆单位，被授予"卫星钻井队"红旗，并被命名为"钢铁钻井队"。

1959年王进喜到北京参加群英会时，看到北京街头的公共汽车因缺油而"背着"煤气包，作为石油工人的他心里很不是滋味。1960年3月，王进喜率队从玉门到大庆参加石油大会战，在缺少吊车吊装钻机的情况下，发出"有条件要上，没有条件创造条件也要上"的豪迈誓言，用人拉肩扛的办法卸钻机，又用撬杠撬、大绳拉等办法将钻机安装到萨55井。他连续苦干三天三夜，没离开车站和井场半步。他的行李放在老乡家，一次都没去睡过。房东赵大娘见王进喜这样拼命地干，感慨地说："王队长真是个铁人啊！"

要开钻了，但当时的萨55井严重缺水。于是，他组织职工以挖土井、到小湖破冰取水、脸盆端水、水桶提水等办法，解决了开钻所需的几十吨水，并创造了5天零4小时完钻一口井的当时纪录。萨55井打完之后，王进喜的腿被滚落的钻杆砸伤，他却顾不上住院，拄着拐杖、缠着绷带连夜回到井队。在打第二口井（2589井）时发生了井喷，由于没有重晶石粉，他当机立断用水泥代替。当时因没有搅拌机，水泥都沉在了泥浆池底。紧急时刻，王进喜扔掉拐杖，纵身跳进泥浆池，用身体搅拌泥浆。在他的带动下，工友们也纷纷跳进泥浆池。经过三个多小时的奋战，井喷被制服，油井和钻机保住了；但是王进喜身上却被碱性很大的泥浆烧起了大泡。同年4月11日，会战指挥部号召全体会战职工向"铁人"王进喜学习。从此"王铁人"的名字传遍了油田，并通过新闻媒介的宣传闻名全国。

在大庆油田，王进喜先后任1205钻井队队长、钻井指挥部装建大队和钻井二大队大队长、钻井指挥部指挥，大庆革委会副主任，中共大庆核心小组副组长等。1964年10月20日，王进喜当选全国人大代表，在第三届全国人大第一次会议上作了题为《为实现石油自给，艰苦奋斗不息》的发言，受到与会代表的热烈欢迎。1965年，他任油田钻井指挥部副总指挥。1966年，他领导钻井队创出年进尺10万米的世界钻井纪录。1969年4月，在党的九大上，他以工人代表身份当选为中共中央委员，受到毛主席和周总理的亲切接见。1970年4月，王进喜在玉门参加石油现场会回到大庆之后，经医生检查确诊是胃癌晚期。同年11月15日在北京逝世，终年47岁。

马德仁

大庆会战初期"五面红旗"之一，甘肃省永昌县人。1925年生。1949年参加工作，1955年加入中国共产党。历任钻井队司钻、队长、大队长、副指挥、钻探处长、大庆生产办副主任、大庆市副市长、大庆石油管理局副局长、大庆石油管理局党委常委、纪律检查委员会书记等职。1960年3月，马德仁带领1202钻井队从玉门到大庆参加石油会战。在极端困难的情况下，他常常几天几夜不离井场，每一口井从搬家、开钻、完钻、再搬家，寸步不离。在打1598井时，井场离驻地很远，需送饭到井场吃。有时饭少了，他就紧紧腰带宁肯挨饿，也总让工人们先吃饱。为抢钻井进尺，他从未好好休息过，疲倦得不行了，就把头伏在膝盖上闭闭眼。在他的带领下，全队创造了月钻井"五开四完"、"六开五完"等新纪录，用8个半月的时间打井22口，实现了钻井进尺上双万米。1961年，他带领全队职工用9个半月时间打井28口，实现了钻井进尺31700米，超过了当时的苏联格林尼亚功勋钻井队，刷新了世界钻井进尺纪录。实现了全年安全生产无事故，使口口井质量合格，全年机械利用率达到99%，创造了全国中型钻机月完钻井数、月进尺、日进尺、班进尺、钻头使用、低成本等21项全国纪录。1963年，他发动职工认真总结经验，不断树立新的奋斗目标，继续扩大战果，向新的高峰奋力攀登，又打出了"三一"优质试验井，创造了钻机月钻井进尺4615米，队日进尺1080.26米的全国纪录。他所领导的1202钻井队先后被授予"卫星钻井队""钢铁钻井队""永不卷刃的尖刀"等称号。他为大庆油田的早期开发建设作出了贡献。1960年7月，他被会战初期党的临时办事机构——石油工业部机关党委——选树为全战区"五面红旗"之一。1977年石油工业部授予他"会战初期五位著名老标兵之一"的称号。

段兴枝

大庆会战初期"五面红旗"之一。陕西省洋县人。1930年生。1949年参加革命，1955年加入中国共产党，1960年到大庆参加石油会战。历任1206钻井队队长、钻井一大队副大队长、钻井指挥部副指挥、四川石油管理局川中矿区副指挥、江汉石油管理局副局长等职。1960年春，段兴枝带领钻井队从四川来到大庆,和1202钻井队同住一个牛棚,同吃一锅饭。为早日开钻,在没有拉运设备的情况下,组织职工人拉肩扛安装钻机,竖起井架,与1202钻井队一起打出了第一口井。他善于把冲天的革命干劲和严谨的科学态度结合起来,当时被人们誉为"智勇双全的钻井队长"。他带领职工大搞技术革新,把大钻机小鼠洞接单根的工艺移植到BY-40钻机上,提高了工作效率。同时首创了冲鼠洞的新工艺,在全油田和全国石油系统推广。会战中,拉运设备少,完井后等钻机搬迁成了生产的主要矛盾。他积极响应会战领导机关的号召,带领全队职工反复研究试验,创出"钻机自走"的新方法,缓解了油田拉运设备少的矛盾。"钻机自走"的新方法曾在钻井队普遍推广。在生产中,他率领的钻井队多次创出优异成绩,被会战指挥部授予"钢铁钻井队"的光荣称号。

他为大庆油田的早期开发建设做出了贡献,1960年被会战初期党的临时办事机构——石油工业部机关党委——树为全战区"五面红旗"之一。此后多次被评为五好标兵、劳动模范。1966年5月离开大庆到四川参加石油会战,后又转战江汉、中原等油田。

薛国邦

大庆会战初期"五面红旗"之一。甘肃省酒泉县人。1927年生。1949年参加工作,1954年加入中国共产党,1960年到大庆参加石油会战。历任钻工、修井工、修井队长、采油队长、试采大队长、采油矿长、采油指挥部副指挥、副书记、书记、大庆市党委常委、大庆市总工会主席、大庆市委副书记、大庆市人大主任等职。薛国邦是大庆油田第一个采油队的队长。在艰苦创业的岁月,他经常夜以继日地工作。白天带领工人上井生产,晚上坚持学习和研究工作,半夜里还要查铺盖被,给大家添柴烧火取暖,生怕冻坏了工人,天不亮又起来帮助炊事员提水做饭。在大庆油田刚出油的日子里,为了尽快把原油运出去,上级决定把第一列车原油输送任务交给他所领导的采油队。他接受任务后,不分白天黑夜地干在油井上,饿了啃口干馒头,困了就打个盹。在严寒使原油凝固、输油泵打油受阻的情况下,为了把原油按预定时间运出,他毅然脱掉棉衣,双手抱住高温蒸汽管,第一个跳进油池,用蒸汽温原油。蒸汽管把他的手烫坏了,也全然不顾,一直坚持到泵满罐为止。他工作勤勤恳恳,任劳任怨,从不计较个人得失和安危,曾多次冒着生命危险抢救发生事故苗头的油井。有一次供油管线脱扣，他奋不顾身地用胸膛顶住喷着原油的管口，高压原油的强大压力打得他周身麻木，几乎失去知觉，但他以顽强的毅力，坚持到底，终于保住了油井。他1954年在玉门油矿就被评为全国石油系统先进生产者。1958年光荣地出席了全国社会主义建设积极分子代表大会。1959年被评为全国劳动模范，出席甘肃省和全国工业建设"群英会"，同年参加了建国10周年的国庆大典。1960年被会战初期党的临时办事机构——石油工业部机关党委——选树为全战区"五面红旗"之一。1977年石油工业部授予他"会战初期5位著名老标兵之一"的称号。1978年被评为黑龙江省劳动英雄。

朱洪昌

大庆会战初期"五面红旗"之一。1933年生。1959年由甘肃到大庆参加石油会战。历任工段长、副大队长、中国石油天然气总公司管道局局长等职。大庆石油会战初期，朱洪昌所在的三大队负责承建17.2公里大口径、长距离输水管线。当时他担任副大队长职务，为保证任务尽快完成，他和工人一起连克许多难关。一次，拖管机履带板被钢丝绳卡住变形，为了不影响施工，工人们商量采用喷灯加热使钢板变直的办法。不料喷灯喷油过多，机车四周燃起大火。他不顾危险，甩掉衣服，冲上去奋力扑打，手和脸烧起串串水泡。火扑灭了，他被送进了医院。他刚刚脱离危险，又偷偷跑回工地指挥生产。供水管线通水试压时，他带着伤到各处检查试压情况。当发现有一处焊缝冻裂漏水时，为不影响全线试压，他决定带压带水补焊。他不顾身上旧伤未愈，跳进水中一边用手把漏缝的水抹干，一边让焊工补焊。飞溅的焊花刺穿了朱洪昌手上缠着的绷带，露出了还未长好的嫩肉。焊工见此情景，马上停止了补焊，他却说："全线停水补焊，焊好再试压，那得耽误多少时间！现在前线各部门等水等得嗷嗷叫，不能把工期误在我们这儿，今天我就要比一比，是钢铁硬，还是我们共产党员骨头硬。"就这样，他忍着焊花的灼痛，一直坚持着把漏缝焊完。在施工中，老家来信，告诉他孩子因病重住院，经抢救无效死去。他强忍悲痛，继续在工地指挥生产。过后别人问他："孩子死了，你不想吗？"他说："孩子死了是一家的事，输水管线建不成，打不出油来是国家的大事。"他的事迹一传出，整个战区的干部、工人备受鼓舞，人们称赞他是钢铁施工队长，永不褪色的红旗。他于1958年被评为辽宁省和甘肃省先进生产者、青年突击红旗手,参加过全国青工代表大会。1959年又出席了全国工业建设"群英会"。1960年被会战初期党的临时办事机构——石油工业部机关党委——选树为全战区"五面红旗"之一。

二、大庆的作风是怎样养成的

大庆作风是怎样养成的
(摘录)

《人民日报》编者按:大庆的作风就是三八作风的具体化。它是大庆人活学活用毛泽东思想的产物。

培养革命作风,要有个标准。这个标准就是毛泽东同志提出的三句话八个字的三八作风。三句话是:坚定正确的政治方向,艰苦朴素的工作作风,灵活机动的战略战术。八个字是:团结、紧张、严肃、活泼。三八作风同大庆的实际相结合,就成为以严、细、准、狠为中心的"三老""四严""四个一样"的作风。

大庆的作风,体现了革命精神和科学精神的结合,反映了石油工业现代化生产和建设的要求,也反映了广大职工的革命愿望。

大庆人非常重视培养革命作风。培养革命作风的关键,在于领导者首先要坚持革命的作风,处处以身作则,处处严格要求,说到做到,从上到下,人人实行。

革命的好作风和革命的思想一样,看不见、摸不着;但是,一旦被广大群众掌握住了,人人都养成了好作风,那就会转化成为强大的物质力量。哪个单位作风好,哪个单位就成为一个革命的大熔炉,一切新的成分加进去都会起变化,接过好作风,变成新样子。这样的作风,一个人带一个人,一个单位带一个单位,就把整个队伍带出来了。好作风有如接力棒,可以一代传一代,世世代代传下去。

培养作风就是培养队伍的战斗力。

大庆有一种无形的巨大力量,这就是大庆作风。作风是看不见、摸不到的,但它确实是客观存在,一下子就使你受到感染。

也许可以从某些现象上觉察到这种作风的力量，比如：井场外平平整整，仓库里整整齐齐，采油井口装置、分离器及其他设备干干净净，井场无污油，井下无落物……但是这一些远远不能表现他们的作风的全部威力。

大庆的作风，就是三八作风的具体化。大庆人用革命的精神培养了革命的作风。他们不搞形式，而讲求实干。他们一直强调树立以严、细、准、狠为中心的"三老""四严""四个一样"的作风。

"三老"是当老实人，说老实话，做老实事。

"四严"是严格的要求，严密的组织，严肃的态度，严明的纪律。

"四个一样"是黑夜和白天干工作一个样，坏天气和好天气干工作一个样，领导不在场和领导在场干工作一个样，没有人检查和有人检查干工作一个样。

这些，已经被广大职工接受，成为自觉的行动。

有了好作风，就有了战斗力，人们就能雷厉风行，闻风而动。不管打什么硬仗、恶仗，都拖不垮、打不烂；不管到什么地方，都眉不皱、腿不软；不管是一个队、一个组还是一个人，不管是单独执行任务还是集体行动，都是靠得住、信得过。好作风，可以起领导上和生产管理制度上不能完全起的作用。有了好作风，即使队伍中有些落后的人，也能够带好。

反"老毛病"

为什么要培养以严、细、准、狠为中心的作风呢？这是因为，在某些领导干部中原来存在着"一粗、二松、三不狠"的毛病；在某些技术干部中，原来存在着"粗估、冒算、大平均"的毛病；在某些工人中原来也有一些"马虎、凑合、不在乎"的毛病。这些毛病，都是一些习惯势力；只有逐步把它们打倒，才能建立新风。

反"老毛病"一定要心狠，直到把它们反掉，而不能手软。

狠反老毛病要突出政治。1961年，一个钻井队打了一口不合格的井。井虽然不合格，但可以凑合出油。谁想到，油田领导做了决定：坚决把这口井填死！这可把大家急坏了。井是大家打出来的，领导同志、工人、技术人员不知为它付出了多少辛苦，国家花了很多的钱。勉强用下去，这一切似乎都可以得到补偿，石油当时还是国家所缺少的呀！把它填死，不是全都"浪费"了吗？

可是，这种种理由，丝毫动摇不了领导的决心。当然，领导上决不会轻易把它填死完事，他们的目的是把这口废井作为一个反面教材，让全体职工永远记住这个教训。为了这件事情，开了几天上万人的大会，把高水平、高速度地开发油田的伟大政治意义讲了个透，发动群众把各种各色的"老毛病"揭了个透，搞得不少人头上出汗，眼中流泪。从此以后，一口口高质量的直井就不断打了出来，斜度从5°、4°、3°一直下降到2°、1°、0.5°。无产阶级的过硬作风凝成无数高质量的油井，为国家提供了越来越大的贡献。

革命作风在同习惯势力作斗争中产生。习惯势力常常是习以为常，察觉不到的。没有革命的自觉性，很难反掉它。有一次，王进喜同志到井场检查工作，一眼看到一个工人用油去擦机器，然后将满手油污擦在身上。王进喜觉得这是个坏作风，应该改掉，就提出了批评。这个工人说："我第一天到井场，看见师傅就是这样做的。"王进喜又找来师傅，批评他没有带好徒弟。师傅说："当初我学徒的时候，看着你也是这样做的。"王进喜听到这句话，马上向工人检讨自己的老毛病："你们千万别跟我学这种坏作风。"此后，他随时随地注意克服自己的老习惯、老毛病。他经常跟工人讲这件事。他们还把老毛病列榜，贴在床头上或值班房里，领导检查，群众监督，改一条减一条，犯一条加一条，使老毛病没有容身之地。

"严、细、准、狠"

"严、细、准、狠"，头一个是"严"。"严"是现代化企业的客观要求。"严"就是认真。认真，就是对工作卡得非常紧，一点也不含糊，一点也不迁就，永远不满足已经达到的水平，有了差错决不原谅自己。有了严的作风，工作就有条理、讲质量、合规格。

"严"，还要"细"。细就是工作抓得细致。办石油工业，地下作业多，高温高压作业多，隐蔽工程多、工种多，如果不"细"，就会搞乱搞错。

"准"，就是工作抓得准。要抓得准，就要看得准。问题看不准，就会犹豫不决，下不了决心，或者下了错误决心误了大事。

问题抓准了，还要"狠"。狠就是"抓得紧"，一抓到底，毫不放松。

大庆的"严、细、准、狠"表现在哪里呢？到大庆的同志可以很容易地找到上百成千的例子。这里可以摘引几个：

有一次，机房工人胡宗正接梁景荣的班，发现减速箱上的六个螺丝丢了一个，是梁景荣另找了一个配上了。胡宗正说："这可不行！"一定要梁景荣把原来的那个螺丝找来；如果坏了，也要拿来看看。因为，如果那个螺丝丢到齿轮里去就会造成大事故。一个小小的螺丝上哪里找去呢？但是，非找不可。梁景荣不知费了多大力气，到底把那个螺丝从地板缝里找了出来，这才完了这回事。

一天傍晚，"硬骨头"车队完成了全天的紧张任务，满载着胜利回来了。停车场上顿时热闹起来。小队长张廷栋特意到青年司机小宋的车旁，看他"例行保养"搞得怎样。小宋满有把握地说："车子开出去不抛锚，开回来就是'五好'。"张廷栋听这话有点不对头，就爬到车底下细心检查，发现大箱螺丝松了半扣，要小宋拧紧。小宋不以为然，他认为：汽车这玩意成天颠簸，还有不松个一扣半扣的？张廷栋对他说："例行保养制度是管好车辆的基础，执行时绝不允许有半扣之差。万丈高楼的基础有一角不牢，就有坍倒的危险。半扣之差，也会败坏作风，紧了半扣，正是为了今后万里行车！"

油田开发研究室的技术干部，有一次画了一张向油田总部领导汇报的图纸，漏掉了像小米粒大小的六口油井。后来发现了这件事，研究室主任和党支部书记带领大家一起检查了两天。为了使每个人记住这个教训，大家决定毁掉这张图纸。他们把这张图纸剪成若干小块，分给全室每人一块，把自己的缺点写在上面，保存起来。以后，每月把这一天当作"纪念日"来过，认真检查一次自己工作上的缺点。

用高标准引导群众向前看

怎样使广大职工自觉地实现"严、细、准、狠"的要求呢？首先得有明确的目的性。一切工作都要有一个高标准，不能"降格以求"。工人说："要保持严、细、准、狠的作风，就要把低标准当'敌人'消灭。"

大庆会战一开始，油田领导就提出了经过努力可以实现的高标准。例如，打井质量，一般井斜允许五度以内，这样并不影响生产，外国也是这样规定的。大庆则提出不超过三度，差一点也不行。打井质量是这样，其他工作也是这样。

为了实现高标准，大庆的总机厂职工曾经讨论过这样一个问题："拿到合格证算不算完成任务?"开始,有人说:"修理工完成任务的标志就是合格证。"有人反对:"即便拿到了合格证,如果我们修车质量不高,还不能算完成任务。"又有人说:"发了合格证以后,再发现质量不好,那是质量检验员的问题。"又有人反驳道:"要是为了拿到合格证,千方百计糊弄检验员,那能怪检验员吗?"最后,绝大多数人都认识到:"我们搞机修是为了革命,为了保证'前线'搞好生产,不能只为合格证而奋斗。当然,合格证还是要,但一定要'货真价实'的合格证,不要马虎、凑合、过得去的合格证,更不要弄虚作假的合格证。"

为人民服务是无限的,高标准是发展的。大庆的工作标准逐年有所提高。例如,1961年,油田领导提出"质量不合格的就推倒重来";1962年,在有了一定思想基础之后,又提出"好中求多,好中求快,好中求省";1963年,提出了"质量一次成功";1964年,进一步提出"项项工程质量全优"。一步一个要求,引导群众始终向前看。工作做好了,好作风也逐渐养成了。

革命自觉是革命作风的基础

有位外地来大庆的同志对我们说:"我们前两年在这里学习,看了这些以后,归纳成'从严'二字,回去就照办了。结果,形式上'严',实际上严不了;少数人'严',多数人'严'不了,反而出了不少麻烦,也出了形式主义。现在我们才懂得:大庆的作风不是形式,而是牢固地建立在革命自觉的基础上的。没有自觉,就没有'从严';没有过硬的思想政治工作,又没有自觉。"

确是这样。这里生产上出了一点差错,为什么人人挺身而出、提出意见?为什么大家"议论纷纷"?为什么大家都把它看成"革命作风"问题?这是由于多数人是自觉地为革命而生产、而工作,是靠群众的革命自觉,不是靠惩办主义"惩办"出来的,不是靠命令主义"命令"出来的。革命自觉是革命作风的基础,这是大庆人的结论。

自觉的要求是什么呢?大庆人说:"要为人民负责一辈子""不能怀有个人的杂念""完全是为着解放人民""彻底地为人民的利益工作"。

执行制度,主要靠自觉。单靠检查,是不够的。第一采油指挥部采油工王淑芳同志的亲身经历很能说明这个问题。去年一月,她父亲从外地来看望她,父女已有三年没见面了。一天，她正在值班清蜡，父亲跑到井上，叫了一声"淑芳"。她抬头一看，哎呀，爸爸来了。她的心情很激动，也很矛盾。按制度规定，清蜡时不准说话。现在是"说话呢还是不说话呢？"她想到："一个解放军战士在战场上打到最后一个敌人，如果不把他消灭掉，就不能算彻底胜利。现在钢丝在井里还有一百米，停下来就要丢掉刮蜡片，就要破坏制度"。她没有同父亲答话。父亲等急了，走了。王淑芳下班后，她的父亲还在生气，说："你喊我干什么，你都不认我啦。"等到父亲了解了真相以后，笑着说："你们大庆真严啊！"

（出自《战报》1966年1月26日第一版，《人民日报》记者安岗、郭小川、程晓侯）

三、1966年铁人王进喜在全国工业交通工作会议和全国工业交通政治工作扩大会议上的发言

宁肯少活二十年，拼命也要拿下大油田

王进喜

大庆油田的胜利，是毛主席思想的胜利，是大学解放军的结果，是全国各兄弟单位支援的结果。我在会战中为党做了一点工作，这完全是党的培养、毛主席的教导、群众帮助的结果。要是没有党，没有群众，我个人算个啥？

我在解放前，连玉门都没有出去过。解放初期，思想觉悟很低，眼光很浅，"井底的蛤蟆只看见碗大的一块天"，只知有碗饭吃，要为党好好工作。经过党的培养教育，我参加了中国共产党。在党和毛主席的教育下，阶级觉悟逐渐提高，为党做了一些工作，党却给了很大荣誉。我出席过甘肃省劳模会和全国群英会，并到全国各地参观学习，眼界扩大了，脑袋瓜也开阔了不少，知道了国内外许多事情。

1960年3月从玉门到大庆，我是带着一股子气去的。刚解放时，我觉得玉门油矿很大，出油很多，以后听说外国人说我们国家是"贫油国"，我很生气。我就不相信，石油光埋在他们的地底下，我们国家这么大的地方，就没有

油?外国人还说我们"笨",我就不相信,天底下只有你外国人聪明?站起来的中国工人阶级,在党和毛主席的领导下,是最聪明的。毛主席教导我们要发愤图强、自力更生。我想光生气不行,还得干,我们一定要找到更多的大油田,多打井,快打井,打好井,多出油,同帝国主义较量较量。

1959年底,我到北京开会,看到大街上跑的汽车,有的背着个包,我就问别人:"这上边装那个家伙干什么?"人家说那是因为没有汽油,烧的煤气。我一听心里真难受,真急人哪!我们这么个大国,汽车没有汽油烧还得了!我是一个石油工人,眼看没有油,让国家作这么大的难还有脸问!再没问!一到休息的时候,我就悄悄地躲在一边,心里很别扭,又憋了一股气。我是个石油工人,难道就眼看着让帝国主义看我们的笑话?就在这个会议期间,听说我国发现个大油田,我高兴得都跳了起来,当时就找部里领导,申请到这个新油田工作。那时恨不得一下子飞到大庆,把大油田拿下来,给帝国主义看看,把石油落后的帽子甩到太平洋里去。毛主席讲:"占人类总数四分之一的中国人从此站立起来了。"站起来的中国人民是天不怕、地不怕,不怕鬼、不信邪的硬汉子,非要拿下个大大的油田,为党、为中国人民争这口气不可。开完会回到玉门后,又听说帝国主义想用石油卡我们的脖子,想叫我们交出红旗,我们能够这么办吗?绝对不能!我们要靠毛主席思想赶快拿下这个新油田,给党争光,给人民争气。

我们队37个人立即坐火车动身去大庆。在火车上我就和大家一起学《为人民服务》和《愚公移山》,学完就讨论为什么参加会战。有的同志说:"去打井搞油!"我说:"这话也对,也不完全对。"我说,我们是去革命!帝国主义和某些国家在石油上卡我们,国家没有石油多困难啊!我们一定拿下这个大油田,甩掉石油落后的帽子,为全国人民争口气。

我深深体会到,我是打井的人,打井没有压力,就是豆腐地层也钻不进去;泥浆泵没有压力,地下岩屑就带不上来;井没有压力,就喷不出油来;人要没有压力,就轻飘飘地过去了,就干不出好工作来。有了压力,干出来的工作,就是高水平、高标准的,经得起子孙万代的检查。

这压力,不是哪个领导给的压力,是我们中国工人阶级自觉自愿的压力。一个革命者,要有责任心,对党负责,对国家负责,对子孙万代负责,对全世界劳动人民负责,就应该有压力。没有油,国家有压力,我们要自觉地分担这个压力。一般的压力还不够，要承担一百吨的压力、一千吨的压力。

到了大庆，那股子高兴劲，使我这个从来没有流过眼泪的人，都高兴得流了泪。我激动地说："这儿就是大油海，这儿就是大油田，摆开战场、甩开钻机干吧！这一下子，可要把石油落后的帽子，扔到太平洋里去了！"

我们当天就奔向目的地。没有房子，就找个破马棚，三堵破墙四面透风，里面满是马粪。我们打扫了一下，三十几个人挤在一起背靠背地过了一夜。有几个人挤得受不住，就抱了一抱草，半夜里摸黑找个夹道去睡。第二天醒来一看，还是睡在一口水井边上，地下铺的是冰。这时，有个别的同志就没精神，唉声叹气，说："这个地方能打井吗？冰天雪地的没个锅碗盆勺，连个住的地方都没有。"我想这个工人也是个好工人，来的时候，他几次举拳头，表示要到最艰苦的地方去，现在他动摇了。又一想，这里的确是艰苦，不是一般的艰苦，这个新社会长大的青年人，根本没有想到有这么艰苦。但是，不管多艰苦，拿油要紧。于是我就问指导员："你当了几年解放军，打仗时遇到这么多困难怎么办？是上还是退？""我没有打过仗，我想怎么也不能退。"指导员孙永臣说，"绝对不能退！剩下一个人也要上！要顶着上，直到胜利为止。"好，我们两个人的想法一样。我们就带着这个问题学毛主席著作。毛主席说："中国的革命是伟大的，但革命以后的路程更长，工作更伟大，更艰苦。"搞油是野外打井，不能把井架安在楼房里，安在城市里，过去是这样，现在是这样，今后还是这样，这是工作性质所决定的。现在我们少数人的吃苦，能换来多数人的幸福，换来子孙万代的幸福。这就是我们石油工人最大的幸福。

我认为，怕不怕艰苦奋斗，是革命不革命的问题，如果不艰苦奋斗，就要贪图享受，就要变质。打几个漂亮仗是不难的，要是做一辈子艰苦的事情，就要不断学习毛主席著作，不断改造自己才能办到。

钻机没到，我们派人去车站打听钻机什么时候到，有的人平井场，做准备。我所关心的是这个地方地层好打不好打，钻井速度快不快。毛主席教导我们："没有调查就没有发言权。"所以我就到处了解地层情况和钻井速度，并且组织全队学习《实践论》和《矛盾论》。越学心里越明亮，大家说，拿下大油田，一定会碰到许许多多的困难，还会有这样那样的矛盾。但是，石油满足不了国家的需要，才是最大的矛盾。这个矛盾不解决，帝国主义就会利用这个缺口,卡我们,封锁我们。上有困难,不上,就更困难。出路只有一条,就是坚决战胜困难,高速度、高水平地拿下大油田。大家都把井场当成跟帝国主义比量的战场。每个人的岗位,就是为党、为国家、为人民争光的岗位。为了多打井、多出油,刀山也要上,火海也要下,只要为了党的事业,个人的生命算什么?

没多久,钻机运到车站。那时,"快摆硬上",来了那么多井队,吊车、拖拉机不够用,怎么办?是等,还是上?我想起毛主席的教导:"我们是为着解决困难去工作、去斗争的。"是的,革命,就有困难,有困难就有斗争,这不是看戏,不是下馆子,打井就是革命,国家缺油,就要拿出油来,搞油就有困难,不去斗争,要我们共产党员干什么?我们马上开了支委会,组织大家学《愚公移山》,发动大家讨论怎么办。同志们说:"干革命不能等,有条件上,没有条件创造条件也要上,人拉肩扛也要把钻机弄到井场。"大家一个个像小老虎,硬是用绳子拉,撬杠撬,木块垫,一寸一寸、一尺一尺地把60多吨的钻机拉到井场安装好。

开钻打井得有水,当时,水管线没安好,水罐车又没有,怎么办?好多人说,没有水,我们就是用脸盆端也得开钻。这时候,有个人说:"你们见过哪个国家是端水打井的?"我说:"就是我们国家!我们就是尿尿也要打井!"就这样,用大桶、小桶、脸盆硬是端了一百多吨水,才开了钻。

开钻不久,又遇到漏层。大伙说,漏多少,端多少。把村子里水井的水端干了,我们就跑到一里多地的水泡子,砸冰取水。终于战胜了漏层,用六天多的时间,打成了第一口井。当我们看到哗哗喷出的石油,大家都高兴起来。通过实践,我深深体会到:和自然作斗争就不能怕困难,困难是欺软怕硬,你的思想是硬的,它就要变成豆腐,你要软,它就硬。

打完第一口井要放井架搬家,没有拖拉机,我们全体职工硬是想办法,用人拉放井架。在指挥放井架时,一根钻杆滚下来把我的腿砸坏了,我昏过去了,醒来一看,工人抱着我的腿哭,井架还没放下来。我急了,就说:"打仗时伤了人,你哭,敌人把你们都活捉去,能哭吗?"我就坐起来继续指挥放,工人就把衬衣撕下来给我包住。井架放下来,大家劝我住院,我不去。这天是4月29日,战区召开万人大会,我说:"这是第一次万人大会,不去怎么了解大会精神,又怎么能多打井,快打井,打好井?是腿要紧,还是出油要紧？"并和大家说好，谁也不准给领导讲，大家给找了个马车，把我送去了。

万人大会上，石油部领导表扬了我们，给我披红戴花，让骑大马，叫我讲话，还号召全体职工向我学习。向我学啥啊，我们才打了一口井，还是部领导亲自领着我们全体职工干的，没有党的领导，没有全体职工，我能干个啥？我心里感到不安。万人大会上部里提出：尽快拿下大油田，"六一"把原油运出去，坚决要打个大胜仗。我听了这个号召后，忘了腿痛，当晚赶回队去，就和大家讨论怎么办。大伙说："下一口井是战区第一口生产井，要力争把我们打的第一口井的原油运出去，支援全国建设。"干工作光有一股子干劲猛冲猛打是不够的，三国有个张飞，他还粗中有细嘛！我们立即总结打第一口井的经验，给打第二口井提办法。

腿坏的事，以后领导还是知道了，对我非常关怀，硬是把我送到医院。在医院里怎么能躺得住哇！万人大会上领导的号召，全国人民都在眼巴巴地看着我们，我还在住院，这怎么行？我就偷着溜回，参加打第二口井。我拄着棍，在井上指挥，不久终于打成了战区第一口生产井，保证了"六一"原油外运，支援全国建设。

1961年2月成立大队，我当了大队长。不久，领导指示我们转移到南线去打井，这时矛盾出来了。有个队的干部找我说："我给你提个意见，你一来就在南线打井，还不知道南线压力高，容易井喷，倒霉的井都在南线?！我们可不能去啊！"我说："你说的，我们国家就是要打喷的井，把原油喷得哗哗的，多好啊！为什么怕它喷呢？"经过我们调查，这不是一个人的问题，是代表一部分人的思想。党总支召开会议经过讨论分析认为，有的队对南线地层不太了解，没在南线打过井，怕井喷，怕井斜，是认识不清楚，一定要先解决思想认识问题，决定开展大讨论：国家打井干什么？要打什么样的井？要不要打有压力的井？谁去打？经过大讨论，使职工提高了认识，鼓起了敢于斗争、敢于胜利的信心。工人们说："怕什么啊！我们党和毛主席领导中国革命，小米加步枪，打出了个新中国，南线高压层有什么可怕的呢！"这一年打成了90多口井。

1962年以前规定井斜不超过5°。1963年会战工委又提出更高标准，不超过3°。工委领导同志问我："拥护不拥护？"我说："坚决拥护，依靠党，依靠全体职工,按毛主席的《实践论》去干。"回来我们就组织全体职工学《实践论》。按毛主席实践再实践的教导,我们坚决走自己的道路。工委领导亲自组织我们钻井队的全体职工讨论。同时组织一部分技术干部和老工人三结合,一边摸索着干,一边总结经验。我们边实践边找办法。最后,打成了只有两度多的直井,以后又打出只有半度的直井。

这次打直井对我教育很深。这是在工委的直接领导下,使全体职工知道了打直井的意义,掌握了地层和设备的规律,所以打得又好又快。我过去打了不少的井,有的井打得好,也打过斜井。为什么?主要是没注意政治工作,没抓人的思想,首先是我的思想歪了,所以,才打出了斜井。要打直井,首先我们脑瓜子里要有个直井,要有高度的政治责任心;脑子里没有个直井,一辈子也打不出直井来。

1965年,工委又提出高标准,要打"三一"优质井(一天、一个钻头、打一千米)。有的井队又不敢打,有些人怕丢掉标杆队。我说:"我打。我就不怕摸老虎屁股。干革命就不能怕担风险,还没干就吓回来了,那还行!"这时,另外一个队也打"三一"优质井。两个队并排打,我一面打,一面把发现的问题告诉他们。结果,那个队打成功了,我把井打斜了八度。我在会上向大家检查说,井打斜了是我的责任,不算大家的事,你们的责任,就是帮助找原因。最后总结出八条经验,连续打出六口"三一"优质井。

通过在大庆几年会战,我深深体会到,毛主席怎么讲,就怎么做,什么困难都能克服。克服困难,首先要有克服困难的信心和决心。不能光看到困难,也要看到成绩,看到有利条件。克服困难光嘴上说不行,要研究困难,想办法解决困难,去做工作才行。克服一个困难,就增加一份革命信心。

干革命不仅要与天斗、与地斗、与阶级敌人斗,还要与人的错误思想斗。一个人想什么,也得有个规格,有些事情是不能想的,有些事情是可以开阔地去想。要想,就要想怎么拿下大油田,想这么多困难怎么克服,想我们给全国每个人多少石油,想社会主义建设。

有一个青年工人,是我喜爱的徒弟,有一段时间经不起考验,闹情绪要回玉门。我就把他找来严厉地对他说:"你还记得你刚到玉门是个什么样子吗?穿条裤子露着腿,穿件衣服露着肚子,一双鞋补了又补有几斤重,你忘了吗?我可没忘,我也穿过几斤重的鞋。现在你身上穿着毛衣,床上铺着缎子被,这些都是怎么来的？都是党给的，毛主席给的。"说得他直哭，他承认错误说："我错了，你说咋办哩？"我说："好好干，我们苦，顶多是多出两身汗，少睡一点觉。你看我们的革命前辈，那么大的年纪还跑到草原上来吃苦，为什么？我们应该好好想一想，向老前辈学习。"

热爱党、热爱毛主席、热爱社会主义，不能站在房子里热爱，不能光举拳头热爱，不能在口头上热爱，要干事。我们是打井的，把井打出来，把油拿出来，才能真正的热爱，不干就等于瞎说。热爱要永远热爱下去，就必须永远老老实实干下去。

有一次打完进尺，射孔层位固定不下来，耽误十几个小时。射不了孔，就搬不了家。那时井多人少，新地层，一时也难定下来。我赶紧跑到地质指挥所，问他们是怎么搞的。有个同志说："你干什么的？"我说："我干什么的？我就是找你们麻烦的！你们确定不下来，射不了孔，搬不了家，耽误多大事呀！"有人劝我说："不要着急，顶多耽误一会儿打井。"我一听就觉得不对味，怎么能说这样的话呢！少打一口井，和帝国主义、反动派斗争就少一分力量。我就跳起来说："为什么让我耽误一会儿打井，为什么不让我多打两口井？你有什么理由？"越说越生气，我往桌子上一坐说："晚上我不回去，你们什么时候确定，我爬起来就走。"

1205是我原来所在的那个队，从玉门到大庆，是连续七年的标杆队。1963年全国经济形势好转，井队干部说："标杆，标杆，要蒸出白馒头给人看看，进尺上不去，不像个标杆样子。"背上骄傲包袱，就放松了政治，忽视了思想工作。结果有的工人听说猪肉值钱，就想回家养猪，说养猪比干钻工强；有的工人离开岗位去看电影。队上有名的"小老虎"变成了"小老鼠"，事故接连发生，着了一把火，打废了一口井，造成很大损失，上半年就丢了"标杆"。这时干部才清醒过来，坐下来搞了一个半月的整训，总结教训。干部检查说："那时，干部一心只想扛红旗，多打井，只管自己扛着小红旗朝前跑，出现了那么多问题还不知道，真危险啊！"

工人的问题是干部的问题，下面的问题是领导的问题，一切问题是思想问题。1205队的问题，是我大队长的问题，是我忽视了政治，在思想上放松了领导，认为像1205队这些先进队，在1960年、1961年和1962年那么困难的时候，都是抢山头的队伍，拖不垮，打不烂，现在好转了，还会有什么问题！所以抓得就没有以前那么紧,去得就少了一点。这样一忽视,走了个大弯路。我到队上去检讨了三天。在工委的关怀下,在钻井党委的领导下,井队职工通过这次整训,进一步提高认识,进一步树立不为钱、不为名、不怕苦、不怕死的革命人生观。"小老鼠"又变成"小老虎"。上半年找到教训,下半年加强政治工作,结果是打一口井成一口井,口口井合格,一直地上来了,1964年和1965年又成为标杆队。通过这次教训我进一步认识到,任务都不可怕,任何艰苦环境也不可怕,忽视政治领导最可怕。政治是灵魂,绝对忽视不得。

思想斗争一点也不能放过,要斗争一辈子,斗到底,斗到停止呼吸的时候算。也有的人劝过我说:"你不要见事就管,见事就说,刚强是非多呀!马马虎虎,睁一个眼闭一个眼算了!"我问他:"你从哪里学来的谬论啊?为什么刚强就是非多?"他说:"刚强到处惹人不爱。你见事就说,怎么了得!"我说:"党叫我到这里来干什么?我为什么不说?按党的指示,应该说的我都说,应该干的我都要干!我要斗争一辈子,斗到底。为了党,为了革命,我有什么可怕的。"

毛主席教导我们说:"工作就是斗争。我们是为着解决困难去工作、去斗争的。"在大庆通过六年会战我深深地体会到,一个革命者的一生,就是战斗的一生,就是克服困难的一生,要艰苦奋斗一辈子,要斗争一辈子。斗争就是与天斗,与地斗,与阶级敌人斗,与人的错误思想斗。要永远斗下去,我们斗不完,叫下一代再斗,直到斗出个共产主义来。

我所以能为党、为人民做些工作,这全是党的教导和毛主席思想的指引。在旧社会我6岁拉着棍子领着双目失明的父亲干活。1938年玉门油矿一成立,我就被拉去当民夫,干了10年,受苦卖命,没捞到一套铺盖,铺的是一摊麦草,盖的是一张烂羊皮。没上过钻台,没摸过刹把。解放后,经过民主改革,反封建把头,诉了苦,提高了觉悟。是党救了我,翻了身,当了国家主人,还培养我当了副司钻,那时我只想好好学技术,为党好好工作,报答党的恩情。

以后,我入了党,在党的不断教育下,阶级觉悟又有不断提高。知道了世界上现在还有好多像我母亲那样,在旧社会被保甲长打了又打的人;还有好多像我父亲那样,受地主打骂欺压反被关进大牢的人;还有好多像我那样讨饭、失业、受剥削、受压迫的人。共产党员是国际主义者。我是一个共产党员,现在打井，是为了祖国富强，也是为了支援世界上那些求解放闹革命的人。认识到以前那种单纯报恩思想是低水平的。懂得打井就是革命，打井就是和反动派打仗，打井就是为了全世界被压迫的人民得解放。

在党的培养下我由一个普通工人当了干部，从井队长、大队长到现在的副指挥。一个共产党员不能说水平低不干啊！这是党的信任。我总想我是个钻工，当了干部还是钻工，要永远参加劳动。毛主席教导我们要当"孺子牛"。我从小放过牛，最摸牛的脾气，牛吃草，马吃料，牛的享受最少，出力最大，所以，还是当一头"老黄牛"最好，我甘愿在石油战线上，为党、为人民艰苦奋斗一辈子，当一辈子"老黄牛"。

怎么样才算艰苦奋斗？以前认为共产党员只要吃苦在前，享受在后，多干活，少睡觉，就是艰苦奋斗。在会战期间，一些老首长的艰苦奋斗精神，深深教育着我。我想他们职位那么高，年龄那么大，为国家搞油，来大庆和大家一起吃苦，为什么？学了毛主席著作，我明白了"夺取全国胜利，这只是万里长征走完了第一步"；"中国革命是伟大的，但革命以后的路程更长，工作更伟大，更艰苦"。革命先辈艰苦奋斗，英勇牺牲夺政权，万里长征才走完第一步。而现在社会主义革命和社会主义建设时期，他们为了实现共产主义还在继续艰苦奋斗。我也是一个共产党员，不能只是多干活，少睡觉，这是低标准的艰苦奋斗。应当能为革命担更重的担子，能在最复杂的环境里做艰苦工作，能在最困难的时候顶上去，能在最危险的情况下不怕牺牲，能做别人不愿干、不敢干的革命工作。艰苦奋斗是党的性质决定的，为了实现共产主义，就要艰苦奋斗一辈子。更主要的是教育青年要艰苦奋斗，把党的光荣传统世世代代传下去。

1964年党中央表扬我们，我就和同志们大学"两分法"。毛主席教导我们"虚心使人进步，骄傲使人落后"。我就想，搞好工作是党指的路，叫我们走的；没走好，出了问题，领导把责任承担去，干出点成绩就大力表扬，这成绩要记在党的账上，记在毛主席的账上，记在中国人民的账上，我只能有个小本子记差距。所以，我就和同志们到三矿四队去学习严细作风，回来针对我们的井场大找差距，找出"脏"、"松"、"漏"不完全和不整齐的大量差距，紧接着就找原因，主要是老毛病旧习惯造成的。我们就和老毛病斗争。

有一次，我到井场检查工作，一眼看到一个工人擦机器用手抓油，然后将满手的油又擦在衣服上。我觉得这是个坏作风，应该反掉，就批评这个工人。这个工人说："我第一天到井场，看见师傅就是这样做的。"我就把他师傅找来，批评他没有带好徒弟。这个师傅说："当初我学徒的时候，看见你也是这样做的。"追来追去追到我的头上来了，我就向工人做检查，我说："我这是十多年前的老毛病，现在已经改掉了，你们千万别跟我学这种坏作风。"以后，我就随时注意克服自己的老习惯、老毛病。这样事还多着呢！我只是举个小例子。要想有个好作风，首先是言教身带，先严格要求自己，再要求别人。

表扬和批评都是推动我们前进的力量，不能受了表扬，把功劳记在自己账上，沾沾自喜，翘起尾巴；也不能受了批评就垂头丧气，甚至有意见。

我以前工作不讲方式，批评人有些硬，有的同志对我有意见，我还想不通。学了毛主席著作思想提高了。毛主席说："脸是应该经常洗的，不洗也就会灰尘满面。"自己一个脑瓜子看不到缺点，大家那么多脑瓜子看得清楚，脸上有黑，别人给你擦掉有什么不好啊？领导和同志们批评得对也好，不对也好，我应该首先检查自己，严格要求自己。工作究竟干好了没有？干对了没有？干得不好、不对，就要接受意见，坚决改正。

1961年我们射孔错了，领导在一次会上批评我们。我晚去了一会儿，刚到门口，有个工人就对我说："赶紧趴下、趴下！"我说："趴下干什么？"他说："领导正在批评我们呢！"我说："你这个同志说的，我戴红花的时候，你让我抢着往头前走，批评了，就叫我悄悄地趴下当狗熊？我不能当这个狗熊！"我就是要到前面去，更好地听听领导的批评。

我深深体会到，毛主席思想是力量的源泉，是一切胜利的根本。毛主席的思想多一分，人的志气就增加一分，生产就前进一步。只要努力学习毛主席著作，按毛主席的指示办事，自己不骄不躁，艰苦奋斗，一切困难都可以克服，一切矛盾都可以解决，工作就可以搞好。

我平生最难忘的就是见过我们伟大的领袖毛主席。1959年我见过毛主席，1964年参加全国人民代表大会时，又看见了毛主席，兴奋得我直流热泪。我这个在旧社会放牛的穷汉，是党和毛主席使我站了起来，当了国家主人；是党和毛主席教育我成长壮大，给了我无穷的力量和智慧；是党和毛主席给我指引了大道，使我有了方向不断前进。我为党只是做了一点应做的事，党却给我很高很高的评价。这荣誉应归于党、归于毛主席。我做得还很不够，表扬是给我提出了更高的要求，今后要更好地为党工作。

第三个五年计划开始了，党和全国人民向我们石油工人提出了更高的要求。我们要更加加紧学习毛主席著作，加深队伍的革命化。要继续艰苦奋斗，继续走自力更生的道路，把油田建设得更好。革命需要多少油，我们就拿出多少油。要紧紧跟党走、跟着毛主席走，要跟紧、跟准、跟好。党指到哪里，就打到哪里。

附录四　铁人生平事记

1923 年 10 月 8 日（农历癸亥年八月二十八日）　生于甘肃省玉门县赤金堡王家屯庄。

1929 年　玉门大旱，闹虫灾，王家颗粒无收。王进喜拉着双目失明的父亲四处乞讨。

1933 年　到祁连山支脉妖魔山给地主张武寅家放牛。

1936 年　到红山口窑下矿背煤。

1937 年　被抓夫到安西修公路，后又被抓兵，在被关押时挖掉门墩，逃进深山，后又受雇到石油河畔老君庙淘金、挖石油。

1938 年　被抓夫到玉门油矿修公路，平井场，后取保进矿当童工，出苦力。

1943 年春　顶别人空名到驮运队当小工，给职工家送生活用油和水。

1947 年　24 岁，结婚。

1948 年　在驮运队经常为钻井队运料，强烈地爱上钻井工作。

1949 年 9 月 25 日　玉门解放，王进喜和工友徒步十几里欢迎解放军。

1950 年春　新生的玉门油矿正式招工，王进喜以顽强的意志通过考试，在老君庙钻探大队当了钻工，成为新中国成立后我国第一代钻井工人。

1953 年　担任副司钻。贝乌五队成立后，被调到贝乌五队当司钻。

1956 年 4 月 29 日　被批准加入中国共产党。不久被提拔为副队长、队长，从此带领全队大打翻身仗。

1956 年 11 月　试验钻机整拖搬家成功。同年底，贝乌五队全年进尺上万米，进入先进钻井队行列。

1957 年　向全矿提出"增产节约"的倡议，坚持修旧利废，勤俭打井，完成全年任务，受到石油工业部领导的表扬。

1958 年 7 月　争着上白杨河打井，提出"月上千，年上万，祁连山上立标杆"的口号。

1958年9月　月钻井进尺5009.47米，创全国纪录。

1958年10月　到新疆克拉玛依参加石油工业部召开的现场会，贝乌五队获得"钢铁钻井队"称号。年底，贝乌五队年打井2万余米。

1959年9月　参加甘肃省劳模大会。10月1日，参加国庆观礼，第一次见到毛泽东主席。10月26日至11月8日，在北京参加"全国工交群英会"。会后应邀到山东、河南传授经验，12月2日回到玉门。

1960年3月15日　王进喜和孙永臣带领35名工人赴东北参加大庆石油大会战，3月25日到达萨尔图。

1960年4月2日　钻机运到大庆后，组织全队用"人拉肩扛"的办法搬运和安装。4月6日，竖起井架。马家窑房东赵大娘说："王队长可真是个铁人哪！"4月9日至11日，第一次油田技术座谈会在安达召开。会上，余秋里部长号召"向铁人王进喜学习，人人做铁人，在会战中立新功"。一个"学铁人，做铁人"的活动在全油田展开。

1960年4月14日　萨55井开钻，4月19日完钻，仅用5天零4个小时就钻井进尺1200米，创造了大庆会战第一个高纪录。4月29日，清晨组织放井架时，右腿被砸伤。上午参加庆"五一"万人誓师大会。

1960年5月　1205钻井队搬到杨四屯，打生产试验区的第一口井。打到700米时，发生井喷，带伤跳进泥浆池，用身体搅拌泥浆，压住井喷。7月1日，油田会战党委召开第三次"万人大会"。号召在继续学"铁人"的同时，开展学习"五面红旗"活动，王进喜和其他16名老工人一起被任命为工程师。

1960年10月　被任命为钻井指挥部装建大队大队长。12月，参加汇报团，回玉门汇报。

1961年2月　调任新组建的钻井指挥部二大队大队长。3月，在南线高压区选点建大队机关。动员大家树立信心，打好高压井。4月"4·19"质量大会后，到1205钻井队等先进队蹲点，试验"填满式"钻井工艺，摸索打垂直井的经验。5月20日，到北戴河疗养。疗养期3个月，他只住了一个多月就回到工作岗位。

1962年5月　按油田和钻井指挥部统一部署，总结1281钻井队经验，建立钻井生产的各项岗位责任制。

1963年12月25日 新华社宣告我国石油产品自给,中国人民用"洋油"的时代一去不复返。王进喜在省城开会,高兴得楼上楼下跑,一夜未眠。

1964年春 长篇通讯《大庆精神大庆人》发表,一直处于保密中的大庆油田被公开宣传,"铁人"王进喜的名字传遍全国。

1964年12月26日 毛泽东主席过71岁生日,请王进喜、陈永贵、董加耕、邢燕子4位劳动模范同国家领导人一起吃饭。席间,毛主席说,大庆经验好,要工业学大庆,"铁人"干得凶,是"工业领头人"。

1965年4月 被中共大庆会战工委任命为钻井指挥部党委常委、副指挥。7月24日,在石油工业部政工会上作《为石油事业艰苦奋斗一辈子》的报告,首次提出"全国每人每年半吨油"的奋斗目标。

1966年2月16日 应全国工交工作会和工交政工会邀请,在会上作题为《读毛主席的书,听毛主席的话,为无产阶级革命事业艰苦奋斗一辈子》的报告。

1966年4月6日 被石油工业部授予"石油工业部'五好'标兵"称号。6月4日至7月25日,作为中国石油代表团成员,访问阿尔巴尼亚。9月3日至10月6日,带领石油报捷团赴京,向党中央、国务院报捷。

1966年10月1日 作为工人阶级和大庆的代表在天安门城楼上参加国庆观礼。12月30日,去北京反映"文革"中大庆的情况。

1967年1月4日 油田一些群众组织联合召开所谓"打倒王进喜誓师大会",王进喜受到残酷的批斗,从此开始受迫害。

1967年2月21日 军管会按照周总理指示,从大庆井下小学把正在受迫害的王进喜营救出来,送到北京。3月,周总理接见王进喜及军管会和群众代表时当众宣布,"铁人"在大会战中立了大功,历史清楚,不准再批斗。4月,参加钻井指挥部"抓革命,促生产"一线班子。

1968年4月27日 钻井革委会成立,被推选为副主任。5月31日,大庆革委会成立,被推选为副主任。

1969年2月 中共大庆核心小组成立,被任命为副组长。4月,参加党的九大,被推选为主席团成员,并被选为中央委员,受到毛泽东主席、周恩来总理接见。7月,建立并组织了大庆钻井废旧物资回收队。

1970年1月 参加石油工业部召开的"支援江汉会战会议"。会议期间,向周总理汇报了大庆情况和油田生产存在的问题。3月18日，周总理接见王进喜，并在石油工业部军管会根据王进喜汇报内容整理的一份报告上批示：大庆要"恢复'两论'起家基本功"。

1970年4月 到玉门参加石油工业部召开的全国石油工作会议，在大会上发言。在准备提前离会回大庆时，严重的胃病复发。4月19日，住进中国人民解放军三〇一医院，经专家会诊确诊为胃癌。5月4日，做胃切除手术，后开始化疗。

1970年10月1日 参加新中国成立21周年国庆观礼，以中共中央委员身份在天安门城楼上参加检阅。11月15日在北京逝世，享年47岁。11月18日下午，北京八宝山公墓礼堂举行向王进喜同志遗体告别仪式，骨灰安放在公墓正堂一室。与此同时，大庆也举行了千人追悼大会。